창의적 설계 프로젝트

Creative Design Projects

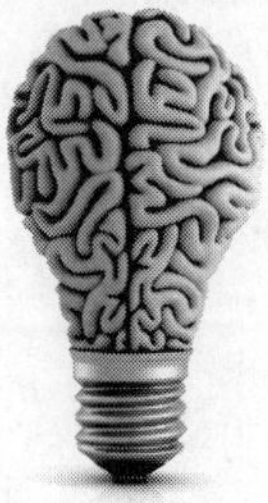

경희대학교 교수/공학박사 조진성

홍릉과학출판사

머리말

최근 국내의 많은 대학들이 공학교육인증 프로그램을 운영하고 있고, 4학년에 종합 설계 또는 종합 프로젝트를 수행할 것을 필수로 정의하고 있다. 본 저자가 소속된 경희대학교 컴퓨터공학과에서도 4학년 1학기에 팀을 이루어 프로젝트를 수행하는 "창의적 설계" 교과목을 운영하고 있다. 한편 최근 스마트폰의 보급에 따라 참신하고 독창적인 스마트폰 앱 개발이 "창의적 설계" 교과목 프로젝트로 탄생하고 있으며, 그 완성도에 또 한 번 놀라고 있다. 따라서 많은 학생들에게 자랑하고 프로젝트 주제 선정에 도움을 주고 싶은 생각에 이렇게 학생들의 프로젝트 결과를 책으로 엮어 집필하게 되었다. 우선 이 책에 소개된 창의적 설계 프로젝트 및 이를 수행한 학생들을 간단히 소개하면 다음과 같다.

1장 모바일 장치를 이용한 기타 연주 하나의 스마트폰은 기타의 몸체(기타의 줄을 치는 부분)가 되고 다른 하나의 스마트폰은 기타의 목(기타의 코드를 잡는 부분)이 되어 두 대의 스마트폰이 동기를 맞추어 기타를 연주하는 앱이다. 제작자는 김수필, 노재원, 전낙현이다.

2장 감성분석 기반 음식 추천 애플리케이션 설계 최근 인간의 감성을 공학적으로 접근하는 감성 공학에 대한 연구가 진행되고 있다. 개인의 기호에 감성을 고려하여 음식을 추천하는 앱이다. 제작자는 박명식, 이강원, 이강현, 서현우이다.

3장 강의자료와 녹음기를 결합한 학습 보조용 애플리케이션 최근 스마트폰으로 강의를 녹음하여 복습하는 경우가 많아지고 있다. PDF 강의 노트와 녹음기를 동기화하여 각 슬라이드에 해당하는 음성 정보를 제공하는 앱으로, 효율적인 복습을 제공할 수 있다. 제작자는 신혜선, 홍상우이다.

4장 Local Binary Pattern을 이용한 얼굴 인증 Library 제작 패스워드 및 패턴에 의존하는 인증 방법에서 지문 인식 등 다양한 방법이 스마트폰에 제공되고 있다. 스마트폰에서 얼굴 인식을 통한 인증을 위해 연산량이 줄어든 알고리즘을 이용한 라이브러리를 제작하고 구현한다. 제작자는 안희석, 이정섭이다.

5장 SMART PPT 최근의 수업 시간에는 레이저 포인터, 파워포인트 제어기, 마이크 등을 동시에 사용하고 있다. 아이폰의 터치스크린 및 마이크 기능을 이용하여 아이폰으로 모든 기능을 제공할 수 있는 스마트폰 앱과 PC 서버 프로그램을 구현한다. 제작자는 신용훈, 이현수이다.

6장 Smart Power Pointer 5장과 유사한 기능을 안드로이드 기반 스마트폰 앱으로 구현한다. 제작자는 이해준, 정재근이다.

7장 Running Pacemaker based on Action Detect 최근 산행 및 달리기에 사용하는 헬스케어 앱이 많이 사용되고 있다. 사용자의 현재 신체능력을 측정하여 사용자 개인에 맞는 트래킹 강도를 조절해 주는 맞춤형 pacemaker를 구현한다. 제작자는 박상범, 조성호, 송지선이다.

8장 독거노인들을 위한 위험 감지/알림 시스템 노령화 사회를 대비하여 독거노인의 관리가 필요한 시점이다. 스마트폰의 다양한 센서 및 구글 API를 이용하여 독거노인의 위치, 상태, 낙상여부 등을 공공기관의 PC에서 관리할 수 있는 스마트폰 앱 및 PC 프로그램을 구현한다. 제작자는 노광욱, 박명철, 윤기범이다.

9장 행복한 유치원 유치원과 학부모가 함께 사용하는 상호 커뮤니케이션 프로그램으로, 자녀 활동에 대한 자세한 사항 및 알림을 받을 수 있으며, 다양한 플랫폼에서 동작할 수 있는 HTML5 웹 애플리케이션으로 제작한다. 제작자는 이상준, 정성용이다.

10장 소셜 네트워크 서비스를 제공하는 캠퍼스 애플리케이션 경희대학교 내의 모든 정보와 SNS 서비스를 제공하는 커뮤니티 앱을 개발한다. 친구들의 시간표 정보를 활용하여 점심시간 및 공강 시간의 모임 알림, 친구들의 위치 제공 등의 기능을 포함한다. 제작자는 김유경, 김인복, 신종훈이다.

11장 프로젝터-카메라 기반 피아노 교육용 증강현실 시스템 최근 이슈가 되고 있는 증강현실 인터페이스를 이용하여 효율적인 피아노 교육 시스템을 개발한다. 프로젝터를 통해 눌러야 하는 건반을 알려줌으로써, 별도의 악보 없이 피아노 연습이 가능하다. 제작자는 김경호, 이대영이다.

12장 Social Network Service for Programmer 프로그램 개발 과정에서 발생하는 문제를 쉽게 공유하고 다른 개발자가 해결방안을 제공할 수 있는 SNS 서비스를 개발한다. PC 프로그램과 웹 서버를 포함한다. 제작자는 김윤곤, 정명룡이다.

13장 등고선을 이용한 3D 모델링 프로그램 산에 대한 등고선 지도와 높이, 척도 등의 기본 정보를 입력하면 이를 실제 산의 3D 모델로 출력하는 PC 프로그램을 개발하여 전문적인 지식이 있지 않은 사람들도 쉽게 산의 지형을 파악할 수 있다. 제작자는 김지훈, 이경호이다.

14장 HTML5 기반의 맞춤형 헬스 프로그램 개발 차세대 OS 대안으로 각광받고 있는 HTML5를 이용하여 웹 상에서 전문적인 헬스 트레이너와 양방향 커뮤니케이션이 가능한 사용자 맞춤형 헬스 프로그램을 개발한다. 제작자는 이태호, 홍지연이다.

책의 주저자인 학생들의 문구를 최대한 그대로 사용하려고 노력하였고, 전체적인 통일 및 일관성을 위한 부분만을 수정하였음을 밝힌다. 그러나 학생들의 최종 보고서를 편집하여 책으로 엮다 보니, 많은 미흡함이 있으므로 독자에게 양해를 구한다. 이 책은 완성본이 아니라 이 책의 내용을 바탕으로 다시 많은 학생들이 더욱 발전시켜야 하는 중간 단계임을 이해해 주시기 바란다. 이 책은 현재 많은 대학에서 개설되고 있는 종합 설계 또는 종합 프로젝트 과목의 참고서로 활용될 수 있을 것이며, 특히 프로젝트의 주제 선정에 고민하는 많은 학생들에게 지침서가 되기를 희망한다. 출판사 서버로부터 받을 수 있는 소스코드는 더욱 큰 도움이 될 것으로 사료된다.

프로젝트 최종 보고서를 일관성 있게 편집해 준 경희대학교 MESL 연구원들에게 고마운 마음을 전하며, 창의적 설계 수업 시간에 열과 성의를 다해 프로젝트를 수행한 경희대학교 전자정보대학 컴퓨터공학과 학생들의 앞길에 무궁한 발전이 있기를 기원합니다.

경희대 연구실에서

조 진 성

차례

CHAPTER 08 독거노인들을 위한 위험 감지/알림 시스템 / 135

CHAPTER 09 행복한 유치원 / 159

CHAPTER 10 소셜 네트워크 서비스를 제공하는 캠퍼스 애플리케이션 / 181

CHAPTER 11 프로젝터-카메라 기반 피아노 교육용 증강현실 시스템 / 209

CHAPTER 01

모바일 장치를 이용한 기타 연주

최근 세계적으로 Touch Screen을 기반으로 한 Mobile Device의 쓰임이 점점 다양해지고 있다. 따라서 이 장은 두 대의 Android 기반 Touch Screen Device(Smart Phone, Tablet)에서 한대는 기타의 몸체(기타 줄을 치는 부분)가 되고 나머지 한 대는 기타의 목(기타의 코드를 잡는 부분)이 되어 기타를 연주할 수 있는 실제 악기와 유사한 GUI를 갖는 애플리케이션을 제안하고 구현한다.

1 서론

1.1 연구배경

최신 스마트 장비들의 다양성과 스마트 장비의 수요가 기하급수적으로 늘어나고 있음에 따라 애플리케이션 개발에 많은 관심이 모이고 있다. 스마트 장비를 사용하는 사용자들을 만족시켜 줄 수 있는 다양한 콘텐츠의 요구가 증가함에 따라 스마트폰 애플리케이션의 개발이 급격히 증가하고 있다.

많이 개발되고 있는 애플리케이션 중 하나는 대부분의 사람들이 취미로 갖고 있는 음악 연주나 음악 재생에 관련된 애플리케이션들이다. 이미 많은 사람들이 기타 연주와 소리 재생에 대한 애플리케이션을 애플리케이션 시장에 제공하였으나 기존에 나온 기타 애플리케이션들은 자신이 음악을 연주한다는 느낌은 배제된 채 단순히 코드를 잡아주며 기타 소리에 중점을 두었다.

기존 애플리케이션과는 다르게 좀 더 실제와 비슷한 느낌의 연주법과 기존에 나온 애플리케이션의 장점을 파악하여 두 스마트 장비를 사용하여 실제 기타를 치는 듯한 느낌을 주도록 구현하였다.

실제 기타와 같이 코드를 잡는 부분과 기타를 치는 부분을 두 개의 스마트 장비로 분류하고 두 장치간 블루투스(Bluetooth) 통신을 통하여 잡은 코드부분의 소리가 기타를 치는 부분의 스마트 장비에서 사용자가 기타를 치는 세기에 따라 소리의 강도를 다르게 하여 음악을 재생한다. 기타를 치는 세기는 속도로 측정하여 화면에 포인터를 잡고 손이 이동한 거리를 이동했을 때 시간으로 나누어서 측정한다. 코드를 잡아 소리를 전송하는 부분은 여러 화음이 섞여 코드소리가 잘 나도록 멀티 터치를 사용하여 실제 기타가 잡히는 방법과 최대한 유사한 UI를 제공한다.

두 장치를 이용하여 기타를 연주해 보는 애플리케이션이므로 두 손 모두 자유롭게 사용할 수 있고 실제 연주하는 느낌을 사용자에게 줄 수 있다.

1.2 연구목표

두 스마트 장비를 이용해 악기 연주를 하는 애플리케이션으로 실제와 같은 느낌을 주는 것과 동시에 실제 악기보다 쉬운 연주 기법과 실제 악기의 불편함을 디지털이라는 장점을 이용하여 쉽게 사용할 수 있고 접근이 용이하게 만들 것이며 어디서든 사용할 수 있다는 시공간적 장점을 활용할 것이다.

첫 번째 목표는 음을 중시하는 애플리케이션이므로 기존 애플리케이션의 한계점인 코드

소리만 제공하거나 기타 한 줄 한 줄 소리를 재생해 주지만 본 장치는 생동감 넘치는 소리 재생을 제공하기 위해 두 장치간 코드(Chord) 잡는 장치와 스트로크(Stroke)를 치는 두 스마트 장치로 나누어 자신이 기타를 실제로 치면서 소리가 나오는 느낌이 들게 모델을 구성하였다.

두 번째로 손기술이 많이 필요한 악기인 만큼 손에 전달되는 감각을 최대한으로 하기 위해 코드를 치게 되면 미세진동으로 자신이 코드를 잡고 실제 기타처럼 치고 있다는 감각을 전달해준다.

마지막으로 음악 악기를 다루는 목적이 음악적 지식을 배우고 활동을 하는 것이므로 사용자가 연주한 음악을 악보로 제공하여 주거나 갖고 있는 악보를 활용하는 기능을 추가하여 활용성을 높일 수 있는 방향으로 구현되었다.

2 관련연구

2.1 스마트 장치간 근거리 통신

코드를 잡는 부분과 스트로크를 치는 장치간 음 인자를 전송시켜 동일한 음을 갖고 있어야 한다.

2.1.1 블루투스

블루투스(Bluetooth)는 10M 정도의 짧은 거리에서 사용가능한 근거리 무선 통신망으로, 다른 기술에 비해 상대적으로 저렴하고 전력 소모가 적어 대부분의 스마트폰 기기에 기본 장착되어 있다. 이는 헤드폰, 키보드 등 무선기기를 연결하거나 데이터를 전송하는 기능을 수행한다. 2012년 스마트폰에 사용되는 블루투스는 3.0~4.0 버전으로, 최대 24Mbps 전송 속도를 지원하고 있지만 최대 300Mbps가 넘는 와이파이 다이렉트에 비해서 상대적으로 전송 속도가 느린 편이다.

2.1.2 와이파이

스마트폰 무선 인터넷 접속 시 자주 사용하는 와이파이(Wi-Fi)는 무선랜을 이용해 무선 데이터를 송수신하는 데이터 기술이다. 특히 가정에서 무선 인터넷 공유기를 이용하여 AP (Access Point)를 설치해 반경 10~20M 거리까지 무선 통신을 쓸 수 있다. 반면 와이파이 다이렉트(Wi-Fi Direct)는 AP없이 무선으로 직접 다른 기기에 접속해 데이터를 송수신하는 기술로, 와이파이 다이렉트를 지원하는 스마트기기끼리 데이터를 주고받을 때 주로 사용된다.

와이파이 다이렉트는 블루투스보다 전송 반경도 넓고 속도도 빠르기 때문에 무선 프린터, 스마트 TV, 대전 게임 등 다양한 형태로 사용되고 있다.

2.1.3 안드로이드 빔/S빔

안드로이드 빔(Android Beam)은 10cm 이내의 가까운 거리에서 데이터를 송수신하는 통신 기술인 NFC(Near Field Communication)를 이용, 안드로이드폰에서 데이터 통신을 할 수 있도록 지원하는 기술이다. S빔은 갤럭시3에 새롭게 등장한 기술로 NFC와 와이파이 다이렉트 기술을 결합해 전송 속도를 향상시킨 기술이다.

2.2 멀티터치

코드를 잡을 때 화음이 섞여야 되므로 여러 가지 음을 잡고 동시에 소리를 치게 된다.

멀티터치(Multi-touch)는 터치스크린, 터치패드가 동시에 여러 개의 터치 포인트를 인식하는 기술로, 일반적인 하나의 터치 포인트만 인식하는 것보다 더 다양한 조작을 할 수 있다. 이는 정전식 터치 기술이 사용된 터치패드, 터치스크린에서만 적용되는 기술이다.

터치를 통해서 위치 변화만 입력할 수 있었기 때문에 다양한 조작을 위해 보조 단추 같은 별도의 조작이 필요했던 기존 터치방식과는 달리, 감지되는 터치 포인트의 개수에 따라 터치에 대한 장치의 반응을 지정할 수도 있고 터치포인트 간격 변화를 통한 조작도 가능하기 때문에 더 직관적이고 편하게 조작할 수 있다.

2.3 음악소리

여러 소리를 동시에 재생하여 음악이 재생되고 음과의 연결이 하나의 노래가 되는 것이므로 소리의 중첩이 중요한 기술로 요구된다.

사운드풀(SoundPool)은 안드로이드 내부 라이브러리를 사용하여 여러 소리를 중첩하여 사용하는 미디어 플레이어 클래스이다. Raw에 저장된 소리를 클래스 생성시 얼마나 중첩하여 사용하는지 기본변수를 입력받아 생성할 수 있으므로 소리 중첩에 관련된 기술을 해결하기 위해 효과적으로 사용될 수 있다.

2.4 기존 기타에 관련된 애플리케이션 연구

코드를 이용하여 소리를 제공하나 자신이 직접 치는 듯한 느낌은 조금 부족하고 코드소리의 빠른 전환이 힘들다. 뿐만 아니라 멀티터치 제공에서 모든 코드를 잡을 수 있을 정도의 기술력이 제공하고 있지 않고 실제 기타와 같은 크기의 범위를 제공하는 애플리케이션 역시 존재하지 않는다.

2.5 기존 연구의 문제점 및 해결 방안

2.5.1 연구의 문제점

위에서 언급한 세 가지 기술력을 기반으로 애플리케이션을 개발하였다. 두 스마트 장치간 소리 인자의 전송속도를 빠르게 하여 사용자에게 딜레이가 존재하는 음을 주어서는 안되며 실제와 같은 코드를 잡을 수 있게 하려면 많은 코드의 모양을 검색하여 멀티터치를 제공해 주어야 한다. 또한 제일 중요한 소리부분에서 여러 화음이 귀에 거슬리지 않게 소리를 중첩시켜 하모니를 제공해야 한다.

위 세 가지 기술적 문제를 사용자가 사용하기 편한 환경을 제공하여 실제 기타와 같은 느낌이 들게 해야 한다.

2.5.2 해결 방안

2.5.2.1 블루투스

두 스마트 장치간 전송방법 중 블루투스를 이용하여 두 장치간 전송 속도를 계산하여 본 결과 평균 200ms의 시간으로 전송되는 것을 확인하였다. 이정도 속도로 측정해본 결과 사람이 움직이는 속도보다 빠른 전송을 제공해주기 때문에 소리 전달 방법으로 무리 없이 사용할 수 있다.

2.5.2.2 사용자 환경을 이용한 간편한 연주기법

많고 다양한 주법을 필요로 하는 악기인 기타는 초보자 혹은 전자장치를 이용한 쉬운 연주를 위하는 사람들을 위해 새로운 방식의 사용환경을 제공하여 실제 기타를 칠 때 힘들었던 부분을 해결할 수 있을 것이다.

진동이나 손가락에 의해 눌린 기타 줄마다 빛을 발하는 기능을 제공하여 사용자가 자신이 잡고 있는 코드를 인지시켜주고 실제 기타의 떨림을 느낄 수 있게 해준다.

2.5.2.3 사운드풀

미디어 파일들을 안드로이드에서 제공해 주는 라이브러리이다. 여러 소리의 동시 재생이 가능하고 자신이 원하는 소리를 선택하여 사용하므로 여러 기타 소리를 제공해 줄 수 있다.

3 프로젝트 내용

3.1 시나리오

3.1.1 Default GUI

[그림 1] 메인 화면

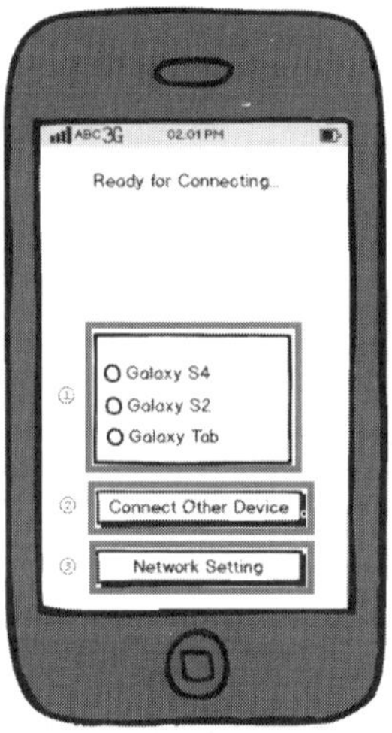

[그림 2] 연결 단말 선택 화면

[그림 3] 접속요청 화면

[그림 1]은 애플리케이션의 메인 화면이다. 메인에서는 Stroke(치는 부분)와 Chords(코드 잡는 부분)를 선택할 수 있는 화면이 출력된다. 1번 버튼 Stroke를 클릭하면 해당 Device는 Server 역할을 하게 되며 다른 Device의 접속을 기다린다. 2번 버튼 Chords를 클릭하면 [그림 2] 화면이 출력되고 현재 블루투스로 연결되어 있는 디바이스들 중 Server 역할(Stroke 부분)을 하는 Device들을 1번에 출력한다. 2번 버튼은 Stroke로 접속대기 중인 디바이스에 접속 요청을 한다. 3번 버튼은 블루투스 환경설정으로 연결된다. 블루투스로 연결된 디바이

스가 없다면 먼저 디바이스를 연결한 후 애플리케이션을 재시작한다. Stroke 대기상태에서 다른 디바이스가 접속요청을 한다면 [그림 3] 화면이 출력되고 확인을 누르면 애플리케이션이 시작된다.

3.1.2 Main Device GUI-Stroke

Stroke 부분은 별다른 인터페이스없이 6개의 줄로만 구성되어 있다. Stroke를 하면 진동이 울리게 된다.

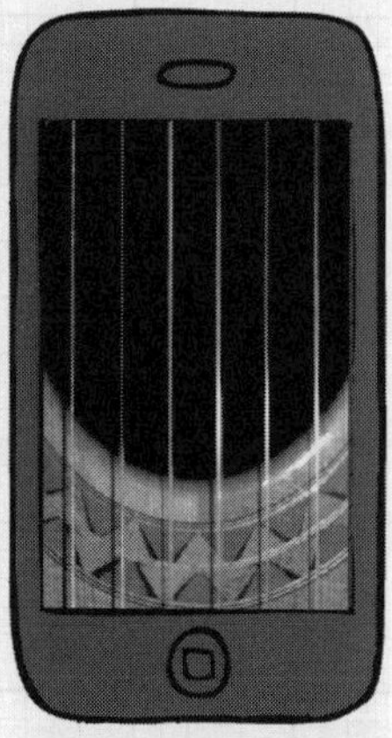

3.1.3 Serve Device GUI-Chords

Chords 부분은 코드를 잡는 부분이다. Chords를 잡으면 잡은 부분이 활성화되고 Stroke 부분에서 Stroke를 하면 진동이 울리게 된다. 옆의 마디로 이동하는 것은 별도의 버튼이나 볼륨 업다운 키로 조정한다(Device의 종류에 따라 다름).

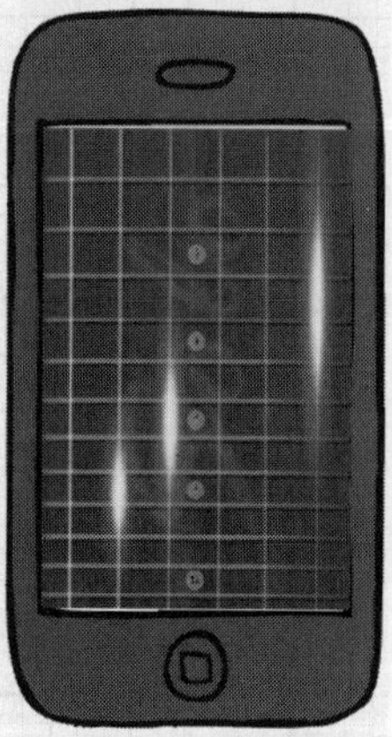

3.2 요구사항

3.2.1 Stroke Device에 대한 요구사항

- 기타 줄(6줄)에 대해 소리가 융화되어 화음소리가 나도록 구현한다.
- 속도 알고리즘(속도=거리/시간)을 사용하여 소리의 세기를 계산한다. 기타 줄을 Stroke 할 때 살살 연주하면 작은 소리가 나도록 하고 작은 소리가 나는 만큼 음의 길이도 짧게 구현한다. 반대로 세게 연주하면 큰 소리가 나도록 구현하고 음의 길이를 길게 구현한다.
- 화면을 누르는 압력을 통해 소리의 세기를 계산한다. 한 줄 한 줄 튕기는 연주를 할 때 살살 연주하면 작은 소리가 나도록 하고 반대로 세게 화면을 누르면 큰 소리가 나도록 구현한다.

- 서버의 역할을 한다. Stroke 부분에서는 현재 Chords 부분에 전송되는 Chords를 받아서 소리를 재생한다. 한번 받은 Chords는 Chords 부분에서 다시 받기 전까지 유지된다. 소리의 크기 및 길이를 판단하기 위해 사용자의 Touch Speed를 계산하여 구현한다.

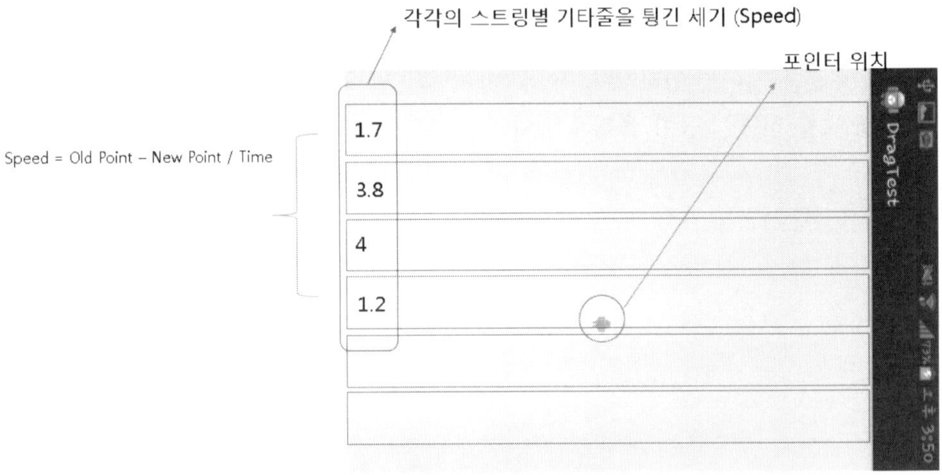

[그림 4] Stroke Proto Type

3.2.2 Code Device에 대한 요구사항

- 플랫 이동은 화면 아래쪽 버튼을 사용한다. 디바이스 하나에 많은 플랫이 표현되지 않기 때문에 화면 아래쪽 3~4개의 버튼을 사용하여 화면이동을 구현한다.
- Barre Code를 위해 각 플랫마다 화면 위쪽에 버튼을 사용한다. 기타 여섯 줄을 다 눌러야 하는 Barre Code를 구현하기 위해 화면 상단 버튼을 눌렀을 때 해당 플랫에 모든 줄이 눌리도록 구현한다.
- 기타 줄이 튕기는 느낌을 위해 Haptic 진동을 사용한다. 기타 연주 시 실제로 기타가 진동하는 모습을 구현하기 위해 Code Device에 진동효과를 주도록 구현한다.

3.2.3 블루투스 통신에 대한 요구사항

- 이 프로그램만의 데이터 전송 약속을 만들어 사용한다. 전송속도를 줄이기 위해 데이터의 원래 모습 그대로 전송한다면, 데이터양이 많아져 전송속도가 느려진다. 따라서 이진수로 변환하여 전송하고 데이터를 받은 후 해석한다. 다음은 이에 해당하는 프로토콜이다. 기타는 총 6개를 줄이고 마디를 최대 20개라 가정한다. 다음 그림은 데이터 포맷이다.

Mute (xxxxxx)	잡고있는줄 (xxxxxx)	1번째 줄 (xxxxx)	2번째 줄 (xxxxx)	3번째 줄 (xxxxx)	4번째 줄 (xxxxx)	5번째 줄 (xxxxx)	6번째 줄 (xxxxx)

X는 1bit이다. Mute는 Mute인 줄을 1로 표시한다. 1, 2번째 줄이 Mute라면 데이터는 110000이 된다. 잡고 있는 줄도 Mute와 같다. 3, 4번째 줄을 잡고 있다면 001100으로 표시되고, 뒤에 나오는 데이터는 몇 번째 줄은 어떤 마디를 잡고 있는지 표시한다. 잡고 있지 않을 줄의 데이터는 생략한다. 따라서 1, 2번째 줄이 Mute고 3번째 줄의 2번째 마디를 잡고 있고 4번째 줄의 3번째 마디를 잡고 있다면 프로토콜은 다음과 같다.

110000, 001100, 00010, 00011이다.(‘ , ’는 편의상의 문자)

따라서 가장 클 때의 데이터가 42bit이므로 6byte를 넘지 않는다.

- Code Device에서 데이터를 전송한다. Code Device에서 사용자가 누르고 있는 부분을 Stroke Device로 전송한다(음 전달).
- Stroke Device에서 데이터를 전송한다. Stroke Device에서 줄을 튕길 때 Code Device 장치로 상태 변화를 전달한다(진동 상태 전달).

3.3 시스템 설계

3.3.1 시스템 구성도

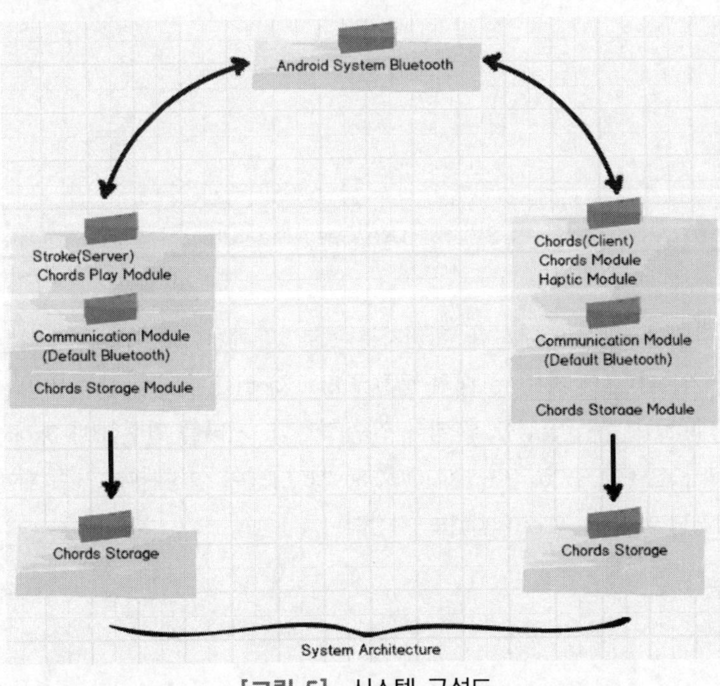

[그림 5] 시스템 구성도

시스템 구성도는 [그림 5]와 같다.

3.3.2 UML Diagram을 통한 시스템 모델링

3.3.2.1 Use Case Diagram

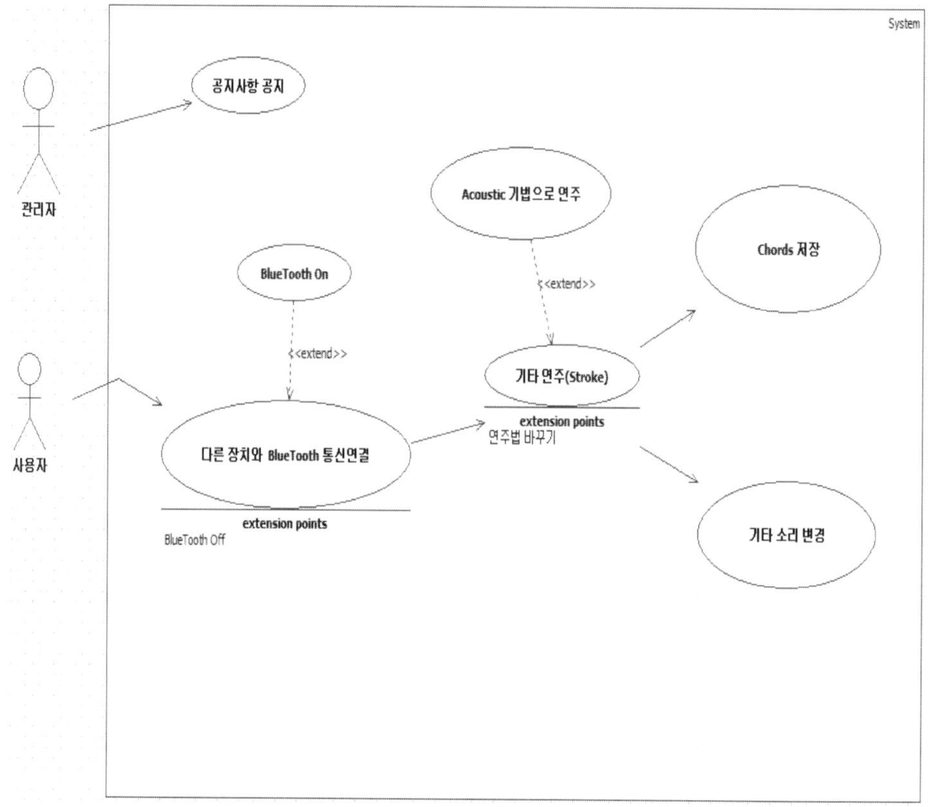

[그림 6] Use Case Diagram

Use case 다이어그램은 간단하다. 관리자는 프로그램에서 공지사항을 올리는 것 이외에는 관여하지 않는다. 사용자는 두 대의 장치를 BlueTooth를 통하여 연결시킨다. 각 장치마다 Server와 Chord 부분을 설정한 후 기타 연주를 한다. 기타를 연주할 때 Stroke과 Acoustic 방법 중 하나를 선택할 수 있으며, Default로 Stroke 방법이 설정된다. 연주 후에는 기타 소리를 변경하거나 연주한 것을 Chord로 저장한다.

3.3.2.2 Class Diagram

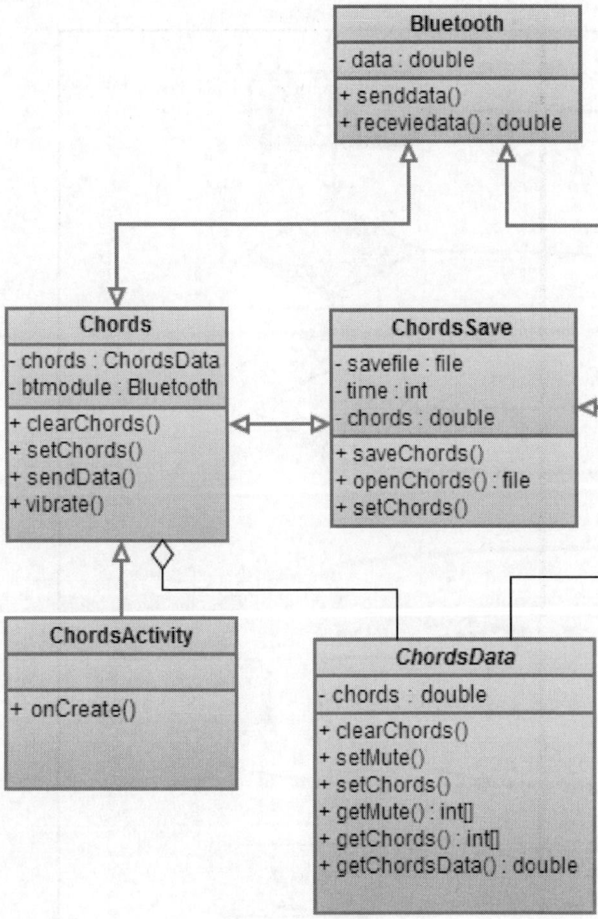

[그림 7] Class Diagram

Class 다이어그램은 크게 Bluetooth, Chords, Chords 저장부분, Stroke, Chords Protocol 부분으로 이루어져 있다. Chords를 잡는 부분은 사용자가 잡은 코드를 블루투스를 통해서 Stroke에 보내고 Stroke는 Chords 부분으로부터 받은 코드로 Sound를 재생한다. ChordsSave 부분은 연주되는 Chords부를 저장한다.

3.3.2.3 Activity Diagram

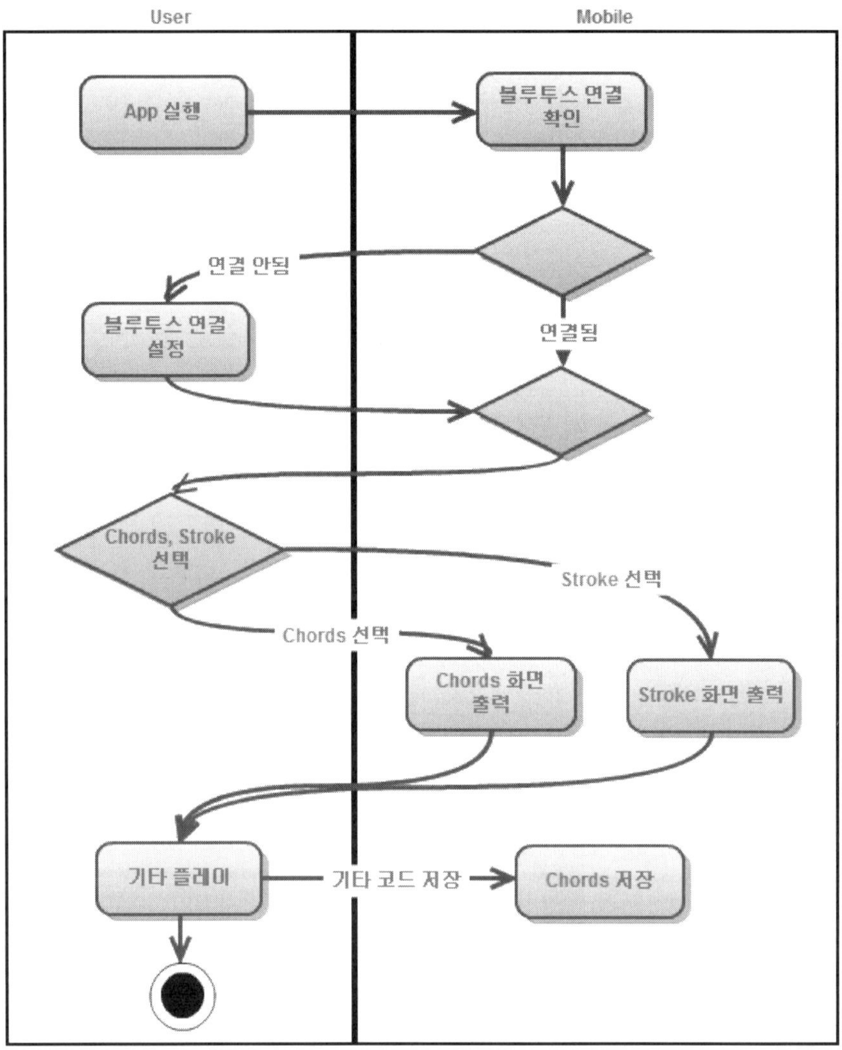

[그림 8] Activity Diagram

Activity는 매우 간단하게 이루어져 있다. 애플리케이션을 실행하면 블루투스 연결을 확인하고 코드를 잡는 부분과 스트로크를 치는 부분으로 나뉘어서 애플리케이션이 실행되게 된다. 추후 기능 추가를 통하여 블루투스가 연결되지 않았을 경우 하나의 디바이스 안으로도 기타를 칠 수 있는 부분을 구현할 것이다.

3.3.2.4 Sequence Diagram

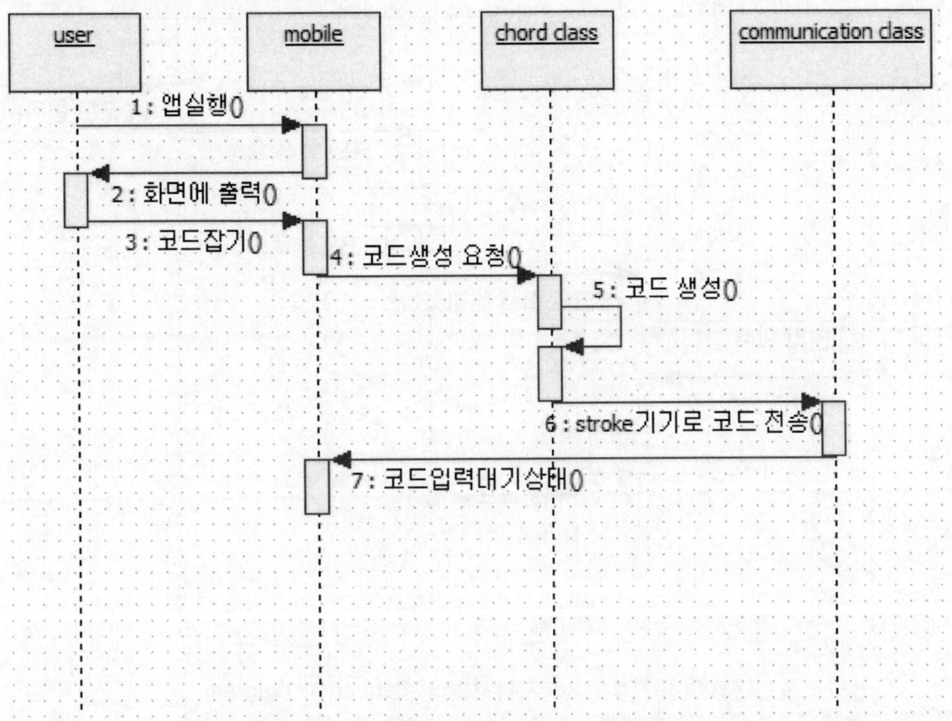

[그림 9] Chord 기기 기능의 Sequence Diagram

Chord 기기 기능의 Sequence Diagram을 보여주고 있다. Mobile 기기는 사용자의 입력을 대기하고 있으며 사용자의 입력이 들어오는 대로, 즉 사용자가 화면에 출력된 기타모양의 인터페이스에 터치하는 데로 입력을 받은 후 입력위치를 Chord Class에서 코드화시킨다. 코드화시킨 전송 가능한 데이터를 Stroke 기기로 전송한 후 다시 코드 대기 상태로 돌아간다.

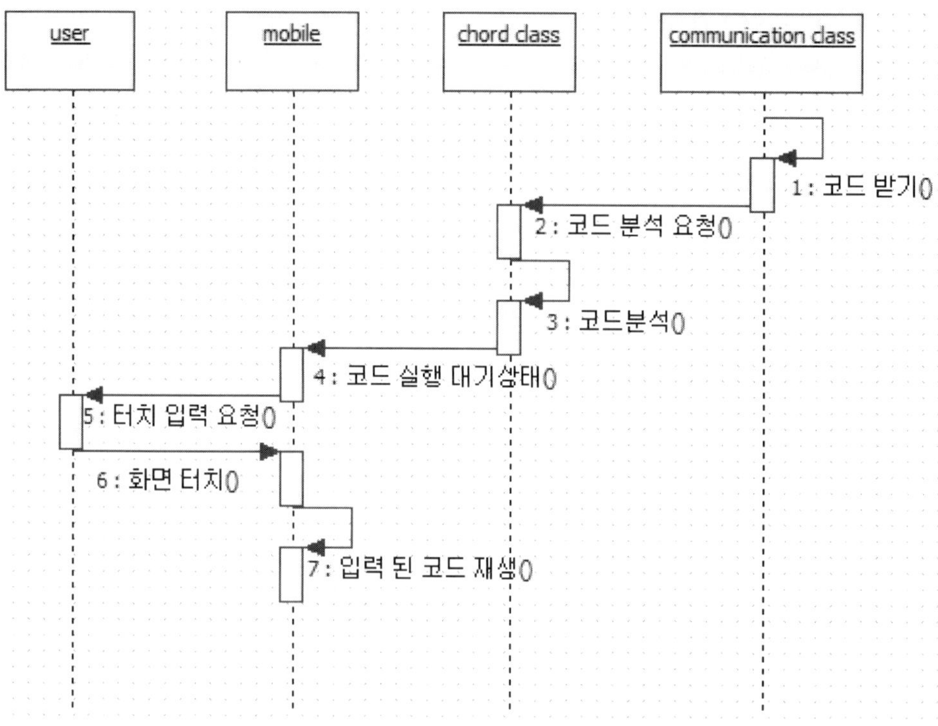

[그림 10] Stroke 기기 기능의 Sequence Diagram

Stroke 기기 기능의 Sequence Diagram을 보여주고 있다. 연결이 된 Chord 기기로부터 코드가 생성되어 전송된 데이터를 받는다. 받은 데이터는 Chord Class를 통하여 코드를 분석하고 분석한 코드의 소리를 각각의 해당 기타 줄에 적용한다.

모바일 기기는 기타 줄 화면을 출력하고 있으며 사용자로부터 터치 입력을 대기한다. 터치가 들어오면 입력되어 있는 해당 기타 줄 소리를 재생한다.

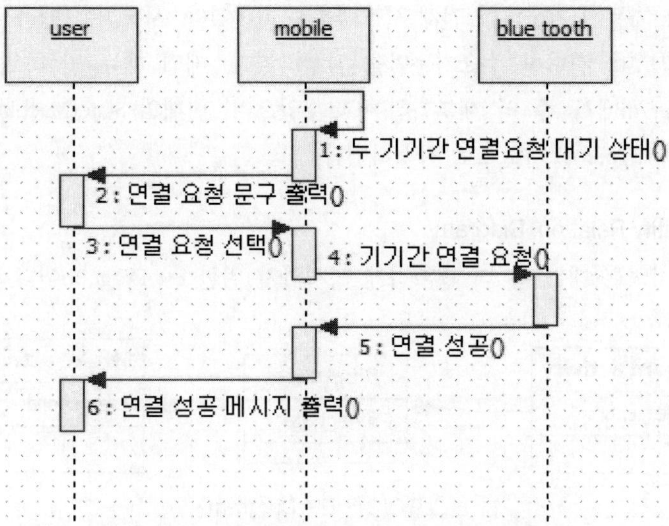

[그림 11] 연결 기능의 Sequence Diagram

앱을 처음 사용할 때 두 기기간 장치를 연결해야 한다. 모바일 창에서는 처음 기기를 연결하는지 물어보고 입력 받은 요청에 따라 처리한다.

기기 연결을 입력 받으면 블루투스로 연결 가능한 기기를 찾는다. 연결 가능한 기기를 찾은 후 연결을 시도한다.

연결이 성공되면 모바일 창에 연결 성공 메시지를 띄운다.

3.3.2.5 State Diagram

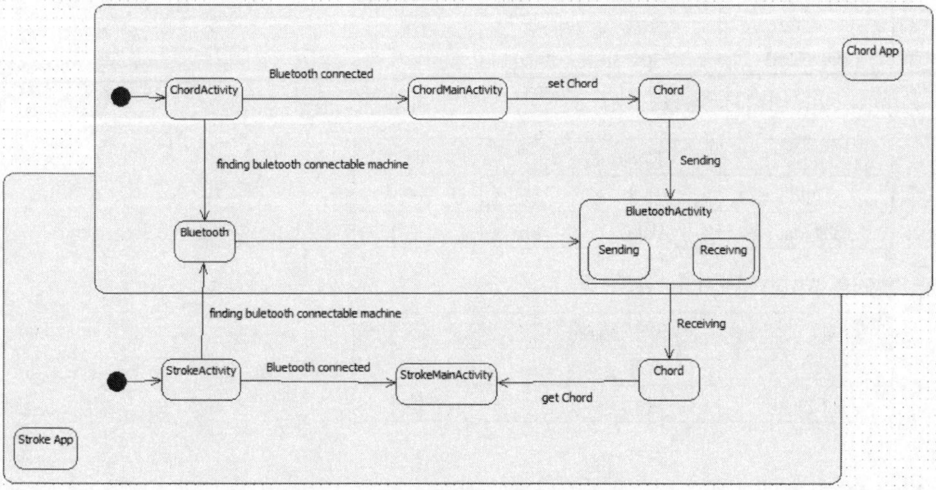

[그림 12] System의 State Diagram

각각의 주요 기능에 기반하여 전체 시스템을 구현하였다. 사용자가 앱을 사용하는 관점에서 설계하였으며, 간단한 주요기능만을 작성하였다. 메인 메뉴 밑 하위 기능의 경우 Sequence Diagram에서 좀 더 세분화하여 다루었으며, 현재의 State(Machine) Diagram은 Event Table의 Trigger를 기준으로 작성하였다.

3.3.2.6 Entity-Relation Diagram

Database에서의 상태를 좀 더 명확하게 명시하기 위한 ER Diagram이다.

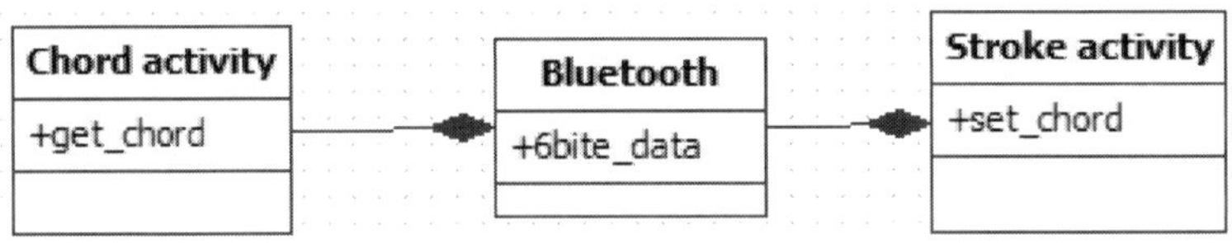

[그림 13] ER Diagram

[Table 관계도]

- Chord activity와 Bluetooth(1:1)
  Chord activity는 하나의 Bluetooth 연결을 가진다.
- Stroke activity와 Bluetooth(1:1)
  Stroke activity는 하나의 Bluetooth 연결을 가진다.

[Table 정보]

- Chord activity 테이블 정보

Chord activity			
열명	유형	크기	옵션
get_chord	int	6	기본키

- Bluetooth 테이블 정보

Bluetooth			
열명	유형	크기	옵션
6bit_data	Data	6bit	기본키

- Stroke activity 테이블 정보

Stroke activity			
열명	유형	크기	옵션
set_chord	int	6	기본키

3.3.2.7 Component Diagram

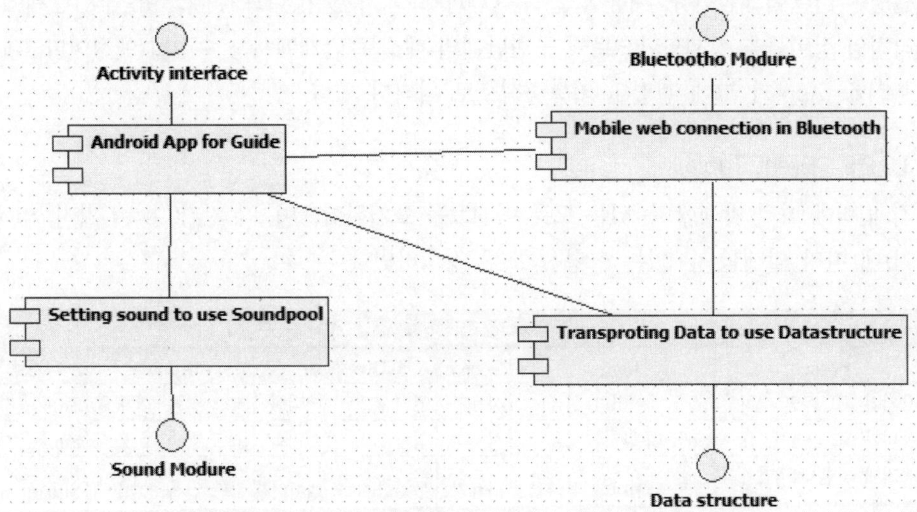

[그림 14] 시스템 환경에 관한 Component Diagram

전반적으로 다른 Diagram들과 동일하며, 각각의 Component에서 사용되는 대략적인 Interface 및 Artifact, 즉 활용 정보에 관한 부분을 요약한 Diagram이다. 물리적 시스템 구축 단계를 표현한 Deployment Diagram과 겹쳐보면 전반적인 구현사항을 확인할 수 있다.

3.3.2.8 Deployment Diagram

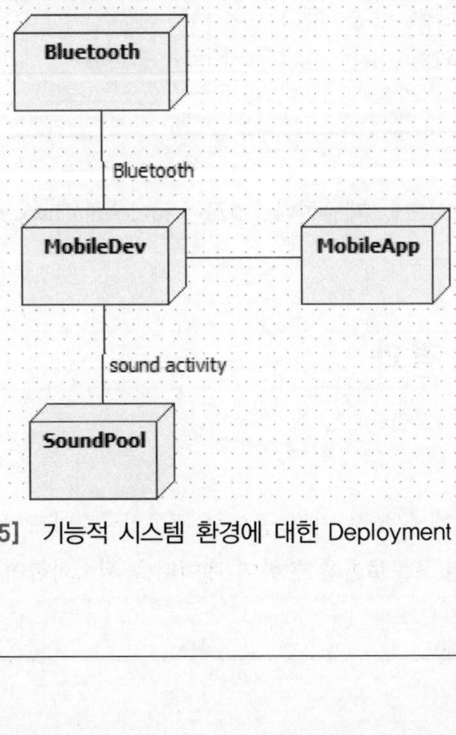

[그림 15] 기능적 시스템 환경에 대한 Deployment Diagram

상기 설정된 Component Diagram을 기반으로 시스템의 기능적인 구성요소를 좀 더 넓게 모델링한 다이어그램이다. 내용적으로는 Component와 많이 다르지 않으며, 구현단계에서 물리적인 장비들을 상세화함으로써 구현단계의 테스트 단계에서는 수정될 예정이다. 대체로 Mobile App.과 그에 관련된 기능중심으로 나타나 있다.

3.3.2.9 Event Table

각 입력에 따라 발생할 수 있는 모든 이벤트를 표기하였으며, 각 기기(Chord 기기, Stroke 기기)에 따라 발생할 수 있는 상황을 모두 정의하였다.

Guitar Playing System Event Table					
Event	Trigger	Source	Use Case	Response	Dest
사용자가 코드화면 터치	코드 데이터화 성공	사용자	입력 코드 데이터화	코드 입력 창 출력	Stroke 기기
사용자가 코드 변경	코드 데이터화 성공	사용자	입력 코드 데이터화	코드 입력 창 출력	Stroke 기기
사용자에 의한 터치가 없을 때	코드 데이터화 성공	사용자	무입력 코드 데이터화	코드 입력 창 출력	Stroke 기기
사용자가 기타화면 터치	코드 재생	사용자	코드 재생 대기	기타화면 출력	Stroke 기기
사용자에 의한 터치가 없을 때	아무 재생 없음	사용자	코드 재생 대기	기타화면 출력	Stroke 기기
사용자가 기타화면 강하게 터치	강도에 의한 소리 재생	사용자	강도 계산	기타화면 출력	Stroke 기기
사용자가 기타화면 강하게 터치	강도에 의한 진동 재생	사용자	강도 계산	기타화면 출력	Chord 기기
Chord 기기 처음 연결	기기간 연결 성공	사용자	연결 입력 확인	연결 성공 출력	Stroke 기기
Stroke 기기 처음 연결	기기간 연결 성공	사용자	연결 입력 확인	연결 성공 출력	Chord 기기
코드 생성	코드 데이터화 성공	사용자	코드 데이터화	다음 입력 대기	Chord 기기
코드해독	코드 해독 성공	사용자	코드 해독화	다음 입력 대기	Stroke 기기
기기간 연결 해제	해제 성공	사용자	연결 해제 시도	연결 해제 출력	모든 기기

3.4 구현

클라우드를 통해 소스코드를 제공한다. 경로는 [uCloud]/Chapter.1/Source_code이다.

4 프로젝트 결과

4.1 연구 결과

이번 프로젝트에서 설계 구조상 가장 중요한 점은 두 스마트 장치간 Bluetooth 통신과 애플리케이션에 최적화된 프로토콜을 통하여 데이터를 최소화하여 빠른 통신을 하는 것이며, 음악을 재생할 때 실제 악기와 비슷한 구조로 인터페이스를 제공하여 실감나게 만드는 것이다.

4.1.1 연주 속도에 따른 소리 크기 알고리즘의 활용 : Stroke Activity의 기능적 요소

기존에 상용되는 기타 연주 프로그램은 일반적으로 스트로크 세기와 상관없이 연주되는 소리의 음량이 일정하다. 하지만 실제 기타는 이와 달리 사용자의 스트로크 세기의 비례하여 소리의 음량이 달라진다. 따라서 스트로크 디바이스에서 사용자의 터치가 클수록 소리의 음량이 커진다는 사실을 반영하기 위해 터치 속도를 계산한다. 터치 속도는 (속도 = 거리/시간)을 사용하여 스트로크 디바이스에 적용한다.

[그림 16]과 같이 스트로크 디바이스는 처음 사용자가 눌렀던 포인터 위치를 기억하고, 마지막으로 손을 떼었던 위치를 기억하여 거리를 계산한다. 그리고 스트로크한 시간을 기억하여 시간 값에 대입한다. 그후 터치 속도를 계산한다.

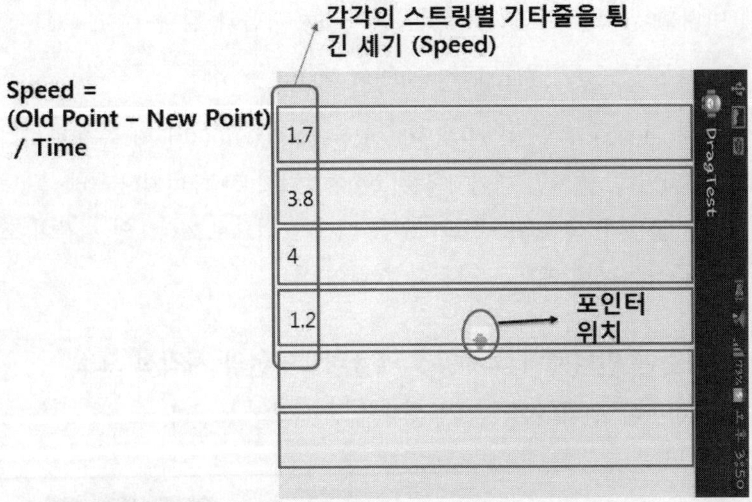

[그림 16] 스트로크 디바이스에서의 터치 속도 계산

4.1.2 새로이 제시한 통신 기술의 활용 : Bluetooth 통신시 최적화된 프로토콜

실제 기타는 코드를 잡고 스트로크하면 시간이 지연되지 않고 소리가 연주된다. 이처럼 스트로크 디바이스에서도 코드 디바이스에게 코드를 전송 받아 소리가 재생될 때 소리가 지연되지 않아야 한다. 따라서 이 연구에서 코드 데이터 사이즈를 줄이기 위해 별도의 프로토콜을 설계하였다.

무음 (xxxxxx)	잡고있는줄 (xxxxxx)	1번째 줄 (xxxxx)	2번째 줄 (xxxxx)
3번째 줄 (xxxxx)	4번째 줄 (xxxxx)	5번째 줄 (xxxxx)	6번째 줄 (xxxxx)

[그림 17] 코드 송수신 프로토콜

제안하는 프로토콜은 [그림 17]과 같다. 기타는 총 6줄이고 마디를 최대 20개라 가정한다. X는 1bit이고 X가 6개일 때 6bits가 된다. 먼저 무음은 무음인 줄을 1로 표시한다. 1, 2번째 줄이 무음이라면 데이터는 110000이 된다.

잡고 있는 줄도 무음과 같이 데이터가 적용된다. 만약 3, 4번째 줄을 잡고 있다면 데이터는 001100으로 표시된다. 각 n번째 줄 데이터는 각 줄마다 어떤 마디를 잡고 있는지 표시한다. 최대 마디 수를 20개로 가정하고 5bits로 정의한다. 이때 잡고 있지 않을 줄의 데이터는 생략한다. 예를 들어 1, 2번째 줄이 무음이고 3번째 줄의 2번째 마디를 잡고 있고, 4번째 줄의 3번째 마디를 잡고 있다면 전송되는 데이터는 다음과 같다.

〈110000 , 001100, 00010, 00011〉

다시 설명하면, 110000(무음), 001100(잡고 있는 줄), 00010(3번 째 줄 2번 마디), 00011(4번 째 줄 3번 마디)이다. 이처럼 데이터를 전송할 때 가장 큰 데이터가 42bits를 넘지 않으므로 6bytes를 넘지 않는다. 6bytes를 전송하였을 때 평균적으로 200ms의 시간이 소요되며 코드를 잡으며 연주하는 상황에서는 충분한 시간이다.

4.1.3 실제 비슷한 인터페이스 제공 : 애플리케이션의 시각적 요소

실제 기타와 비슷한 인터페이스를 제공하여 직관성을 높인다.

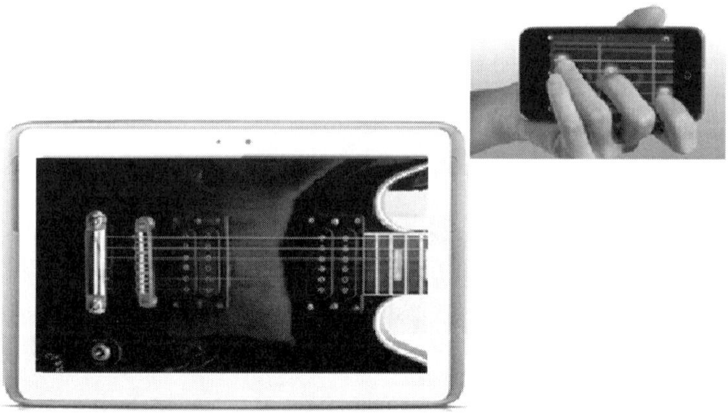

[그림 18] 애플리케이션 구상도

4.2 성능평가

프로젝트를 설계하며 자료를 구하는 중에 구글 플레이에서 제공된 Guitar : Solo App이 있어 이를 대상으로 비교해 본다.

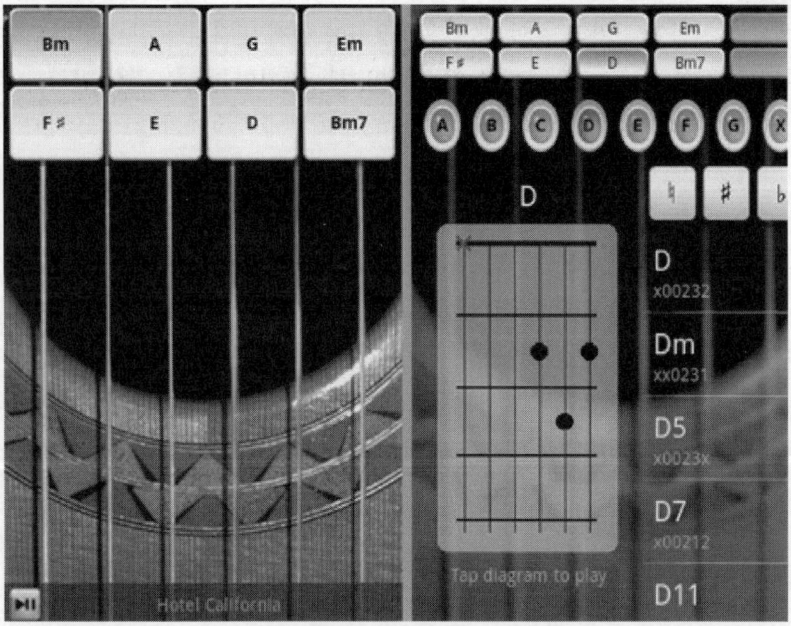

[그림 19] SOLO 애플리케이션

구글 플레이에서 가장 인기가 많은 기타 애플리케이션이다. 이 solo 기타 애플리케이션은 직접 기타처럼 사용하기 보다는 정해진 코드를 선택한 후 기타화면에서 기타 줄을 터치하는 화면으로 기타소리의 재생을 들려주고 있다. 좋은 소리와 정확한 코드의 소리를 가지고 있어 소리를 재생해보는 연습으로는 알맞지만 실제 기타를 치는 느낌은 미약하다.

그래서 이 연구결과에서 제시하는 작품에서는 기타를 직접 연주하는 느낌을 강하게 하기 위해 블루투스 통신을 활용한 두 대의 장치를 이용하여 코드와 연주하는 부분을 다르게 만들었고, 세기에 따른 소리의 크기를 조절하기 위해 소리세기에 관련된 알고리즘을 제시하여 좀 더 감성적인 느낌을 전달해 주었다.

5 결론

5.1 기대효과

스마트폰을 통해 실제 기타와 같은 연주를 할 수 있다. 1차 목표는 사용자가 실제 기타가 없을 때에도 자신의 장치와 타인의 장치를 사용하여 언제 어디서든 실제와 같은 연주를 할 수 있다. 혹은 장치가 두 개를 가지고 있는 사용자는 혼자만으로도 즉시 연주가 가능하다. 이 프로그램의 통신방법으로 블루투스를 사용하기 때문에 사용자가 3G 혹은 LTE가 제공되지 않은 지역에서도 장치만 있다면 서로 데이터를 주고받으며 연주한다. 또한 사용자에게 하나의 장치에서 하나의 사운드만 제공하는 것이 아니라 여러 종류의 사운드 모드를 제공하기 때문에 사용자는 더 다양한 연주(여러 종류의 sound 연주)를 할 수 있다.

또한 전문적인 사용자(Musician)들은 작곡할 때 하나의 장치를 사용하지 않고 여러 장치의 소리들을 사용한다. 그렇기에 이 연구는 하나의 장치에서 여러 종류의 음들을 연주하며 체험할 수 있기 때문에 작곡에 많은 도움이 된다. 그래서 여러 장치를 사야 하는 비용적인 측면을 많이 감소할 수 있고, 사용자가 여러 장치를 연결하며 작곡할 때 생기는 시간적인 비용 문제도 많이 감소할 수 있다.

5.2 추후 연구방향

추후에는 현재 안드로이드(Andoroid) 장치들만 연결할 수 있는 문제를 극복하여 여러 Flatform에서도 작동 가능하게 한다. 예를 들어 IOS, Blackberry 등 다양한 사용자들에게 제공한다. 모든 Flatform에서 작동이 가능하다면 안드로이드-안드로이드 혹은 아이폰-아이폰과 같이 같은 플랫폼끼리만 통신이 되어 연주하는 것이 아니라 서로 다른 Flatform끼리도 통신이 되어 연주가 가능하게 한다. 그리고 현재 프로그램에 사용자가 연주했던 음들을 TAB 악보로 바로 볼 수 있게 하여 작곡을 조금도 손쉽게 할 수 있는 측면을 고려한다. 혹은 그 반대로 TAB 악보를 인식하여 화면에 출력하여 교육용 게임 등으로도 발전시킬 수 있다.

참고문헌

[1] 정재곤 저, 안드로이드 앱 프로그래밍
[2] 윤성우 저, 난 정말 JAVA를 공부한 적이 없다구요
[3] 남궁성 저, Java의 정석
[4] Goding Caveman, Guitar : Solo(Google Play)
[5] NETTuno, Virtual Guitar(Google Play)
[6] Android Reference: http://developer.android.com/

CHAPTER 02

감성분석 기반 음식추천 애플리케이션 설계

최근 물질이 풍부해짐에 따라 식생활의 변화가 많이 생겼다. 전 세계의 음식을 어디에서나 즐길 수 있고 참신한 아이디어로 만들어진 음식들도 여기저기서 팔리는 것을 알 수 있다. 이에 따라 요즘에는 요리 프로그램, 맛집 탐방, 사람에 따른 음식 추천 등 다양한 TV 프로그램도 등장하고 있다. 우리는 이러한 관심을 바탕으로 사람들의 감성을 분석하여 음식을 추천해주는 애플리케이션을 구현했다.

1 서론

1.1 연구배경

물질이 풍부해지고, 삶의 질이 개선되면서 최근 사람들의 식생활도 많은 변화를 가져 왔다. 옛날 식생활의 모습이 단순히 허기를 달래기 위한 수단으로써의 모습이 강했다면 최근 식생활은 맛, 건강, 분위기, 감성을 모두 만족시킬 수 있는 수단으로 사용되는 추세이다. 이러한 사회적 분위기는 식생활에 대한 관심으로 이어졌고, 텔레비전과 같은 방송 매체에서는 음식 관련 다양한 프로그램을 방송하고 있다. 또한 인터넷을 이용한 커뮤니케이션을 통하여 개인의 다양한 요리법이나 맛있는 집을 소개하는 활동이 활발하게 이루어지고 있다. 이러한 사회적 모습 속에서 음식 선택과 관련된 다이어트 프로그램, 요리법 정보 프로그램, 그리고 맛집 추천 프로그램에 대한 소프트웨어 프로그램들이 등장하고 있다. 과거 경제적으로 어려운 시기에 음식의 목적은 배불리 먹는 것이었다. 하지만 경제적으로 많은 발전을 이룬 지금은 음식 선택에 있어 자신 개인 선호도와 개인 감성에 따라 선택하는 모습을 보여주고 있다.

이와 관련하여 식생활과 관련한 식품관련 연구분야에서 다양한 연구가 진행되고 있다. “사상체질별 음식선호에 관한 임상연구”[1]에서는 개인의 사상체질에 따라 선호하는 음식이 어떤 연관이 있는지 서술되었고, “지각된 감정이 여대생들의 음식 선호에 미치는 영향”[2]에서는 여대생들로 한정되었지만 감정 상태에 따른 음식 선택의 연관성이 연구되었다. 그리고 “남녀 대학생의 식습관과 BMI 분류로 인한 식생활 및 건강상태 연구와 영양교육 프로그램 모델 개발”[3]에서는 성별과 식생활 상태에 따른 건강과 심리상태에 대한 연구를 하였다. 이와 같이 다양한 분야에서 음식과 관련된 연구가 진행되고 있으며, 이러한 연구를 바탕으로 음식의 선택에 있어 인간의 감성(感性, Kansei)을 반영한다면 더욱 효과적인 연구가 될 것으로 기대되고, 이 감성 연구결과와 소프트웨어 프로그램이 결합된다면 음식 추천에 있어 플러스 요인을 가질 것을 기대한다.

1.2 연구목적

이 연구의 목적은 음식을 선택함에 있어 도움을 줄 수 있는 애플리케이션 개발에 있다. 음식 추천에 있어서 기존에 있던 사람들의 추천방식이 아닌 감성공학적 접근방법을 도입하려고 한다. 감성공학은 제품 개발에 인간의 감성을 반영되기 위해 나타난 학문으로 1970년대부터 일본에서부터 시작되었고, 여러 제품에 대해 적용되어 개발되었고, 실질적으로 성공사례도 많이 보여지고 있다.

이 연구에서는 음식에 대한 감성공학 접근을 위해 인간의 감성에 따른 음식 선호를 조사하고 그에 따른 감성분석을 목적으로 한다. 또한 그 분석을 통해 개인의 감성에 따른 선호하는 음식을 추천하는 애플리케이션을 제작한다. 음식을 제안하는 방법에서는 음식을 선택하는 상황(기분, 날씨, 시간, 위치 등)과 음식에 대한 시각, 후각, 그리고 편리성과 맛, 가격 같은 다양한 요소에 대한 데이터 분석을 통해 감성지도를 작성하고, 마지막으로 그 감성지도와 현재 개인의 감성 정보와의 거리 비교를 통해 정보를 추천한다. 추천 시 정확한 정보를 추출해내기 위해 충분한 설문 내용을 조사하고, 제대로 된 자료를 이용한 정확한 감성에 의한 음식추천을 목표로 한다.

2 관련연구

2.1 음식과 관련된 감성분석

이 연구는 인간의 감정상태에 따른 음식의 선호도 조사, 분석이 선행되어야 한다. 설문지를 통하여 현재 감정상태와 날씨, 기온, 시각 등의 여러 외부요인, 성장지역, 생활비 등의 사회, 문화적인 요소들을 파악하여 음식선호에 미치는 영향을 조사한다. 학기 프로젝트의 특성상 조사기간이 짧고 대상의 성별, 연령대가 다양하지 못하기 때문에 기존 연구된 데이터를 가중치로 적용하도록 할 예정이다. 기존 연구로는 지각된 감정이 여대생들의 음식 선호에 미치는 영향[2]이 있으며 400부의 설문 수집데이터를 바탕으로 작성되었다. 약 2천 가지의 음식 선호데이터가 수집되었으며 6가지 감정상태에 따른 선호도를 조사하였다. 이를 감정 상태에 따라 순위별로 나열한 결과 음식의 선호가 감정상태에 영향을 받는다는 것을 파악할 수 있었고 우리가 조사한 내용과 유사하게 긍정적인 감정 상태에서는 다양한 종류의 음식이 선택되며 우울함, 피곤함 등의 감정에서는 달콤한 것, 매운 음식 등이 선호되는 경향이 조사되었다.

기존 연구[2]에서는 음식의 맛과 향, 질감, 외관, 음식의 온도, 음식의 경험이나 이미지가 음식의 선호에 영향을 미치는 것으로 나타나 있다. 음식의 맛과 향이 가장 큰 선호 요인으로 조사되었으나 음식의 경험이나 이미지가 미치는 영향이 두 번째로 큰 것으로 조사되었다. 즉 음식의 선택에 있어서 기존 개인의 선호도가 어느 정도 영향을 미치기 때문에 정확히 감정에 따른 음식의 선택이라고는 할 수 없는 한계를 가지고 있다. 이 한계점을 극복하기 위해 동일 대상에 대한 반복설문을 위한 2차 설문지를 작성하여 추가적인 설문조사를 실시하였다.

2.2 음식 추천 애플리케이션

2.2.1 배달의 민족

위치기반 서비스나 와이파이를 이용하여 사용자의 위치를 지정하고, 각 음식별로 배달 가능한 음식점을 추천해주는 애플리케이션이다. 주로 배달음식을 전문으로 다루기 때문에 각각의 음식점 전화번호를 소개해주고, 음식점과의 거리를 통해 대략적인 배달 시간을 알 수 있게 해준다.

[그림 1] 배달의 민족 애플리케이션

2.2.2 데이트엔

지역별로 맛집이나 유명한 곳을 사람들의 추천을 받아 소개해주는 애플리케이션이다. 각 지역마다 유명한 음식점이 어디 있는지 알 수 있고, 애플리케이션에서 위치정보를 알려 주기 때문에 처음 방문하는 사람들에게 위치를 찾기 쉽게 해준다.

[그림 2] 데이트엔 애플리케이션

2.2.3 아임IN핫스팟

위치기반 사회관계망 서비스로써 다양한 사람들의 커뮤니티를 통해 내가 위치한 지역에서 가 볼만한 음식점을 추천해주는 애플리케이션이다. 많은 사람들이 맛있다고 생각한 음식점을 추천해주고 내 위치에서 음식점까지의 가는 길을 내비게이션을 이용하여 쉽게 찾을 수 있게 한다.

[그림 3] 아임IN핫스팟 애플리케이션

2.3 기존 연구의 문제점 및 해결 방안

기존 음식에 대한 감성공학은 단순히 감성에 의한 음식 선호도를 분석하고 결과를 도출하는 것으로 만족하고 있다. 또한 개인의 감성적인 부분에 치중하다 보니 개인 요소와 환경적인 요소와의 음식 선호도의 관계는 조금 부족하다고 볼 수 있다. 또한 기존에 존재하였던 음식 추천 애플리케이션들은 위의 설명에서도 알 수 있듯이 개인의 감성에 관한 음식추천이 아니라 여러 사람들이 만족하는, 즉 사람들의 추천을 통한 방식이나 현재 위치의 가까운 위치를 기준으로 추천하는 방식이다. 그렇기 때문에 기존 방식은 여러 사람들이 만족하는 것을 추천하였지만 이 추천을 통한 음식이 결코 개인이 만족하는 결과라고는 할 수 없다. 그렇기에 이 연구는 이런 기존에 분석에서 부족했던 개인적 요소와 환경적 요소를 추가하여 더 정확한 감성 정보를 작성하고, 결과를 도출하는 것에서 멈추지 않고, 이것을 소프트웨어 측면, 즉 애플리케이션으로 개발함에 있어서 개인 감성에 따른 음식추천 프로그램을 설계하고 구현할 것이다.

3 프로젝트 내용

3.1 시나리오

이번 프로젝트에서 설계 구조상 가장 중요한 점은 사용자 개개인의 감성을 분석해서 나온 3가지의 요인분석을 통해서 음식을 추천하는 것이다.

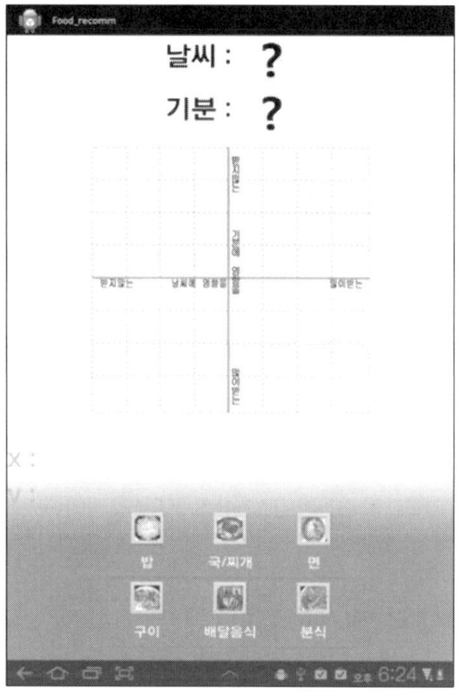

[그림 4] 실행화면 1

애플리케이션을 실행하게 되면 세 가지의 요인 중에서 현재 날씨와 기분상태에 따른 좌표가 나타나게 된다. 감상지도와 같은 형식의 사용자 입력 터치패드로써 사용자 현재의 상태를 입력하게 되면 사용자가 선택한 좌표 값의 이미지가 나타나게 된다. 하단부분을 보면 현재 사용자가 먹고 싶어하는 음식의 종류를 결정할 수 있다.

- K-NN 기법의 활용 : 감성지도를 이용한 음식 종류의 선택

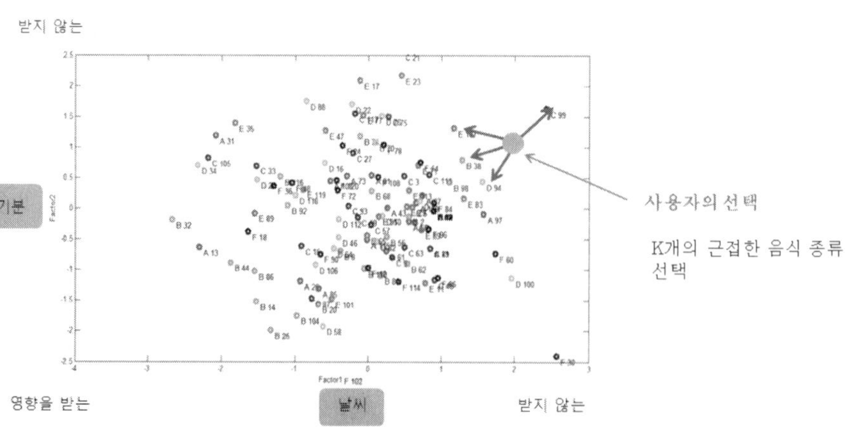

[그림 5] K-NN 기법

감성지도와 같은 형식의 사용자 입력 값은 감성지도상 사용자의 선택 값과 동일하다. 사용자가 선택하게 되면 K-NN 기법을 활용하여 거리계산을 하여 K개의 근접한 음식종류를 선택하여서 리스트하게 된다.

- 감성지도를 활용하여 음식을 추천

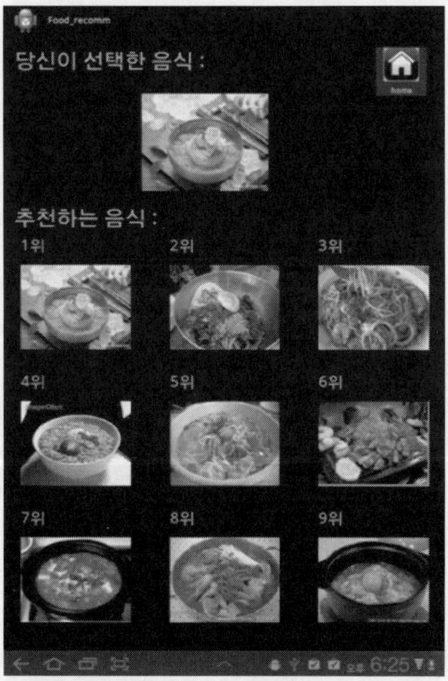

[그림 6] 실행화면 2

사용자가 선택한 음식 종류가 보여지고 감성지도상의 사용자 좌표를 이용해서 K-NN 기법을 통해 구해진 음식들의 순위로 음식 추천 리스트가 보여지게 된다. 이때 사용자가 직접 결정한 음식과 분석을 통해 얻은 음식을 비교하여 평가할 수 있다.

3.2 요구사항

3.2.1 감성 데이터 분석

3.2.1.1 감성 요소

음식에 관련된 감성 어휘를 설정한 후 분석에 사용할 형용사구를 정한 후, SD(Semantic differential) 척도를 사용하여 평가한다. 감성 구조를 만들어 형용사구의 종류를 얻는다.

음식에 대한 감성구조							
동기	감성			관능	음식의 요소	감각	물리 특성
	제1감성	제2감성	제3감성				
먹고 싶다 배고프다	행복감 공복감 연령별 성별 주위환경	심미감 만족감	해소감 온도감 자극감 미식감 향취감 포만감	일체감 저작감 냄새감각 음향감각 간편성 계절감 디자인감각 부피감 소화감각 갈등해소 소비성	음식의 모양 음식의 색 음식의 크기 음식재료 음식 조리방법 음식의 종류 음식의 가격	시각 촉각 미각 청각 후각	부피 재질 음향 냄새

[그림 7] 음식에 대한 감성구조

담백한	기름진
짠	뜨거운
맛있는	섬세한
빈약한	풍성한
값이 비싼	값이 싼
여름에 어울리는	가을에 어울리는
아침에 어울리는	점심에 어울리는
몸이 따뜻해지는	혼자 먹기 좋은
국물이 있는	자연적인
검소한	귀여운
촉촉한	밋밋한
차가운	부드러운
화려한	복잡한
질리지 않는	남성적인
간편한	빨리 먹을수 있는

겨울에 어울리는	씹기 편한
저녁에 어울리는	안주로 어울리는
여럿이 먹기 좋은	향이 좋은
인위적인	양이 많은
지저분한	깨끗한
달콤한	매운
고소한	아삭한
고급의	저급의
여성적인	세련된
자극적이지 않은	봄에 어울리는
딱딱한	덩어리가큰
몸에 좋은	땀이나는
냄새배기 싫은	시간이 오래 걸리는
양이 적은	사치스러운

[그림 8] 감성어휘 분석

실험자 No.		2012년 월 일 성명 : 나이 : 성별 : 키 : 몸무게 : 혈액형 :
1. 맛있다	□ □ □ □ □ □ □	맛없다
2. 싸다	□ □ □ □ □ □ □	비싸다
3. 가깝다	□ □ □ □ □ □ □	멀다
	⋮	

[그림 9] 평가를 위한 SD(Semantic Defferential)

3.2.1.2 음식 종류 선정

1차 설문지를 통한 학생들의 선호도와 "감정에 따른 음식 선호도 분석" 논문을 참고하여 총 37종류의 음식을 정하였다. 음식들의 특성들을 파악하기 위해 6종류로 나누었으며 감성지도에서는 각각 알파벳으로 표시된다.

밥류(A)	국/찌개(B)	면(C)	구이(D)	배달음식(E)	분식(F)
백반	부대찌개	물냉면	삼겹살	짜장면	떡볶이
제육덮밥	김치찌개	비빔냉면	닭볶음탕	짬뽕	튀김
볶음밥	감자탕	스파게티	생선구이	우동	순대
비빔밥	삼계탕	라면	스테이크	치킨	파전
초밥	갈비탕	칼국수		보쌈	오뎅
	된장찌개	파스타		족발	김밥
	순두부			피자	
	해물탕			탕수육	

[그림 10] 선별한 음식의 종류

3.2.1.3 데이터 수집

데이터 수집은 설문지로 이루어졌다. 설문지는 1차부터 4차까지 진행하였고 1차 설문에서 신뢰도가 있는 대상자를 선별하여 반복적으로 설문조사를 하는 방식으로 진행하였다.

1차 설문지 – 설문대상자의 정보와 음식의 선호도를 알 수 있게 되었다.
2차 설문지 – 1차 설문에서 정해진 선호도가 신뢰성이 있는지 확인할 수 있었다.
3차 설문지 – 여러 요인이 음식의 선택에 어느 정도의 영향들이 있는지 알 수 있었다.
4차 설문지 – 실질적으로 쓰이기 쉬운 요인들에 대한 영향들을 더 알아보았다.

3.2.2 감성 분석

3.2.2.1 순위법과 일대비교법

순위법(ranking method)은 설문지에서 얻어진 선호도를 검증할 수 있는 방법이다. 연구에서 다루는 음식들에 순위를 매김으로써 대상자가 음식에 대해 어느 정도의 선호도를 갖는지 알아본다.

일대(一對) 비교법은 음식의 종류가 많아질수록 순위를 바로 정하는 어려움을 극복한 방법이다. 음식 두 가지를 반복적으로 비교하면서 가장 많이 선택된 음식순으로 순위를 알 수 있다. 여기서는 일관성 계수를 구할 수 있는데 얼마만큼 일관성 있게 설문조사가 되었는지 알 수 있는 척도가 된다.

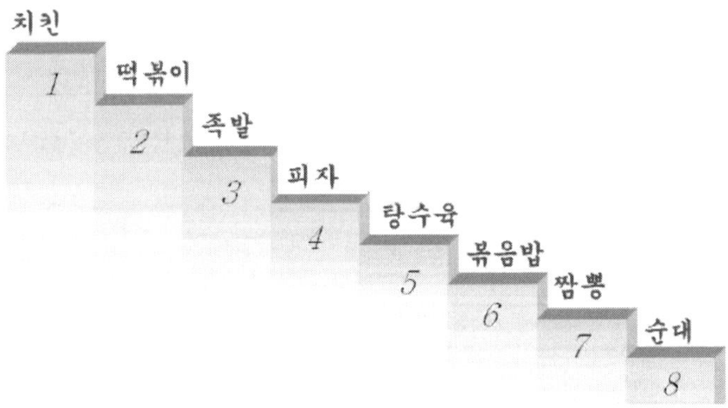

[그림 11] 순위 비교법의 예

3.2.2.2 다차원 분석(multidimensional scaling, MDS)

어휘간의 유사성 척도가 주어졌을 때, 대상을 다차원 공간의 점으로 표시하여 유사성이 클수록 점간 거리가 가까워지도록 점의 배열을 구한다. 사람들이 특정대상들을 어떻게(유사하게 또는 다르게) 생각하는지, 그리고 그런 판단의 기준(차원)은 무엇인지를 알아낸다.

3.2.2.3 의미 미분법과 요인 분석(factor analysis)

SD법을 이용하여 조사한 감성 어휘 중 가장 큰 영향력을 갖는 요인들을 추출한다. 이렇게 추출된 요인들 중에 연관성이 큰 요인이 무엇인지 분석하고 감성지도를 생성한다.

Factor Pattern				
		Factor1	Factor2	Factor3
X1	1	0.83890	-0.29855	-0.01243
X2	2	0.79446	-0.36872	0.23680
X3	3	0.55068	0.44643	-0.69534
X4	4	0.39366	0.75585	0.52130

Variance Explained by Each Factor		
Factor1	Factor2	Factor3
1.7931514	0.9957075	0.8114792

Final Communality Estimates: Total = 3.600338			
X1	X2	X3	X4
0.79304643	0.82320274	0.98605350	0.99803542

[그림 12] 요인분석

Factor Pattern Factor1~Factor3	주요인으로 선정될 3가지 축을 의미
Factor Pattern X1-X4	각 감성어휘 요인을 의미
Factor1에는 X1인 날씨 요인, Factor2에는 X4인 가격요인 Factor3에는 X3인 기분상태 요인이 선택되었다.	
Final communality Estimates	X1~X4까지의 요인으로 얻은 데이터들을 설명할 수 있는 정도를 의미

주성분 분석과 요인 분석을 통한 요인별 획득점수의 좌표화

OBS	Food	X1	X2	X3	X4	Factor1	Factor2	Factor3
1	A1	6	2	4	3	-0.02840	0.03897	-0.48911
2	A2	6	5	4	4	1.21687	-0.44568	0.22315
3	A3	5	3	5	4	-0.04489	0.62857	0.19014
4	A4	5	4	4	3	0.51359	-0.29488	-0.40260
5	B1	4	4	4	3	0.20075	-0.33926	-0.34660
6	B2	4	4	4	3	0.20075	-0.33926	-0.34660
7	B3	4	4	4	3	0.20075	-0.33926	-0.34660
8	B4	4	4	4	3	0.20075	-0.33926	-0.34660
9	B5	4	4	4	3	0.20075	-0.33926	-0.34660
10	B6	6	5	4	5	1.17988	-0.49612	0.88963
11	B7	6	5	4	5	1.17988	-0.49612	0.88963
12	B8	6	5	4	6	1.14288	-0.54657	1.55611
13	C1	2	2	4	1	-1.20580	-0.03767	-1.59809
14	C2	2	2	4	4	-1.31678	-0.18901	0.40135
15	C3	7	7	4	3	2.42154	-0.64031	-0.46881
16	C4	4	4	4	4	0.16375	-0.38971	0.31988
17	C5	4	4	4	4	0.16375	-0.38971	0.31988
18	C6	7	7	2	3	2.60969	-2.29863	-0.35185
19	D1	6	3	4	4	0.36203	-0.15621	0.19263
20	D2	1	4	1	4	-0.49257	-3.01034	0.66331
21	D3	7	1	4	5	-0.21695	0.12719	0.77260
22	D4	4	4	4	4	0.16375	-0.38971	0.31988
23	E1	2	4	4	2	-0.38796	-0.37758	-0.90109
24	E2	2	2	2	4	-1.12863	-1.84733	0.51832
25	E3	3	5	4	4	0.27833	-0.57882	0.39113
26	E4	6	4	4	4	0.78945	-0.30094	0.20789
27	E5	2	3	4	6	-0.96334	-0.43463	1.74957
28	E6	2	2	2	5	-1.16562	-1.89777	1.18480
29	E7	4	4	4	5	0.12676	-0.44015	0.98636
30	E8	4	4	4	4	0.16375	-0.38971	0.31988
31	F1	4	4	4	2	0.23774	-0.28882	-1.01308
32	F2	[illegible]	[illegible]	[illegible]	[illegible]	[illegible]	[illegible]	[illegible]

Food (A1~F6)	개별 음식의 종류(36종)
X1~X4	요인 4개별 획득 점수
Factor1	기분 상태 요인의 획득 점수 좌표화
Factor2	가격 요인의 획득 점수 좌표화
Factor3	날씨 요인의 획득 점수 좌표화

[그림 13] 감성지도

3.3 시스템 설계

3.3.1 Use Case Diagram

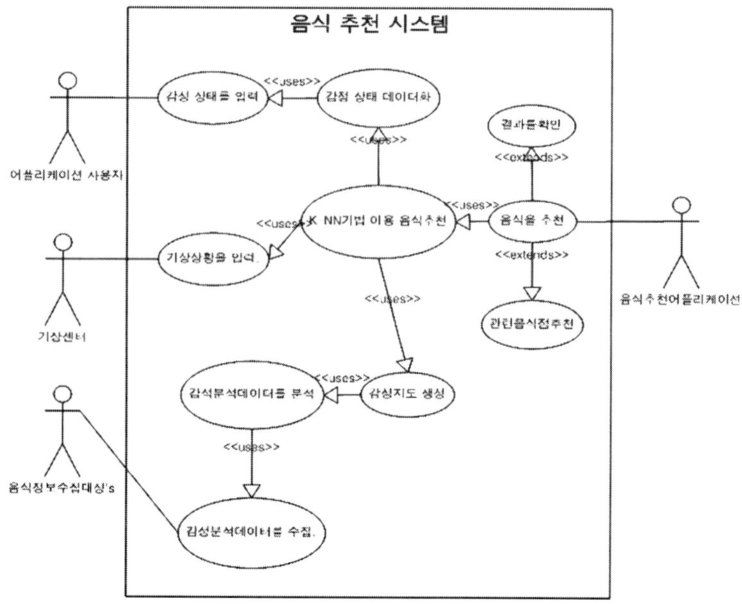

[그림14] Use Case Diagram

음식 추천 시스템을 사용하기 위해서는 먼저 음식정보수집 대상자들에게 감성데이터를 수집한다. 수집한 데이터는 감성분석 기법을 이용한 분석을 통해 감성데이터를 추출하고, 이를 이용해 감성지도를 생성한다.

또한 음식 추천 시스템은 사용자에게서 그 상황에 따른 사용자의 감성을 입력 받고 입력 받은 자료를 데이터화 시킨다. 그와 동시에 기상센터에서는 현재 기상 상황에 대한 데이터를 입력 받는다.

위에서 얻은 데이터들을 K-NN 기법을 통해 가장 적합한 음식을 순서대로 나열하여 자료를 만들어 내고, 애플리케이션 사용자에게 시스템에서 만들어진 음식추천 결과 값을 출력해 주고, 더 나아가서는 추천 음식이 사용자가 먹고 싶었던 음식인지 평가받고, 필요에 따라서는 관련 음식점을 추천해 준다.

3.3.2 Class Diagram

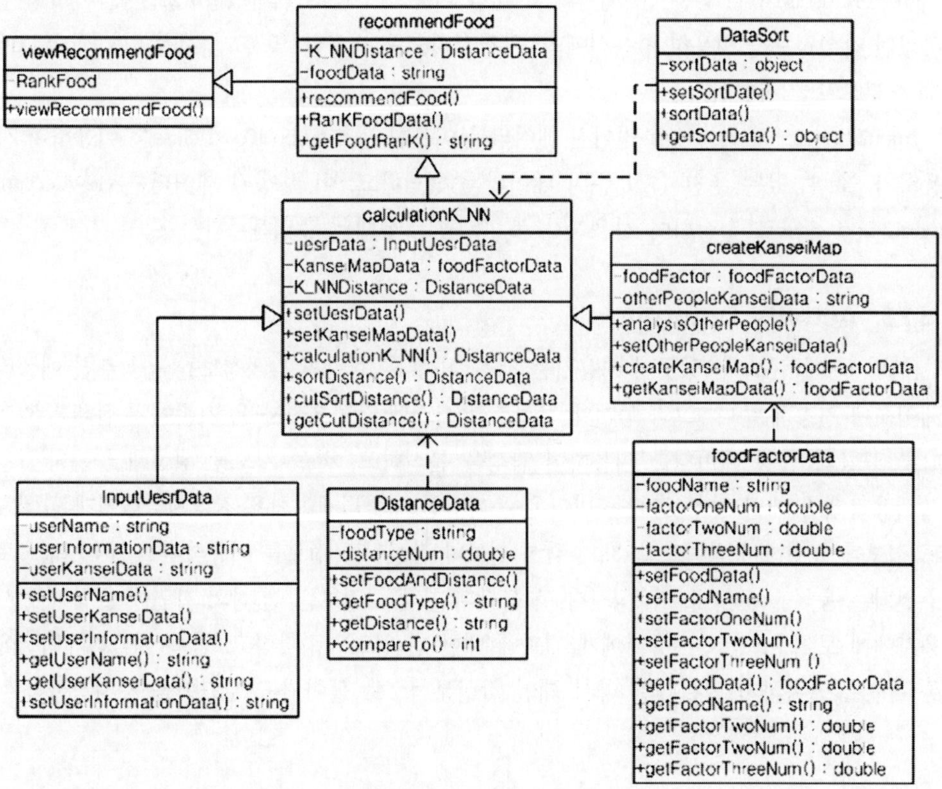

[그림15] Class Diagram

음식추천 애플리케이션에서 가장 중요한 class 중 하나는 바로 calculationK_NN class이다. calculationK_NN class는 감성분석을 통해 얻어진 감성지도 정보와 사용자 정보를 사용하여 사용자의 감성에 따라 먹고 싶은 음식의 우선순위를 계산해주는 class이다.

이 calculationK_NN class는 사용자의 정보를 가지고 있는 InputUesrData class와 감성지도의 정보를 생성하는 createKanseiMap class의 데이터를 전송 받아 K-NN 기법을 이용해서 감성에 따른 음식 순위를 추출한다.

또한 calculationK_NN class의 K-NN 기법은 개인 정보와 감성 지도 요인의 거리에 따른 우선순위로 음식을 추출하기 때문에 DistanceData class를 생성하여 개인과 감성 요인의 거리 데이터를 저장한다.

또한 createKanseiMap class에서 생성되는 감성지도를 데이터로 사용하기 위해서 foodFactorData class를 가져와 사용하는데, 이 클래스는 감성지도에서 나타나는 요인 값들을 Dobule형으로 저장한다.

createKanseiMap class는 감성분석의 기법을 이용하여 함수들을 생성하고, 지금까지 수집하였던 감성정보를 이용하여 음식에 따른 감성지도를 생성한 후, 그 정보를 foodFactorData class 값으로 저장한다.

calculationK_NN class에서 얻어진 데이터를 이용한 recommendFood class를 이용하여 사용자가 알 수 있는 추천 음식 순위 데이터를 생성하고, 이 생성된 데이터를 viewRecommendFood class로 전송하여 사용자가 볼 수 있는 형태로 출력해준다.

3.3.3 Activity Diagram

[그림 16]에서 볼 수 있듯이 사용자는 앱을 실행 후 개인의 감성정보를 음식추천 애플리케이션에 전송해 준다. 그와 동시에 감성분석 시스템(감성분석자)은 기존에 수집해 두었던 다른 사람의 감성 데이터를 이용하여 감성을 분석하고, 감성 지도를 생성해 놓는다.

사용자에게 개인 감성 정보를 받아온 음식추천 애플리케이션은 감성시스템에게 감성지도 정보를 요청하여 받아오고, 개인 감성 정보와 감성지도 정보를 이용하여 K_NN 기법으로 추천되는 음식을 순서대로 생성한다. 생성한 추천 음식정보는 앱 상의 화면에 출력하여 사용자에게 보여주고, 그 사용자에게 결과에 대한 만족도를 평가하고, 만족 애플리케이션에 종료하고, 만족하지 않는다면 다시 개인 감성분석으로 돌아가 프로그램을 재시작한다.

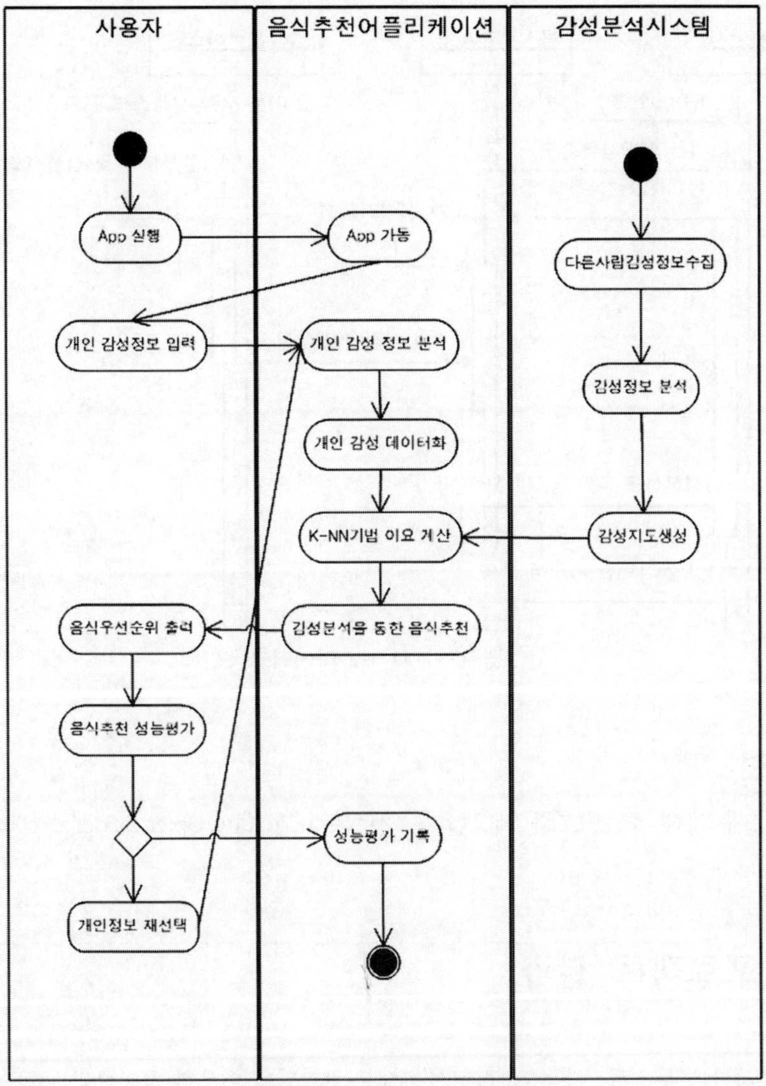

[그림 16] Activity 다이어그램

3.3.4 Sequence Diagram

Sequence 다이어그램도 Activity 다이어그램과 마찬가지로 사용자가 개인 정보를 입력하면, 그 정보를 음식추천 앱에 전송시켜주고 음식추천 앱은 감성분석 시스템에서 미리 감성분석을 한 정보와 개인의 정보를 이용하여 음식을 추천한다. 음식추천 방식은 K-NN 기법을 이용하고, 그 추천된 결과를 다시 사용자에게 전송시켜 그 사용자가 원하는 음식이 있는지 피드백을 받는다.

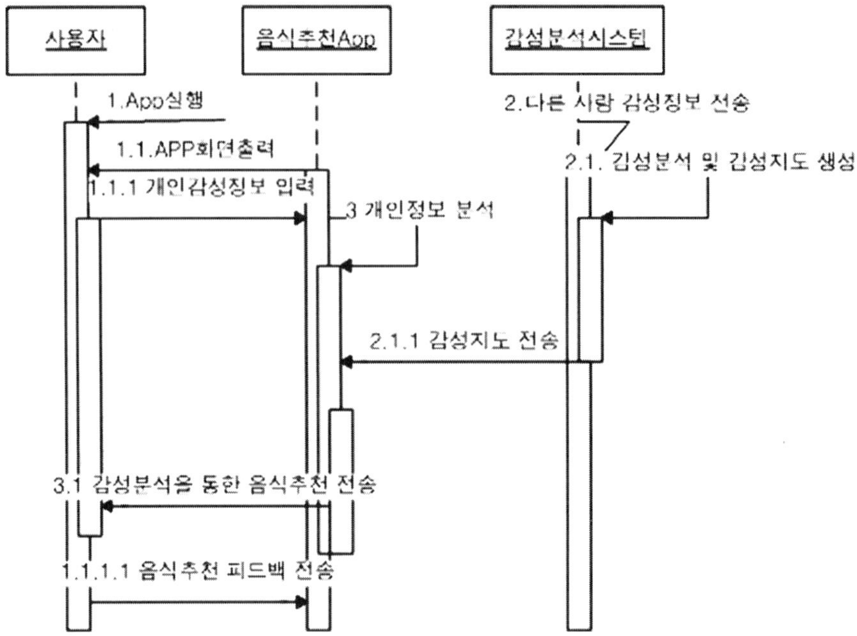

[그림 17] 시퀀스 다이어그램

3.4 구현

클라우드를 통해 소스코드를 제공한다. 경로는 [uCloud]/Chapter.2/Source_code이다.

4 프로젝트 결과

이와 유사한 논문으로 "자동 생성된 사용자 프로파일을 이용한 하이브리드 음식 추천 시스템"이 있다. 사용자에게 음식을 추천한다는 목표는 동일하지만 방식이 다르다.

관련 논문에서 사용한 방식을 보면 형용사 어휘나 음식에 관련된 명사들은 백과사전에서 정의한 것을 사용하고 사용자 정보에서 사용자가 정의한 자신이 선호하는 요인들을 미리 저장해 놓는다. 선호하는 요인들에 가산점을 주거나 기피하는 요인들에 감점을 주어 추천하는 방식이다. 이 논문에서는 음식들에 대한 형용사적 어휘, 즉 시원할 때 먹는 음식, 매운 음식 등에 대한 의미들이 미리 정해져 있기 때문에 예외가 있을 수 있다. 사람마다 같은 음식을 먹을 때 기분이나 상황이 다 같지는 않기 때문이다. 이와 다르게 이 책에서는 요인들을 입력으로 두고 많은 사람들이 생각한 요인에 대한 음식들의 위치와의 거리로 가중치를 준다. 데이터 수집의 양이 많을수록 그 수치는 정확할 것이다.

성능 평가에 있어서는 두 가지 방법을 사용하려고 한다. 구현한 앱에서는 9가지 음식들을 추천해준다. 사용자들이 선택한 음식이 추천해준 순위에서 몇 번째 안에 위치하는지를 횟수로 입력하고 이 과정을 반복적으로 수행하여 각 순위마다 확률을 구하여 성능을 평가하는 것이다. 두 번째로는 9가지 음식들 안에서 현재 사용자가 먹고 싶은 음식들이 몇 가지나 들었는지에 대해 반복적으로 수행하여 평가하는 방법이다.

5 결론

5.1 기대효과

이 연구에서 사용한 감성공학 기법으로 분석한 결과 사람들이 음식을 선택하는 과정에 있어서 여러 요인들이 작용하는 것으로 조사되었다. 조사한 6가지 요인 중에 날씨, 체감기온, 기분 상태의 세 가지가 영향을 가장 크게 미치는 것으로 나타났고, 이 세 가지 주요 요인을 바탕으로 감성지도를 생성, 음식을 추천하는 애플리케이션을 설계하였다.

이 연구의 또 다른 의의는 감성공학의 분석 및 설계방법을 소프트웨어에 적용시킨 것에 있다. 기존 제품의 디자인과 기능 설계 부분은 트렌드가 변하면서 사용자의 선호가 바뀔 수 있지만 소프트웨어는 지속적인 업데이트가 가능하며 변화하는 정보를 쉽게 얻을 수 있다는 장점이 있다. 앞으로 여러 소프트웨어들이 감성공학을 바탕으로 좀 더 인간중심적인, 감성적인 프로그램으로 나아갈 것이고 그 중 한 가지가 추천모델이 될 것이라고 생각한다.

'무엇을 먹고 싶다' 라는 것은 단순히 음식을 선택하는 과정이 아니라 날씨, 기분, 운동상태, 시간, 개인 선호도 등 여러 요소가 반영되어 최종적으로 나타나는 것이며 단순히 공복감을 채우는 방법이 아니라 스트레스 해소, 분위기 전환, 건강관리 등 개인이 추구하는 여러 요소들이 있을 것이다.

5.2 추후 연구방향

학기 프로젝트의 한계점으로 데이터 수집기간, 수집대상, 수집량의 한계가 있었고 인간의 공통된 감성에 개별성을 적용하는 감성공학의 방식상 정확도가 높게 나오지는 않았다. 하지만 지속적인 업데이트가 가능한 애플리케이션으로, 선택된 데이터를 축적해 나감으로써 시간이 지날수록 더욱 정확도가 높아지며 기능 업데이트를 통해 개인의 건강까지 생각할 수 있는 애플리케이션으로 발전해 나갈 수 있을 것이다.

참고문헌

[1] 이시우 외 3인, “사상체질별 음식선호에 관한 임상연구,” 한국한의학연구원논문집, 제13권, 제1호, pp. 77-83, 2007.

[2] 이은영, 조미숙, “지각된 감정이 여대생들의 음식 선호에 미치는 영향,” 한국식생활문화학회지, 제23권, 제6호, pp. 713-719, 2008.

[3] 조지예, “남녀 대학생의 식습관과 BMI 분류로 인한 식생활 및 건강상태 연구와 영양교육 프로그램 모델 개발,” 울산대학교 박사학위논문, 2011.

[4] 박경수, 감성공학 및 감각생리, 영지문화사, 1999.

[5] Duda, R.O., Hart, P.E., and Stork, D.G., Pattern Classification, 2001.

[6] 정경운, “학문 분야별 감성 코드 접근 방식에 대한 고찰 : 감성평가와 감성어휘 목록을 중심으로,” 감성연구 제2집, 2011

[7] 위키백과, 네이버 백과사전 참조

CHAPTER 03

강의자료와 녹음기를 결합한 학습 보조용 애플리케이션

수업 시간 후 강의 학습을 돕기 위해 강의자료 파일 중 하나인 PDF 문서와 녹음기를 동기화하여 각 슬라이드에 해당하는 음성 파일의 정보를 제공하는 애플리케이션을 개발한다. 이는 강의를 사용자로 하여금 좀 더 효율적으로 복습할 수 있게 하여 시간을 효율적으로 사용할 수 있게 도와줄 것이다.

1 서론

1.1 연구배경

컴퓨터뿐만 아니라 빔 프로젝터와 같은 기기들이 대중화되면서 최근 많은 수업에서 학생들의 이해를 돕기 위한 방법으로 PDF나 PPT로 만들어진 강의자료를 활용하고 있다. 이러한 사회적 분위기에 맞추어 학생들 또한 강의자료를 출력하거나 개인 휴대용 기기에 열어두고 수업을 수강하고 있다. 그 중 일부 학생의 경우 수업시간에 이해를 다 못할 것 같은 과목이나 제대로 수업을 들을 수 없는 상황인 경우 나중에 공부를 할 때 활용하기 위하여 휴대폰 녹음기를 이용해 수업을 녹음하기도 한다.

하지만 이러한 녹음파일은 실제 잘 활용되지 못하는 실정이다. 녹음파일의 경우 끊김 없이 계속 재생되긴 하나 현재 어느 슬라이드에 대한 설명인지에 대해 찾는 데 상당한 시간을 소비하기 때문이다. 필요한 부분만 다시 듣고자 한다면 해당 부분을 찾기 위해 시간은 더욱 사용해야 한다. 또한 저장된 녹음 파일을 들어보면 책 넘기는 소리, 기침 소리와 같은 잡음으로 인해 집중 방해가 되는 경우도 많이 있다. 이 파일을 다시 청취하고자 하는 시기는 시험기간이 대부분인 만큼 시험을 앞둔 학생들 입장에서는 작은 소비 시간이 중요하게 여겨지기 때문에 이런 문제들은 녹음파일을 활용하지 못하게 되는 원인이 된다.

이번 연구는 슬라이드나 PDF와의 동기화를 맞추어 들을 수 있도록 부분을 나누어 표시하여 사용자들의 학습효과를 높이는 애플리케이션 제작을 목표로 한다. 더 나아가 이용자에게 녹음 파일에서 기침 소리와 같은 잡음을 최소화하여 재생하였을 때 좀 더 집중할 수 있게 저장하는 기능까지 추가가 된다면 더 좋은 효과를 줄 수 있을 것이다.

1.2 연구목적

기존 방법들은 녹음 파일을 다시 들을 때 사용자에게 많은 불편함을 주고 있다. 듣고 싶은 부분만을 듣기 위해서는 해당 부분이 있을 것으로 추측되는 녹음파일을 재생시키고 임의로 옮겨 가면서 찾아야 하는데 이는 많은 시간을 요구한다. 또한 부분을 나누어 녹음한다고 하였을 때 일일이 파일명을 바꿔주다 보면 더 많은 부분을 놓치기도 하고 녹음 중간에는 메모장과 같은 다른 애플리케이션을 이용할 수 없기 때문에 강의자료를 따로 출력을 해 두어야 한다.

우리는 이러한 녹음기의 문제점들을 보완하여 강의 녹음 파일을 더 효율적으로 이용할 수 있는 시스템을 만들고자 한다. PDF를 열어둔 뒤 녹음을 할 수 있게 하여 페이지를 넘기는 것을 기준으로 녹음 파일에 인덱스를 붙여두어 나중에 PDF 파일의 페이지를 기준으로 재생될 수 있도록 하는 시스템을 제작하고자 한다. 나아가 모든 잡음은 아니더라도 기침소리나 책 넘기는 소리 같은 잡음을 제거하여 더 낳은 음질을 제공한다.

즉, 많은 사람들이 활용 가능한 안드로이드 환경에서 강의자료와 녹음파일의 동기화를 맞추어 학생들 학업에 도움을 줄 수 있는 애플리케이션을 제작하는 것이 이번 연구의 목적이다.

2 관련연구

2.1 관련 애플리케이션

스마트폰에서 제공하는 여러 문서 파일이 존재하지만 우선 강의자료와 관련이 깊은 ppt 및 pdf 프로그램을 대상으로 조사하였다. 현재 PPT 및 PDF 파일을 보여주는 다양한 프로그램들이 존재한다. 우선 윈도우 환경에서는 Microsoft Office Power Point가 PPT로 많이 쓰이고, Acrobat Reader가 PDF로 많이 쓰인다. Power Point의 경우 ppt 작업뿐만 아니라 슬라이드 쇼 녹화 기능이 있어서 녹음을 하면서도 ppt 파일 내에서 하는 작업을 녹화할 수 있다. Acrobat Reader의 경우 간단한 주석을 다는 작업뿐만 아니라 서명 작업 및 배포 작업이 쉬운 특징을 지닌다. 안드로이드 앱에서는 Polaris office가 널리 쓰이고 있다. 이는 Viewer의 기능이 중심적이며 간단한 검색 및 공유 기능을 가지고 있다.

녹음과 관련된 애플리케이션으로는 단순한 음성 녹음과 스마트기기의 화면과 음성을 동시에 녹화하는 애플리케이션으로 나뉜다. 음성 녹음 관련 애플리케이션으로는 기본 애플리케이션인 음성 녹음이 있다. 음성 녹음은 쉽고 간편하게 몇 가지 버튼만으로 녹음이 된다. 반면, 동영상으로 녹음하는 애플리케이션은 안드로이드에선 루팅을 하였을 때 사용할 수 있는 screencast와 pc로 접속하여 pc에서 녹화하는 DroidAtScreen 프로그램을 사용하는 방법이 있다. 먼저 공통적으로 화면과 음성이 같이 녹화가 되므로 자신이 어느 슬라이드를 보고 있는지와 강의 녹음파일을 동시에 파악할 수 있다는 장점이 있다. 하지만 많은 용량을 차지하게 된다. 그리고 개별적으로 먼저 screencast는 안드로이드 폰을 루팅하여야 이용할 수 있으며, DroidAtScree은 PC와 연결하여 녹화해야 한다.

2.2 기존 연구의 문제점 및 해결 방안

2.2.1 연구의 문제점

스마트폰에서 제공하는 여러 문서 파일이 존재하지만 우선 강의자료와 관련이 깊은 ppt

파일 및 pdf 관련 프로그램을 대상으로 조사를 하였다. 또한 녹음 관련 애플리케이션으로는 안드로이드 애플리케이션을 대상으로 조사하였다.

분류	환경	프로그램	단점
PDF 및 PPT	Window	(a) Microsoft Office Power Point	녹화 기능이 있으나 프레젠테이션 특성상, 지나간 슬라이드를 다시 녹화하는 경우 덮어 씌워진다. 강의자료는 이전 슬라이드로 돌아가서 설명하는 경우도 있으므로 덮어씌우기가 되면 안 된다.
		(b) Acrobat Reader	프레젠테이션보다 문서 공유에 쉽다.
	Android	(c) Polaris Office	단순한 Viewer를 제공한다.
녹음	Android	(d) 음성 녹음	단순한 녹음기의 역할을 한다.
	Android(루팅)	(e) screencast	루팅이 필요하며, 녹화 파일 저장 시 용량을 많이 차지한다.
	Window	(f) DroidAtScreen	PC와 연결하여 녹화해야 한다.

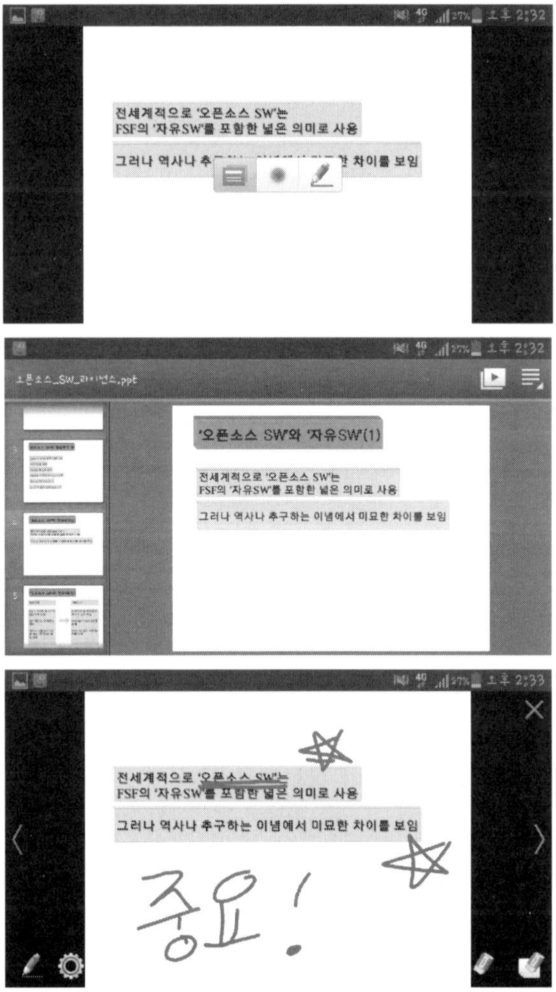

[그림 1] 기존 프로그램 중 하나인 Polaris 화면

2.2.2 해결 방안

(a), (b), (f)는 공통적으로 PC에서만 작동된다. PC는 노트북이 있어야 하거나, 수업용 PC를 이용해야 하는데, 이때 마이크 등의 추가 장치가 필요하다. 이러한 문제점은 대중화된 스마트기기를 이용함으로써 해결 가능하다. (e)의 경우 스마트폰에서 사용가능하나, 루팅을 해야 하며, 특히 스마트기기는 용량이 넉넉하지 않은 환경이므로 데이터를 저장할 때 용량이 최소한으로 사용하기 위해 pdf 파일과 음성파일, 그리고 강의정보를 저장하는 파일로 관리한다. (c), (d)의 기능에서 서로 없는 것을 합쳐서 보완하도록 한다. 마지막으로 (a)에서 이전 슬라이드에 대한 기록을 남기기 위해 일련의 음성 녹음시간에서 특정 구간 동안 어떤 슬라이드를 보았는지를 기록하여 관리하도록 한다.

3 프로젝트 내용

3.1 시나리오

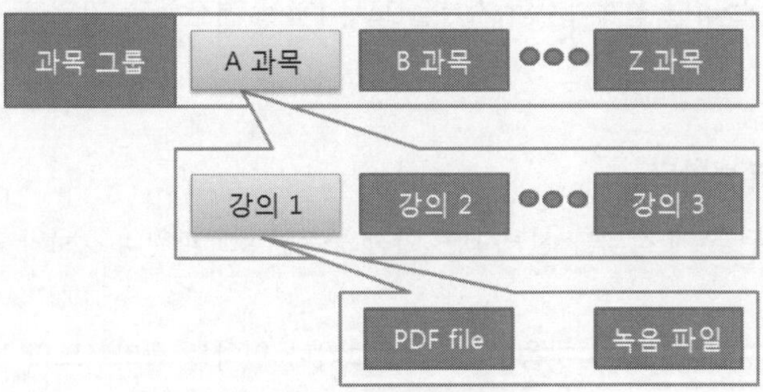

[그림 2] 관리구조 요약

3.1.1 과목과 강의를 관리

- 프로그램을 실행시키면 과목그룹이 리스트 형태로 나타난다.
- 여기서 원하는 과목을 새로 추가하거나 수정 및 삭제가 가능해야 한다.
- 원하는 강의를 선택하면 해당 과목의 여러 강의가 나타난다. 강의는 수업시간을 의미하는데, 예를 들어 과목이 창의적설계인 경우, 강의는 3월 1주 월요일, 3월 1주 수요일, 3월 2주 월요일, ...와 같은 형태로 표현할 수 있으며, 이는 사용자의 임의대로 작성한다.
- 강의 또한 과목과 같이 추가, 수정 그리고 삭제가 가능해야 한다.

3.1.2 강의 PDF 파일을 연동

- 원하는 강의를 클릭하면 강의자료인 pdf 파일을 불러오기 위한 창이 나타난다.
- 불러오기 창에서 스마트기기 내 목록들을 열람하는데, 이때 파일은 pdf 파일만 나타나도록 하여 쉽게 찾을 수 있게 한다.
- pdf 파일의 경로를 가져온다.
- pdf를 열고 화면의 가운데에 배치한다.
- 화면 하단에 슬라이드 프로그래스바가 있어 현재 슬라이드가 전체에 어느 부분쯤에 위치하는지를 알 수 있도록 구현한다.

3.1.3 강의를 녹음한다.

- 상단 메뉴 버튼을 통해 녹음할 수 있다. 녹음 관련 메뉴는 녹음, 일시정지, 멈춤 등이 존재한다.
- 녹음 버튼을 누르면 녹음이 시작되고 현재 슬라이드 정보와 녹음 시간의 정보를 DB에 저장한다.
- 일시정지 버튼으로 녹음을 잠시 멈추는 것을 구현한다.
- 멈춤 버튼이 눌리면 현재까지의 기록을 모두 DB에 저장하고, 강의를 선택하기 전 단계로 돌아간다.

3.1.4 강의를 복습한다.

- 저장이 완료된 후에 강의를 선택하면, 이전 등록된 pdf 파일의 경로와 녹음 파일을 불러온다.
- 메뉴의 복습 버튼을 통해 처음부터 다시 보거나 원하는 슬라이드의 녹음 내용을 확인할 수 있다.
- 복습 시, 녹음 부분에 표시해 둔 것을 기준으로 슬라이드와 연동시켜 재생하여 슬라이드를 자동으로 넘기는 형식으로 구현한다.

3.2 요구사항

3.2.1 개발 요구사항

- 개발환경 : Android 3.0 기반(허니콤, api 11)
  DB : SQL Database(SQLlite 이용)
- 녹음되는 파일에 요구사항에 필요한 기반사항
  한 녹음파일을 page 기준으로 part를 나누어 저장하는 것이 아닌 기준이 되는 시간들을 이용해 DB로 관리하는 형태로 구현한다.

- PDF 파일을 연동시키는데 필요한 기반사항

  강의자료의 대표적인 형태로 ppt와 pdf가 있는데, 이중에서 pdf만을 이용하는 것으로 제약을 두었다. 따라서 DB를 이용해 특정 폴더가 아닌 경로를 기반으로 하여 pdf와 연동시키는 형태로 구현한다.

3.2.2 과목과 강의를 관리

- 과목 및 강의 선택 UI :: 과목선택(좌), 강의선택(우)

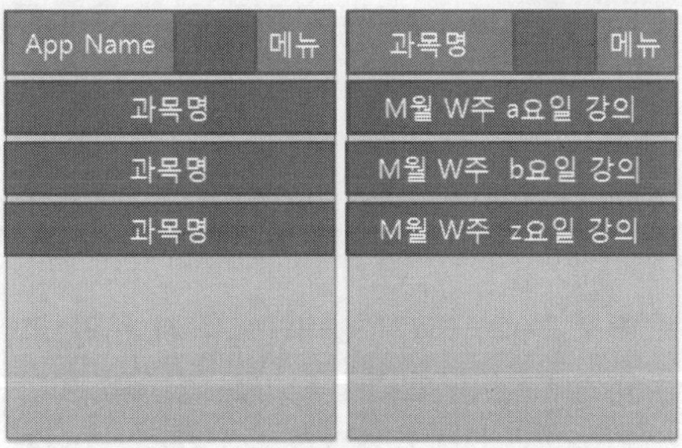

[그림 3] 과목선택과 강의선택 화면

1. Android 허니콤(api 11)을 활용하기 위한 Fragment 사용
2. 메뉴는 Action bar를 이용
3. 과목과 강의를 DB에 저장

3.2.3 강의 PDF 연동

- Select Pdf File UI :: MuPdf 연동

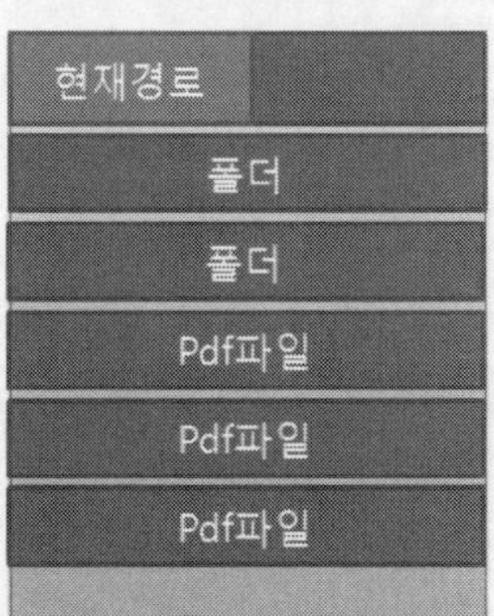

[그림 4] MuPdf 연동 1

1. 폴더 내 파일을 탐색
2. 파일 중 pdf 파일만 사용자가 볼 수 있도록 제공

- Management Pdf File UI :: MuPdf 연동

[그림 5] MuPdf 연동 2

1. 화면 중앙에 PDF 슬라이드를 나타낸다.
2. 화면 드래그를 이용하여 다른 슬라이드로 이동
3. 전체 슬라이드와 현재 슬라이드의 정보로 하단에 슬라이드 프로그래스를 표현

3.2.4 강의 녹음

- Recoding UI

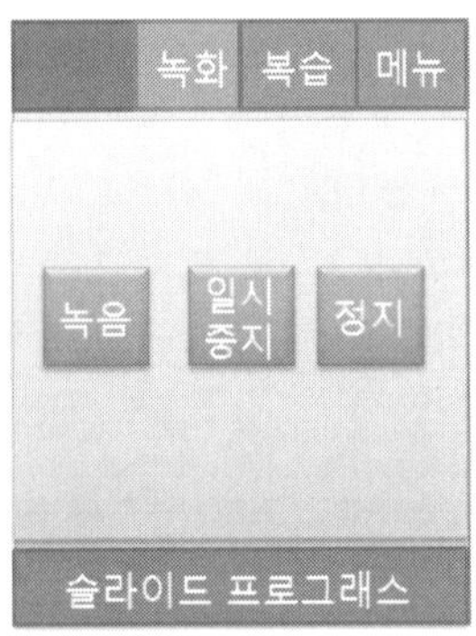

[그림 6] Recoding UI

1. 기본적인 녹음 시작, 일시정지, 정지 기능 구현
2. 현재 녹음된 시간의 정보를 얻어올 수 있어야 함
3. 녹음 저장은 스마트기기 내 고정 폴더 내에 한다.

3.2.5 강의 복습

- Review UI

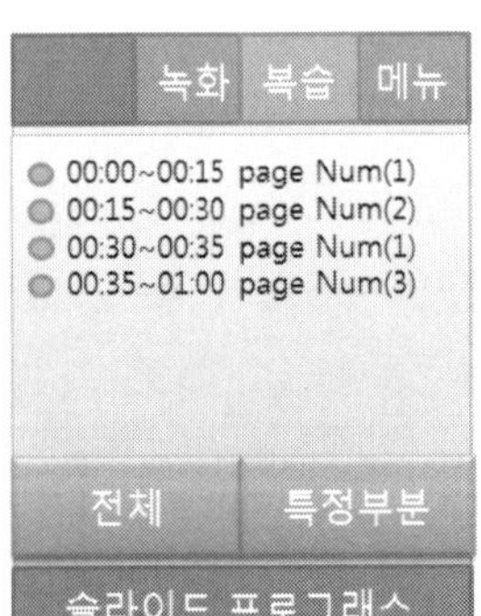

[그림 7] Review UI

1. 기록된 녹음 시간과 해당 슬라이드를 표시
2. 전체를 차례로 복습하거나 특정 부분을 선택하여 복습하도록 제공
3. 버튼을 클릭 시 이전 Management Pdf File UI와 같이 돌아가서 자동으로 재생하며 실행

3.3 시스템 설계

3.3.1 Use Case Diagram

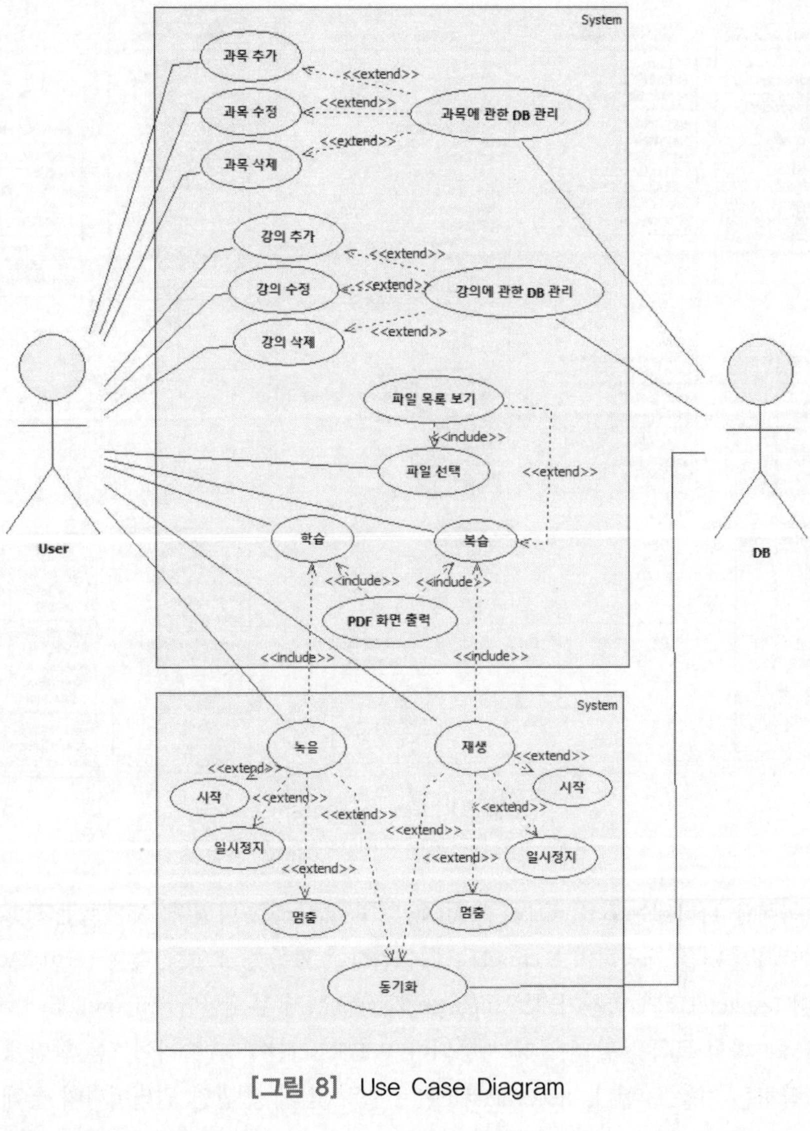

[그림 8] Use Case Diagram

사용자는 system에서 과목을 조작하거나 강의를 조작할 수 있으며, 이때 DB는 필요한 정보를 제공하게 된다. PDF 파일을 탐색하고 선택하는 기능을 할 수 있으며, 이때 학습 및 복습 기능을 수행할 수 있다. 학습은 녹음을 하며 강의를 수강하는 것이고, 복습은 학습한 이후에 강의를 다시 들을 때를 말한다. 재생과 녹음 시 동기화를 하여 사용자에게 제공될 수 있고 DB를 두어 관리할 수 있도록 하며 이를 통해 해당 기능을 수행한다.

3.3.2 Class Diagram

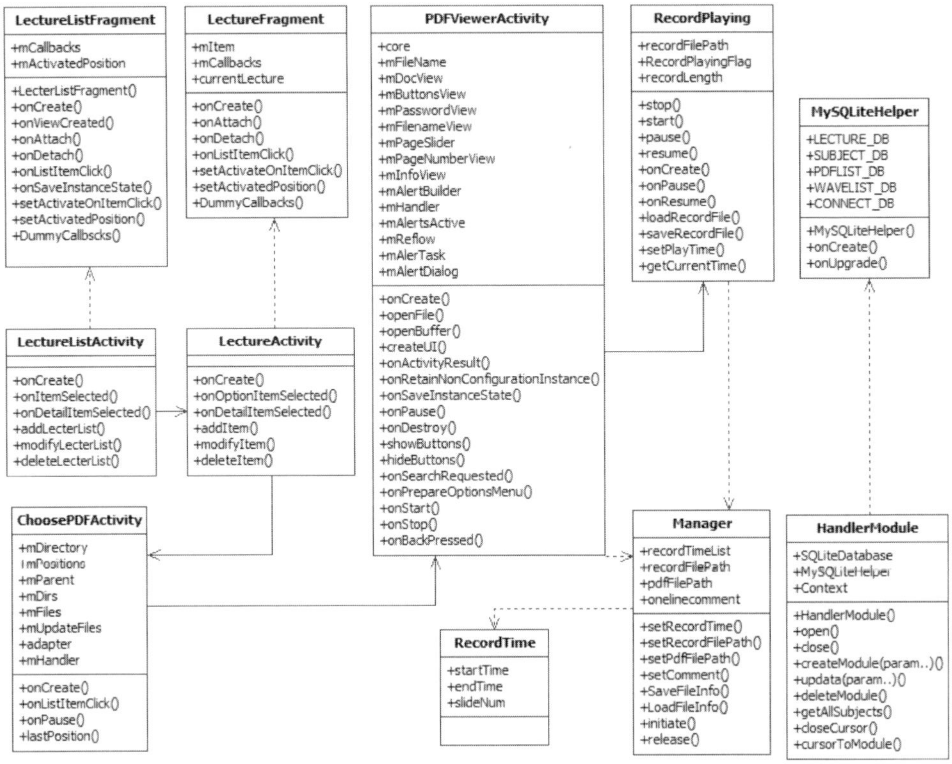

[그림 9] Class Diagram

과목 목록을 나타내는 LectureList는 Activity와 Fragment로 나뉜다. Activity는 Fragment를 이용하여 화면 UI를 제공하며 LectureList에서 원하는 과목을 호출할 때는 LectureActivity를 호출하며 LecutureList와 마찬가지로 fragment와 activity가 존재한다. choosePdfActivity는 sd 카드 내 pdf 파일 목록을 불러올 때 사용되며, PdfViewer는 PDF 슬라이드를 화면에 보여주거나 조작하는 기능을 한다. RecordPalying은 녹음 및 재생 관련 멀티미디어 클래스이다. Manager는 pdf와 멀티미디어를 관리한다. RecordTime은 기록되는 녹음시간을 나타내는데, 어느 녹음 구간에서 어떤 슬라이드를 보고 있는지를 나타낸다.

DB와의 연동 작업을 위해 SQLiteHelper를 사용하였는데, 각각의 테이블마다 핸들러 클래스가 존재한다. 하지만 이것을 다 표현하기에는 복잡해지기 때문에 하나의 핸들러 모듈로 표현하였다. 각 핸들러는 공통의 SQLiteHelper를 이용하여 각각의 테이블을 조작한다. 여기서 테이블에 값을 가져오거나 수정, 삭제 등의 작업을 한다.

3.3.3 Activity Diagram

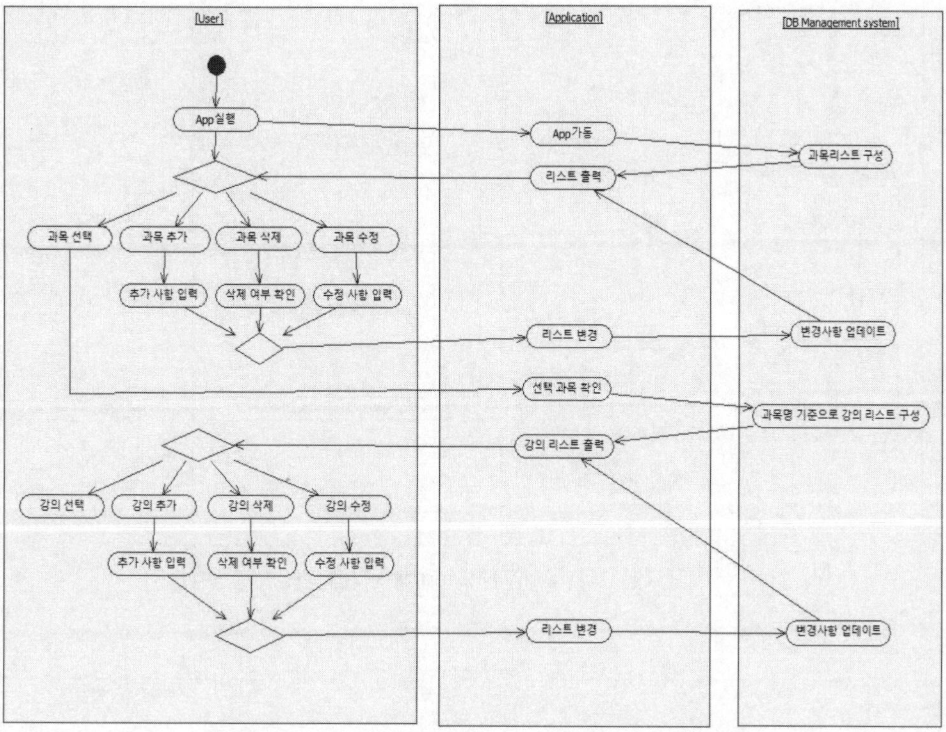

[그림 10] Activity Diagram(강의 선택 이전까지)

사용자는 애플리케이션을 시작하고 리스트를 출력 받게 되는데 이후에는 과목을 선택하거나 추가, 수정, 삭제를 할 수 있다. 추가, 수정, 삭제는 애플리케이션과 DB system을 이용하여 조작하고, 선택의 경우 하위 강의들이 어떤 것이 있는지를 들어가게 된다. 이때 다시 강의 리스트가 재구성되며 이후 강의 선택을 누른 것까지만을 여기에 나타내었다.

강의선택 이후에 학습 복습 종료 등의 기능을 수행할 수 있다. 먼저 학습의 경우 pdf 파일을 선택하고 뷰어로 보이고 난 다음에 슬라이드를 조작할 수 있으며 녹음이 시작되면 그 이후부터의 내용이 임시로 기록된다. 녹음이 종료되면 한 줄 요약을 통해 사용자가 강의내용을 찾을 때 알기 쉽도록 제공하며, 기존에 임시 저장되어 있던 정보들을 이때 한꺼번에 system에서 DB로 저장하게 되고 수행이 끝나면 강의선택을 눌렀던 초기화면으로 돌아가게 된다.

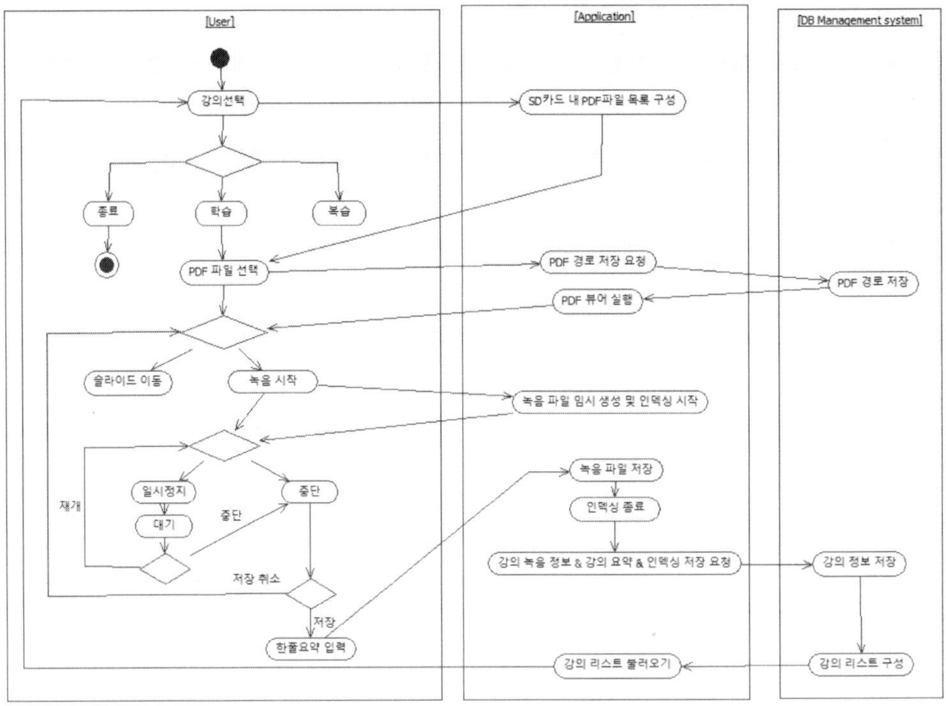

[그림 11] Activity Diagram(학습 과정)

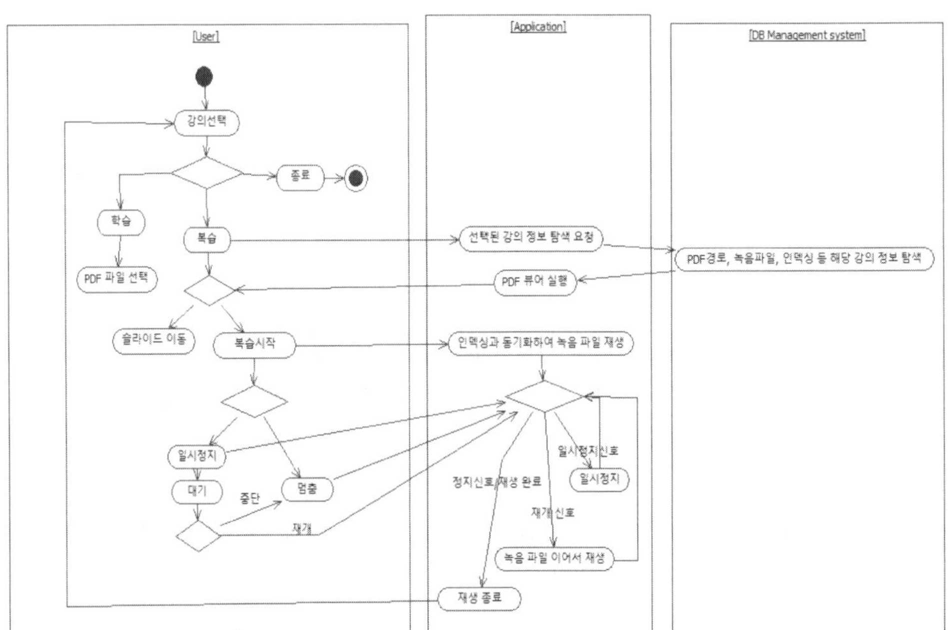

[그림 12] Activity Diagram(복습 과정)

강의선택 이후 복습을 누르게 되면 기존에 저장되어 있던 pdf 파일 경로 정보를 바탕으로 Pdf를 보여준다. 그 후 슬라이드를 조작하거나 복습할 수 있다. 그리고 기존에 읽어온 정보에서 인덱싱 부분을 동기화하여 파일을 재생한다. 재생이 끝나면 초기화면으로 돌아간다.

3.3.4 Sequence Diagram

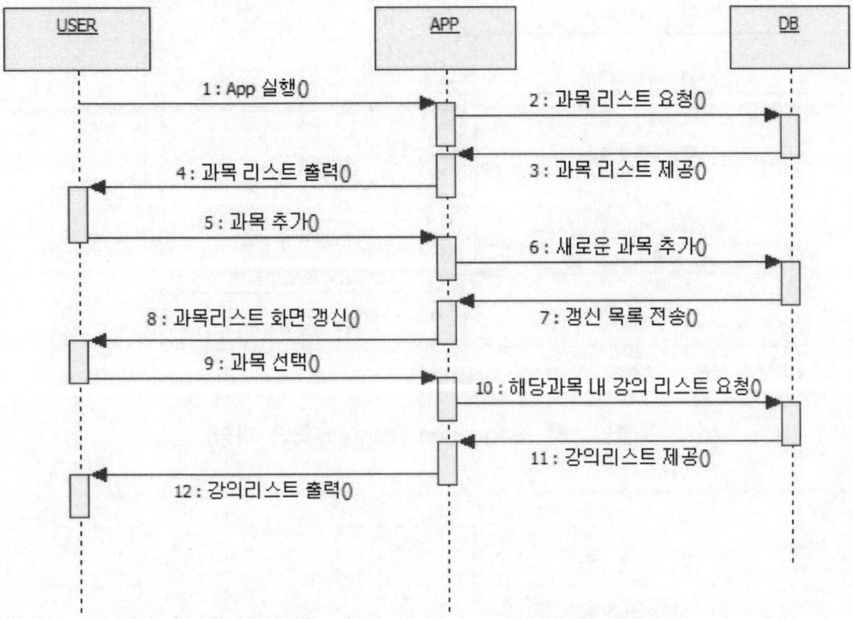

[그림 13] Sequence Diagram(강의 선택 이전까지)

애플리케이션을 실행하고 과목 리스트를 가져온다. 이때 과목을 추가하여 원하는 과목을 화면에 불러온다. 그리고 수정 및 삭제도 이와 동일하게 구현된다. 원하는 과목을 선택함으로써 과목 내 강의리스트들을 가져오고 추가, 수정, 삭제 등의 기능은 앞의 과목과 유사하지만 여기서 원하는 강의를 선택하게 되면 학습 혹은 복습 등의 기능을 선택할 수 있게 된다.

유저는 애플리케이션에게 어떤 강의를 학습하고 싶은지 선택하게 되고, SDcard 내 파일을 선택하게 된다. 선택 후 pdf 경로는 DB에 따로 저장하고, 학습을 위한 초기 화면을 사용자에게 보여준다. 녹음이 시작되면 현재 어떤 슬라이드를 어느 시간 동안 보게 되는지에 대한 관련 정보를 저장하고 일시정지의 경우 잠시 대기하였다가 사용자가 녹음을 재개하면 다시 기록을 수행한다. 녹음이 종료되면 기록을 저장하고 강의 초기화면을 나타낸다.

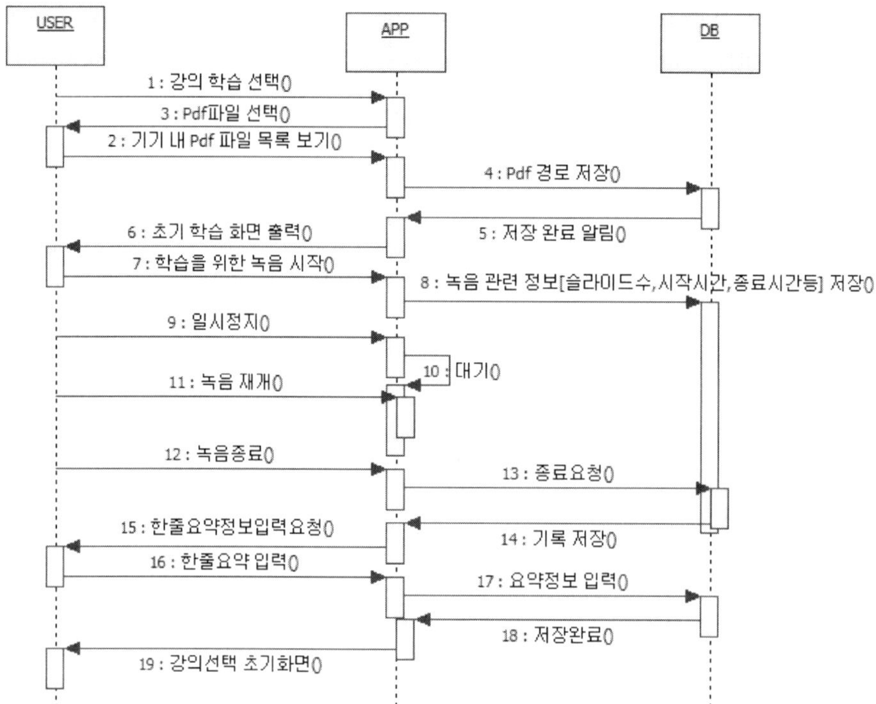

[그림 14] Sequence Diagram(학습 과정)

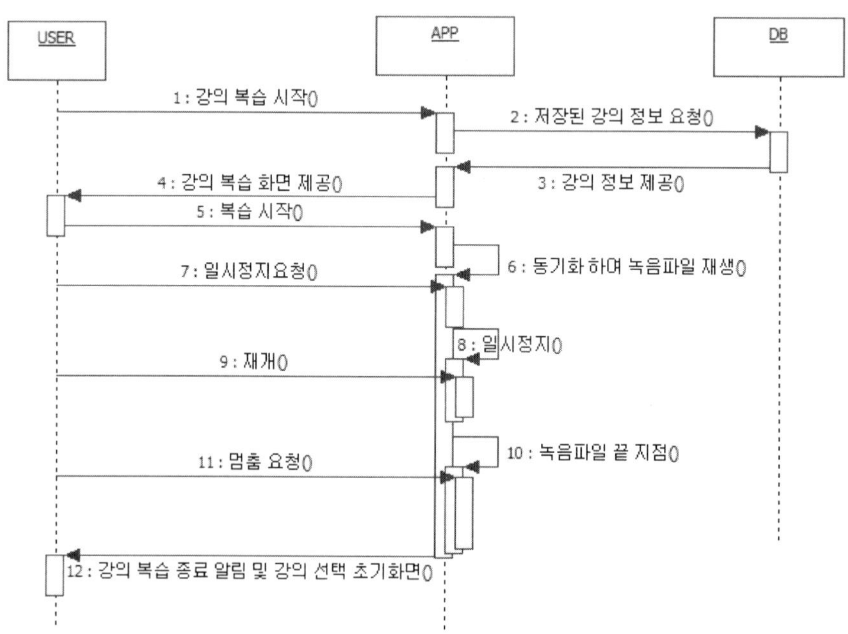

[그림 15] Sequence Diagram(복습 과정)

복습 시에는 저장된 강의에 대한 정보를 요청하고 그 정보를 바탕으로 pdf 파일을 화면에 보여주고, 녹음파일이 재생되면 동기화를 하여 화면에 보여준다. 중간에 일시정지 요청이 들어오면 잠시 멈추었다가 재개를 요청하면 다시 재생하다가 멈춤을 요청하거나 녹음파일의 끝지점에 오면 재생을 멈추고 강의 초기화면을 보여준다.

3.3.5 ER Diagram

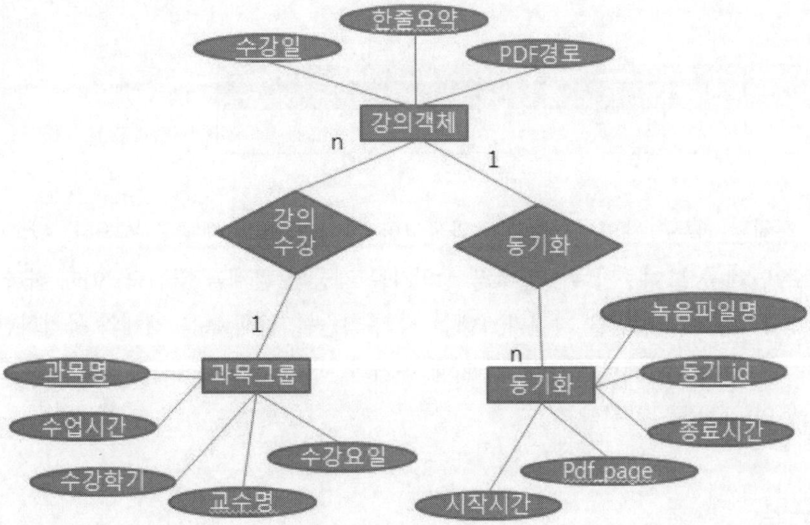

[그림 16] ER Diagram

<SubjectGroup>

과목명	교수님	수강학기	수업요일	수업시간

<강의 list>

수강일	한 줄 요약	connect_id	과목명

+pdf path

<pdf_list>

pdf_id	pdf_path	pdf_name	pdf_length

<wave_list>

wave_id	Path	wave_total_time

	Private key
	Public key
	Private key & Public key

<synchronize>

동기_id	시작시간	종료시간	pdf_page

<connect>

connect_id	pdf_id	wav_id	동기_id

강의 객체는 과목그룹의 일부이다. 과목그룹은 여러 강의 객체를 가진다. 강의 객체는 강의자료인 pdf를 보여주기 위해 pdf와 강의자료 제공의 관계를 가진다. 이때 하나의 강의자료는 하나의 pdf 파일만을 가진다. Pdf는 강의 학습을 위해 녹음 객체와 동기화한다. Pdf와 녹음 객체는 1:1 관계로 연결되며, 이때 동기화는 여러 인덱스(시작시간, 종료시간, pdf 페이지 등의 정보)를 가진다.

3.4 구현

클라우드를 통해 소스코드를 제공한다. 경로는 [uCloud]/Chapter.3/Source_code이다.

4 프로젝트 결과

애플리케이션을 실행하게 되면 [그림 17]의 왼쪽 화면이 먼저 나타나게 된다. 이는 사용자가 어떤 강의를 수강하는지 리스트로 관리한다. 그리고 강의를 선택하면 [그림 17]의 오른쪽 화면과 같이 해당 강의를 언제 수강하였는지 나타낸다. 위 두 리스트에 들어간 데이터들은 자동으로 입력되는 것이 아니라 사용자가 추가를 하고자 할 때 생성된다. 이후부터는 왼쪽 창에 나온 아이템들을 강의명이라 하고, 오른쪽 창에 나온 아이템들을 '강의일' 이라 한다. 강의명을 추가하고자 할 때 상단 액션 바에서 붉은 네모 부분의 추가버튼을 누르면 된다.

[그림 17] 실행화면 1

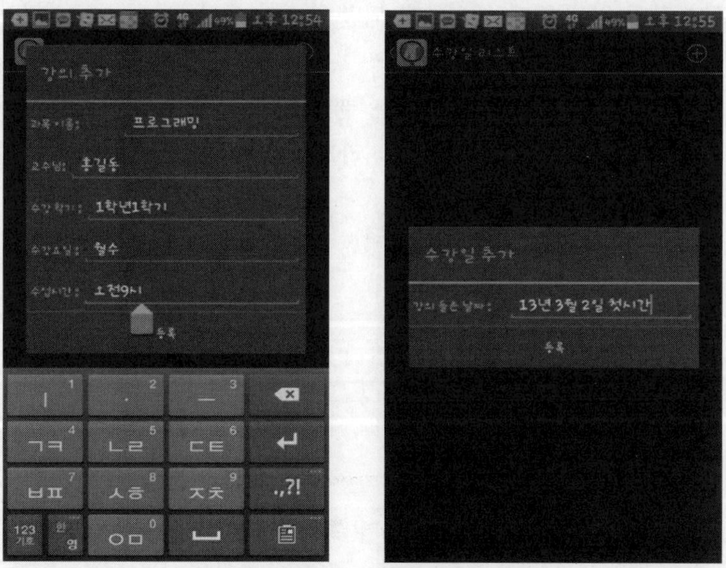

[그림 18] 실행화면 2

[그림 18]과 같이 추가할 때는 필요한 정보를 각각 입력한 후 등록 버튼을 클릭한다. 이때 DB에 저장되며 각각 해당 리스트에 추가된다.

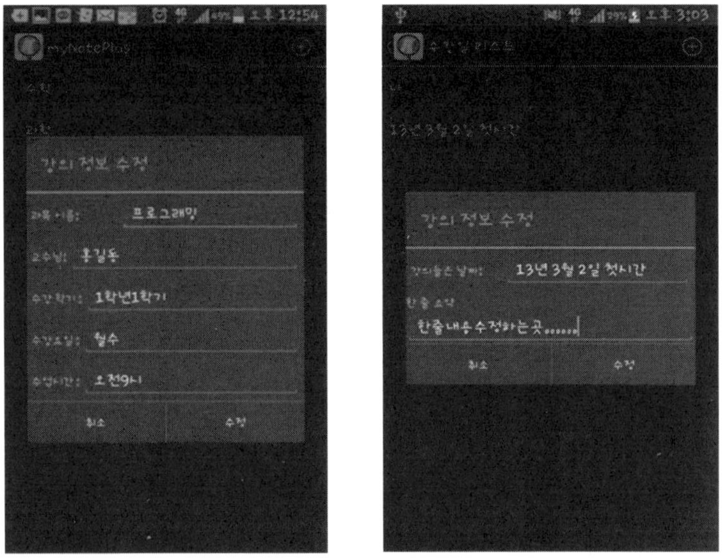

[그림 19] 실행화면 3

강의명 혹은 강의 일을 길게 클릭하게 되면 수정이나 삭제를 할 수 있다.

[그림 19]는 수정하는 화면을 캡처한 것으로 추가하는 부분과 큰 차이가 보이지 않으나 수강일 정보 수정 부분에 한 줄 요약이라는 부분을 추가적으로 수정할 수 있음을 확인할 수 있다. 즉, 만약 학습을 하지 않았다 하더라도 요약 내용을 변경할 수 있다.

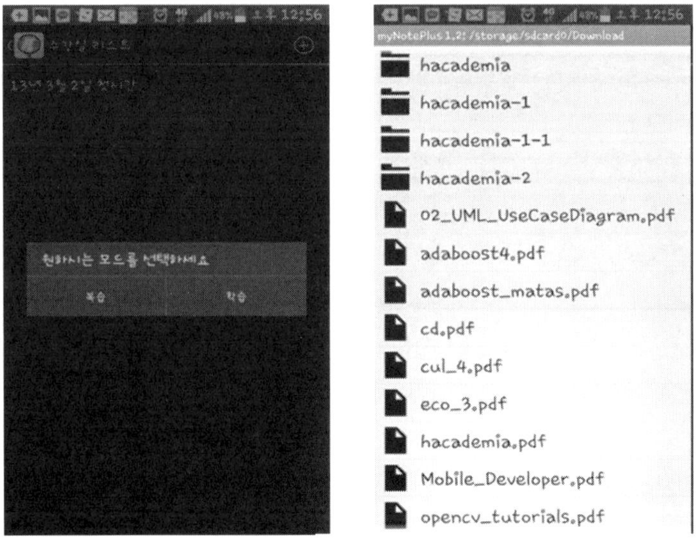

[그림 20] 실행화면 4

강의 일을 클릭하게 되면 복습 또는 학습을 선택할 수 있다.

만약 학습을 선택하게 되면 우측 그림과 같이 sdcard 내에서 pdf 파일 목록을 확인할 수 있다.

[그림 21] 실행화면 5

강의 pdf 파일이 활성화 되면서 [그림 21]과 같은 화면이 나타난다. 여기서 사용자는 간단한 검색이나 슬라이드 조작을 할 수 있다. 이때 붉은 상자 내 녹음기 아이콘을 선택하면 강의 녹음이 시작된다.

녹음시 현재 보고 있는 pdf 슬라이드와 녹음 시간이 동기화되어 슬라이드 변경 이벤트가 발생시 해당 슬라이드의 페이지 정보와 녹음 시간에 대한 정보가 메모리에 임시로 저장되었다가, 녹음이 완료되는 순간 DB에 그 정보를 기록한다. 이때 우측 이미지와 같이 한 줄 요약을 입력하게 하여 사용자가 다시 복습할 때 어떤 내용의 강의였는지 미리 확인할 수 있도록 제공한다.

[그림 22] 실행화면 6

반면, 복습을 선택하는 경우 이미 학습된 데이터가 있는지 여부를 확인한 후 없다면, 사용자가 이를 보고 먼저 학습을 할 수 있도록 안내한다. 복습이 진행되는 경우 가운데 창이 나타나며, 기존 녹음 아이콘이 있던 곳이 재생 아이콘으로 변경된다. 이것을 클릭하게 되면 우측 창이 나타난다. 다이얼로그 내에 '[페이지번호] 시작시간 - 종료시간' 의 형태로 사용자에게 리스트를 보여준다. 여기서 사용자가 원하는 녹음구간을 선택하여 부분적으로 복습하거나, 전체 녹음내용을 복습할 수 있도록 제공한다. 여기에 우측 일시정지 및 재개 버튼을 이용할 수 있도록 제공한다. 녹음파일을 이용하여 복습할 때는 동기화가 되어 음성과 슬라이드가 자동적으로 움직이게 된다.

5 결론

기존 강의자료와 녹음기능을 동시에 제공하는 유사한 스마트폰 프로그램으로 polaris가 있다. 이것은 강의자료에 이미 기본 애플리케이션으로 제공되는 만큼 pdf 파일뿐만 아니라 ppt 파일, word 파일, excel 파일 등 다양한 파일 형식을 이용할 수 있도록 제공한다. 여기에 추가적으로 슬라이드 쇼 기능을 수행하는 중에 화면 위에 그림을 그리거나, 메모를 할 수 있다. 하지만 이 프로그램의 목적은 발표자의 입장에서 제작된 것이다. 따라서 이 프로그램을 발표를 듣는 사람의 입장에서 생각한다면 우리의 애플리케이션도 충분히 가치가 있다고 생각한다. 여기서 발표자를 가르치는 사람이라 가정한다면, 발표자는 교수님, 청중은 학생으로 예를 들 수 있다. 교수님들의 강의는 일련순서로 설명하는 경우도 있지만 가끔 지난 슬라이드에 대한 설명을 위해 순서를 역행했다가 다시 돌아오는 경우가 있는데, 기존 애플리케이션에서는 이러한 기능을 제공하지 않는다. 오히려 기존에 잘 녹화되어 있던 구간을 삭제하여 학생들이 녹음한 내용을 잃어버리게 된다. 그리고 강의를 다시 복습할 때 처음부터 모든 내용을 듣기보다는 자신이 부족한 부분만 부분적으로 학습하는 것이 더 필요하다. 여기에 학습효과를 높이기 위한 메모기능과 잡음제거 등의 기능이 추가적으로 구현된다면 좀 더 청중들에게 효율적인 학습 보조 애플리케이션이 될 수 있을 것이다.

참고문헌

[1] pdf viewer 오픈소스: http://www.mupdf.com

[2] Microsoft Office Powerpoint: http://office.microsoft.com/ko-kr

[3] Acrobat reader: http://www.adobe.com

[4] Polaris Office: http://www.polarisoffice.com/ko/default.asp

[5] 음성 녹음: 스마트폰에서 기본으로 제공되는 프로그램

[6] screencast: http://doldevelop.tistory.com/8

[7] DroidAtScreen: http://magicsroom.tistory.com/10

CHAPTER 04

Local Binary Pattern을 이용한 얼굴 인증 Library 제작

Local Binary Pattern을 이용하여 기존에 있던 알고리즘보다 얼굴 인증 성능이 향상되면서 연산량이 줄어든 새로운 얼굴 인증 알고리즘을 구상하여 태블릿이나 스마트폰 같은 mobile 기기에 쉽게 활용할 수 있는 Library를 설계 및 구현한다.

1 서론

1.1 연구배경

최근 태블릿 PC나 스마트폰 같은 기기들로 인해 많은 사람들이 mobile 환경을 이용하여 다양한 정보에 쉽게 접근하고 활용하고 있다. 이러한 상황에서 개개인의 mobile 기기들에는 각자의 개인 정보들을 많이 저장하여 사용하게 되었는데 그로 인하여 어떻게 개인 정보를 보안할 것인지에 대한 여러 방법들이 나오게 되었다.

스마트기기들을 처음 작동시키면 패턴을 입력하거나 비밀번호를 입력하는 등 다양한 방법이 있는데 각 방법의 장단점은 다음과 같다.

- 패턴 입력
  장점 : 스마트폰 초기 사용자의 경우 흥미를 유발, 손가락으로 간단하게 인증가능
  단점 : 액정에 패턴 모양의 지문이 남을 수 있음, 패턴 간격이 좁은 경우 오입력 발생

- 비밀번호
  장점 : 사용되는 비밀번호 길이에 따라 보안강도 조절 가능
  단점 : 비밀번호가 복잡하면 입력하는데 오래 걸림, 기억하고 있어야 하는 번거로움

- 얼굴 인증
  장점 : 인증이 간편함, 복제 및 도용이 어려움
  단점 : 장소, 조명이나 마스크, 안경 등 액세서리 착용에 영향을 받음, 본인 사진으로 인증 가능

얼굴 인증의 경우 카메라에 얼굴을 비추는 것만으로도 인증이 가능한데 장소, 조명 및 액세서리 착용에 많은 영향을 받는다. 이러한 문제점을 해결하면서 스마트기기에서 사용하기 위해 적은 연산으로도 성능이 향상되어 보안 기능을 강화시킬 수 있는 방법을 제안하게 되었다.

1.2 연구목표

현재 영상처리 기술이 많이 발전하면서 다양한 얼굴정보를 추출하는 기술들이 개발되고 있다. 최근 연구되고 있는 기술들에는 PCA(Principal Component Analysis), LDA(Local Directional Pattern), LBP 등이 있다. 이번 연구에서는 LBP를 사용한다.

기존 LBP를 이용한 얼굴 인증 방법은 얼굴 영역 전체를 사용하여 LBP 히스토그램을 구하고 두 사진의 LBP 히스토그램의 거리 계산을 통해 얼굴 인증을 하였다. 거리 계산을 할 때

모든 사람에 똑같은 부위에 가중치를 주어서 개개인의 차이점을 강조할 수가 없었다. 게다가 개인의 얼굴 전부를 사용하는 점 때문에 연산해야 하는 수가 많은 문제가 있고 이러한 이유로 인해 일반 PC가 아닌 그보다 하드웨어 사양이 안 좋은 mobile 기기에서 사용한다면 얼굴 인증을 하는데 오랜 시간이 걸릴 가능성이 있다. 간편하고 빠르게 사용하는 mobile 기기에서 정보에 접근하기 위한 인증이 오래 걸린다면 많은 사람들이 불편을 느끼게 된다.

우리는 이러한 얼굴인식 방법의 문제점을 해결하기 위해 얼굴 전체가 아닌 주요 부분을 찾아내 얼굴 정보를 인식하는데 중요도가 낮은 얼굴정보를 제거하여 기본 연산 횟수를 줄이고 중요한 얼굴 부위에는 더 큰 가중치를 주어 개개인의 분별력이 강화되어 성능이 더 좋아지는 방법을 연구할 것이다.

즉, 일반 PC보다 하드웨어 성능이 낮은 모바일 기기에서 사용하기 위해 적은 연산으로도 기존 방법보다 성능이 뛰어난 얼굴 인증 알고리즘을 만드는 것이 이번 연구의 가장 큰 목적이다.

2 관련연구

2.1 기존연구

관련 연구는 주로 LBP를 이용한 얼굴인식 방법을 바탕으로 한다.

'Multiresolution gray-scale and rotation invariant texture classification with local binary patterns' (Ojala, T. et al)[1]에서 제안한 방법으로 LBP 이미지를 만들고 'Face recognition with local binary patterns' (Ahonen, T. et al)[2]에서 제안한 Chi-Square 거리 계산 방식으로 계산한 데이터를 사용하여 얼굴 인증을 시도한다. Chi-Square 거리 계산 방식을 사용하기 위하여 두 장의 이미지가 필요하며 두 이미지의 Chi-Square 거리를 계산한 값이 작을수록 동일 인물의 사진일 확률이 높으며 만약 동일 이미지라면 Chi-Square 값은 0이 나온다.

연산을 줄이기 위해 '개인별 주요 블록 LBP 매칭을 이용한 모바일 환경에서의 얼굴인증' (김태형 외 6)[6]에서 제안한 방법을 사용한다. 이 방법은 동일 인물의 이미지 몇 장을 사용하여 개인 얼굴의 주요 블록을 구하여 얼굴 전체가 아닌 주요 블록만 사용하여 Chi-Square 값을 구함으로서 기존 방법보다 연산을 줄일 수 있다. 이 연구에서는 이 방법에서 몇 가지 부분을 수정, 보완하여 좀 더 성능이 좋아진 알고리즘을 구현할 것이다.

2.2 기존 연구의 문제점 및 해결 방안

2.2.1 연구의 문제점

- 비교할 사진이 많아질수록 인증을 위한 대기 시간이 늘어남 : 비교할 사진이 많으면 연산하는 횟수가 늘어서 인증을 위한 비교 시간이 길어질 가능성이 높다.
- 조명 변화와 같은 환경 변화에 의해 성능이 다름 : 사진은 같은 물체라도 조명에 따라 색이 다르게 인식될 수 있으므로 같은 사람이라도 조명이 따라 다른 사람으로 인식할 가능성이 높고 주변 환경이나 액세서리도 얼굴 정보에 큰 영향이 미친다.
- 빠른 인증과 높은 성능을 위한 특징 추출방법이 필요하다.

2.2.2 해결 방안

- 성능에 큰 영향을 주지 않으면서도 너무 많지 않은 사진의 개수를 선택
- 조명변화에 강인한 LBP를 사용하여 조명에 따른 영향을 줄이고 개인 얼굴에서 주요 부위를 찾아 높은 가중치를 적용
- 주요 블록을 찾으면서 중요성이 낮은 부위는 비교에 사용하지 않도록 하여 비교 횟수도 줄이면서 성능이 낮아지지 않는 방법을 고려

이러한 해결 방안의 성능을 실험하기 위해 다양한 조명환경과 mobile 기기를 사용하여 촬영한 데이터를 가지고 알고리즘을 적용시켜 성능을 증명할 것이다.

3 프로젝트 내용

3.1 시나리오

3.1.1 얼굴인증이 필요한 환경에서 사용자가 원할 때 사용한다.

- 기존 얼굴인증 방법으로는 처음부터 모두 구현해야 한다.
- 해당하는 라이브러리를 사용하면 사용자는 알고리즘 구현없이 라이브러리만 활용하여 사용 가능하다.

3.1.2 사용자는 해당하는 라이브러리를 추가한다.

- 제공하는 라이브러리를 프로젝트 폴더에 포함하여 로드시킨다.
- 사용자는 라이브러리의 입력과 출력의 형태에 대하여 확인한다.

- 입력형태는 JPG 파일 형태의 사진으로 이루어진다. 해상도는 상관없으며 얼굴영역 역시 정면으로 나오면 된다.
- 출력형태는 인증성공 혹은 인증실패로 이루어진다.

3.1.3 얼굴인증 라이브러리를 활용하기 위해서 사용자 얼굴을 학습시킨다.

- 입력된 사진에서 얼굴영역을 추출한다. 얼굴영역에서 추출되는 곳은 눈, 코, 입으로 이루어진다.
- 눈을 기준으로 얼굴영역을 정규화시킨다.
- 정규화된 사진으로부터 49개의 블록으로 자른다.
- 각각의 블록에 대해서 LBP Code를 생성하고 LBP 히스토그램을 구한다.
- 위의 작업이 이루어진 후 여러 장의 본인 사진을 Chi-Square 거리 계산 방식으로 거리를 계산하여 저장하고 학습시킨다.

3.1.4 사용되는 것을 확인하기 위해서 같은 사람의 얼굴 혹은 다른 사람의 얼굴로 애플리케이션을 확인한다.

얼굴영역으로부터 Chi-Square 거리계산까지는 위의 방법과 동일하며 인증모드에 들어가서 사진이 들어오게 되면 거리계산을 통해 인증 혹은 실패의 결과를 보여준다.

3.2 요구사항

3.2.1 하드웨어 요구사항

- 구현 기반 : JAVA와 Android 기반의 Library

- 사진 입력에 필요한 사항 : 사용자가 영상 사진을 입력할 수 있는 애플리케이션
  애플리케이션에서 사진을 촬영 혹은 사진을 불러와서 라이브러리에 사진을 입력한다.

- 영상처리에 필요한 사항 : JAVA 기반의 영상처리 라이브러리 활용 및 LBP 방식 작성
  사용자가 입력한 영상에 대해서 눈, 코, 입의 위치를 추출하고 두 눈을 기반으로 하여 얼굴영역을 생성하고 정규화시킨다. 이후 정규화된 이미지를 49개의 블록으로 나누고 각각의 블록에 대해서 LBP 코드를 생성한다. LBP 코드로부터 LBP 히스토그램을 구하고 이 LBP 히스토그램은 59가지의 Uniform LBP로 구성된 히스토그램으로 나타낸다. 따라서 49개의 블록에서 각각 59개의 데이터를 가진 히스토그램이 존재하며 모두 연결시키면 2891개의 데이터를 가진 히스토그램이 생성된다. 이후 다양한 알고리즘을 개발하여 성능이 가장 우수한 알고리즘을 적용할 계획이며 해당하는 알고리즘의 거리 계산

방법으로 거리를 계산하고 영상을 처리 및 인식시킨다.

- 처리 결과에 필요한 기반 : 사용자가 처리한 결과를 받아 볼 수 있는 애플리케이션 앞서 말한 영상처리에 필요한 사항이 꼭 필요하며, 사용자가 입력시킨 사진에 대하여 저장되어 있는 학습 데이터와 비교하여 얼굴인증 결과를 보여준다.

3.2.2 기능 요구사항

3.2.2.1 사용자가 입/출력을 받아 볼 수 있는 라이브러리 구축

a. 입력데이터

1. 사진파일(JPG, PNG 등)로 입력
2. 사진파일 경로(위치)로 입력
3. 사진촬영데이터(RAW) 데이터로 입력

- 입력 데이터 모듈

사진 파일을 읽어오는 방법은 세 가지로 구성된다. 첫 번째, 사진파일(JPG, PNG 등)을 입력 받을 수 있고, 두 번째, 사진 파일의 저장되어 있는 경로를 알려주면 첫 번째 기능을 활용하여 진행될 수도 있다. 마지막으로 사진촬영 데이터인 RAW 데이터 입력으로도 입력데이터를 받을 수 있다. 이렇게 입력 받은 데이터는 영상을 한 가지로 통일시켜주는 1차 전처리 과정을 진행한다.

- 1차 전처리 과정 모듈

저장되어 있는 경로, JPG, PNG, RAW 데이터 등 다양한 파일 형태로 입력이 이루어진다. 하지만 이러한 데이터는 처리과정으로 넘어가기 전에 하나의 통일된 파일 형태로 지정되어야 한다. 따라서 파일은 RAW 데이터와 비슷한 형태로 이루어지게 된다. 사진 데이터의 높이, 폭을 지정하고 RGB 데이터가 아닌 흑백 영상으로 변환하여 전달한다.

b. 출력데이터

1. 입력데이터 정상 입력 결과
2. 입력데이터에 따른 학습 결과
3. 입력데이터와 학습데이터의 비교 후 인증 결과

- 출력 데이터 모듈

  출력 데이터 형식은 세 가지로 이루어진다. 첫 번째 입력 데이터가 정상적으로 입력이 되어 실행이 이루어지는지, 두 번째 입력 데이터에 따라서 학습이 정상적으로 이루어져 있는지, 세 번째 입력데이터와 학습되어 있는 데이터를 서로 비교하여 인증이 이루어지거나 혹은 실패가 되어 결과를 받을 수 있다.

3.2.2.2 Local Binary Pattern에 기반한 영상 데이터 인식 기법 활용

a. 영상 전처리

영상은 흑백영상으로 이루어지며, 눈을 기준으로 정규화시켜야 한다. 흑백영상으로 만드는 방법으로는 YUV 표현이 사용된다. 이 방법은 흑백 TV를 사용했던 방식 때문에 생겨나게 되었다. 흑백 TV에서 컬러 TV로 바뀌가는 시점에서 색상 정보를 전달하는데 문제가 생겨났다. 문제는 RGB를 모두 전송하게 되면 흑백 TV는 처리하지 못하여 TV 시청이 불가능하게 되는 것이다. 따라서 기존의 흑백 영상과 함께 색의 밝기 정보에서 파란색의 차이, 색의 밝기 정보에서 빨간색의 차이를 계산하여 정보를 넘겨주면 기존의 흑백 TV에서 시청이 가능해지는 것이다. 이 수식은 다음과 같다.

$$\text{YCrCb, } Y = \text{Red} \times 0.2126 + \text{Green} \times 0.7152 + \text{Blue} \times 0.0722$$

$$\text{YPrPb, } Y = \text{Red} \times 0.299 + \text{Green} \times 0.587 + \text{Blue} \times 0.114$$

이러한 수식을 통해서 기존의 흑백 영상을 구할 수 있다.

또한 해당 영상으로부터 사진을 정규화시켜야 한다. 영상 정규화 방법은 다음과 같다. 두 눈의 중앙을 찾아서 두 눈 사이는 4의 사이즈, 왼쪽 눈의 왼쪽은 1.5 사이즈, 오른쪽 눈의 오른쪽은 1.5 사이즈로 이루어지게 정규화시킨다. 그리고 위쪽으로 2 사이즈, 아래쪽으로 5사이즈를 이루게 하여 총 7 × 7 블록을 생성하면 전처리 과정은 끝이 난다.

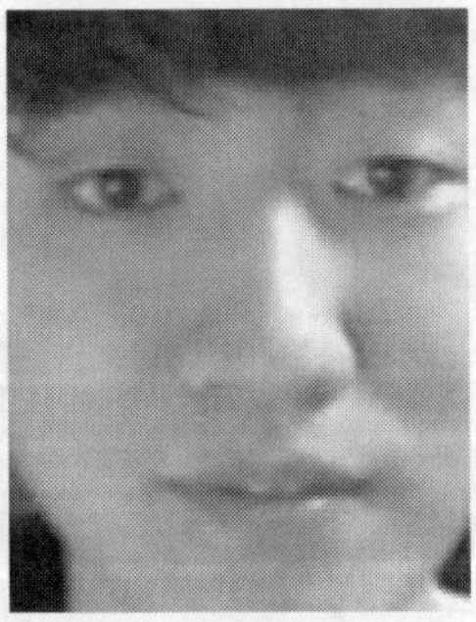

[그림 1] 전처리 이미지

b. Local Binary Pattern

- LBP(Local Binary Pattern)

  LBP는 직물 식별(Texture classification)을 위한 목적으로 제안한 방식으로 최근에는 얼굴 인식과 인증, 표정인식 분야에도 적용되어 사용되고 있다. 이 방식을 제안한 사람은 Ojala et al.로 2002년도에 제안[1]하였다.

- LBP 활용 방식

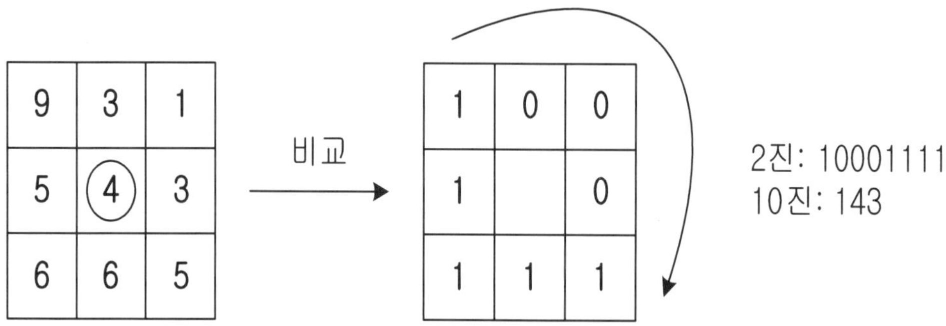

[그림 2] 3×3 영역에 대한 LBP 연산[6]

LBP를 이용한 활용방식은 위와 같다. 특정 픽셀과 주변픽셀들을 비교한 후 0 또는 1로 표현하는 방식이다. 위의 그림을 보면 특정픽셀의 값은 4이며 주위에 픽셀들은 왼쪽 위부터 9, 3, 1, 3, 5, 6, 6, 5로 이루어져 있다. 특정픽셀이 4보다 높은 값이면 1, 낮은 값이면 0으로 표현을 해준다. 표현된 값은 1, 0, 0, 0, 1, 1, 1, 1로 2진수로 이어서 표현해주면 10001111이다. 이를 10진수로 변경하면 143이 되고 이 값이 LBP 코드로 생성된다. 이 해당 LBP 코드는 255개의 값을 가지게 되며 점, 선분의 끝, 에지와 코너 등의 의미 있는 정보들로 이루어져 있다. 또한 이러한 의미 있는 정보를 58개의 uniform LBP와 그 외의 패턴들을 하나로 하여 총 59개의 패턴으로 표현 가능하다.

- LBP를 이용한 histogram

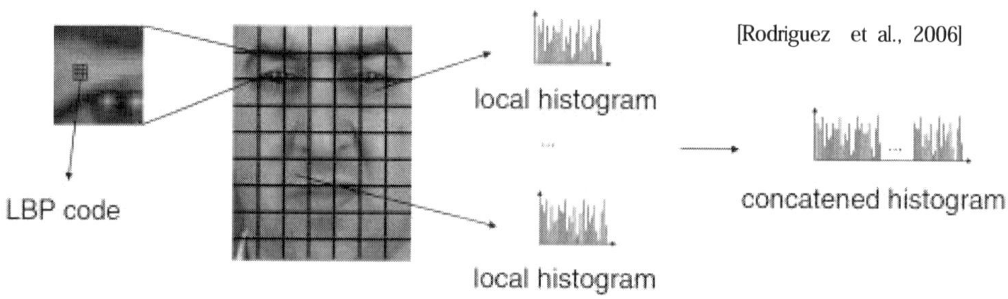

[그림 3] LBP 히스토그램 계산[3]

얼굴 영상이 존재하면 해당 영상은 눈의 중심을 기준으로 좌 1.5블록, 우 1.5블록으로 정규화되어 있다. 그리고 영상은 7 × 7블록으로 총 49개의 블록을 가진다. 한 블록을 살펴보면 local histogram이 존재하는데 이 histogram은 59개의 uniform Local Binary Pattern에 대한

histogram이다. 각 블록에 존재하는 LBP들이 이루는 histogram들을 이어 붙여서 49개의 블록을 한 개의 히스토그램으로 나타내는 방식이다. 따라서 총 히스토그램의 사이즈는 49(블록개수) × 59(히스토그램크기) = 2891이 된다.

- Uniform LBP

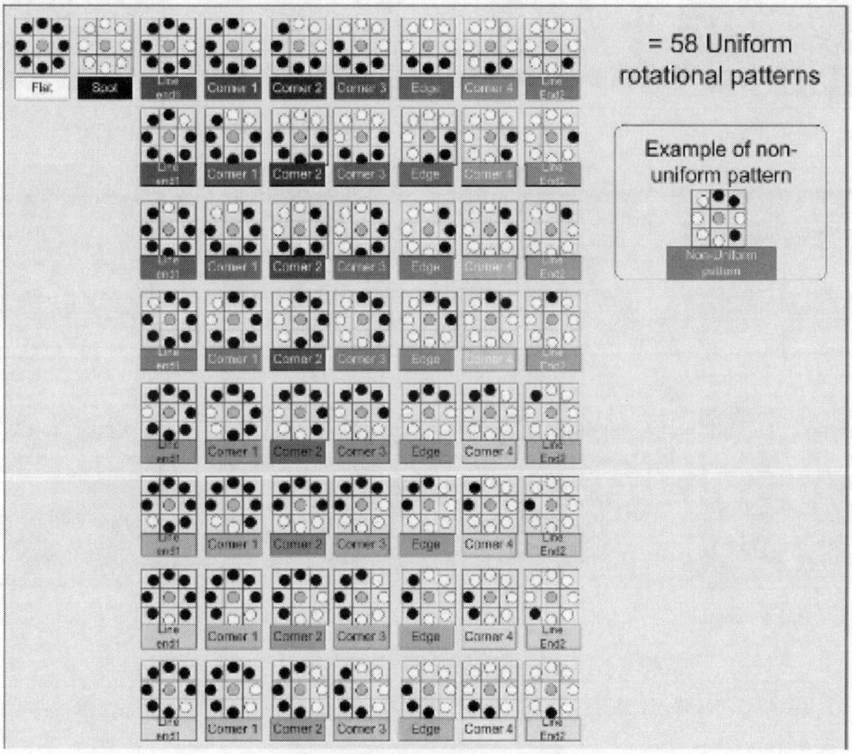

[그림 4] Uniform LBP

c. 다중반경 방식

- LBP 다중반경

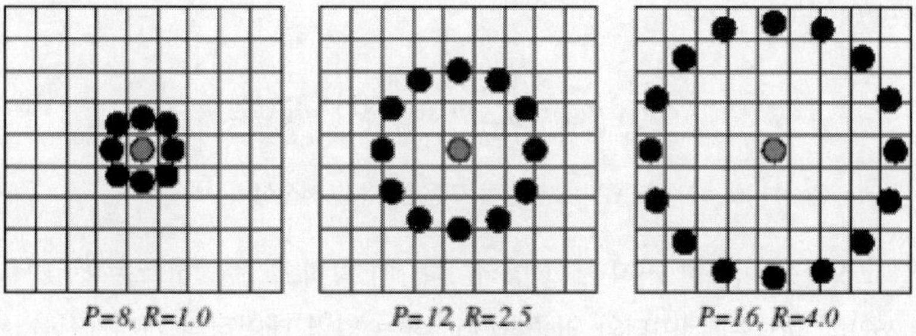

[그림 5] 다중반경 LBP

[그림 4]는 특정 픽셀을 기준으로 주위 픽셀을 다양한 반경으로 구하는 방법이다. P는 주위 픽셀의 개수이며 R은 거리이다. 거리가 늘어남에 따라서 주위 픽셀 개수는 늘어난다.

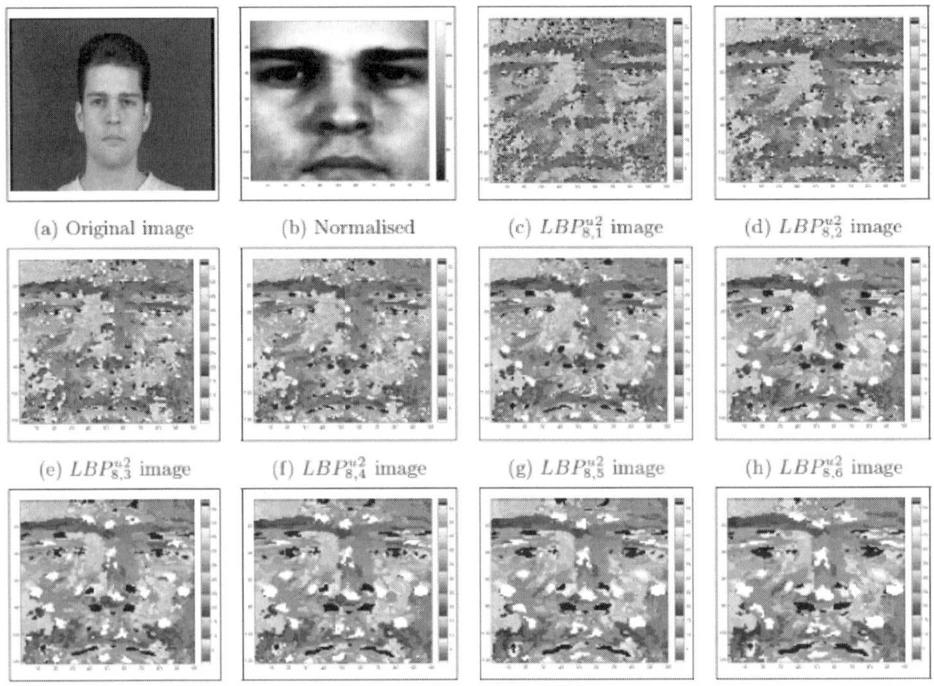

(a) Original image (b) Normalised (c) $LBP^{u2}_{8,1}$ image (d) $LBP^{u2}_{8,2}$ image

(e) $LBP^{u2}_{8,3}$ image (f) $LBP^{u2}_{8,4}$ image (g) $LBP^{u2}_{8,5}$ image (h) $LBP^{u2}_{8,6}$ image

(i) $LBP^{u2}_{8,7}$ image (j) $LBP^{u2}_{8,8}$ image (k) $LBP^{u2}_{8,9}$ image (l) $LBP^{u2}_{8,10}$ image

[그림 6] 다중 반경에 따른 LBP로 출력한 이미지[4]

[그림 5]에서 반경에 따라 영상이 다르게 표현되는 것을 볼 수 있다. 특정픽셀을 기준으로 주위 픽셀은 8로 고정하고 반경을 넓혀 보았을 때 얼굴의 특징이 좀 더 쉽게 나타나는 것을 확인할 수 있다.

d. 거리계산 방식

- Histogram Intersection

$$I(h_1,\ h_2) = \sum_{i=1}^{N} \min(h_1(i),\ h_2(i))$$

식 (1) 교집합을 이용한 거리 계산식

식 (1)은 교집합을 이용한 거리 계산 방식이다. 이 방식으로 59(히스토그램) × 7(블록) × 7(블록) = 2891의 학습된 데이터와 인증하려고 하는 입력 데이터의 거리계산을 한다. 단순히 둘의 차이만을 구하여 계산하는 방식으로 서로간의 거리를 구하기 쉽지만 인식률이 낮다.

- Chi-Square distance

$$D(h_1,\ h_2) = \sum_{i=1}^{N} \frac{(h_1(i) - h_2(i))^2}{h_1(i) + h_2(i)}$$

식 (2) Chi-Square 거리 계산식

Chi-Square를 이용한 거리 계산 방식이다. 이 방식으로 59(히스토그램) × 7(블록) × 7(블록) = 2891의 학습된 데이터와 인증하려고 하는 입력 데이터의 거리계산을 한다. 기존의 학습된 데이터가 h_1이며 입력 받은 데이터가 h_2로 가정하고 거리계산을 하는 방식으로는 분모에 (학습된 데이터 - 입력 받은 데이터)의 제곱을 하고, 분자에는 (학습된 데이터 + 입력 받은 데이터)로 모두 더하게 되면 거리계산이 이루어지는 방식이다. 거리에 따라서 차이가 커지는 방식으로 인식률이 교집합을 이용하는 방식보다 좋다.

e. 인식률 향상을 위한 알고리즘

- 주요 블록을 활용한 알고리즘

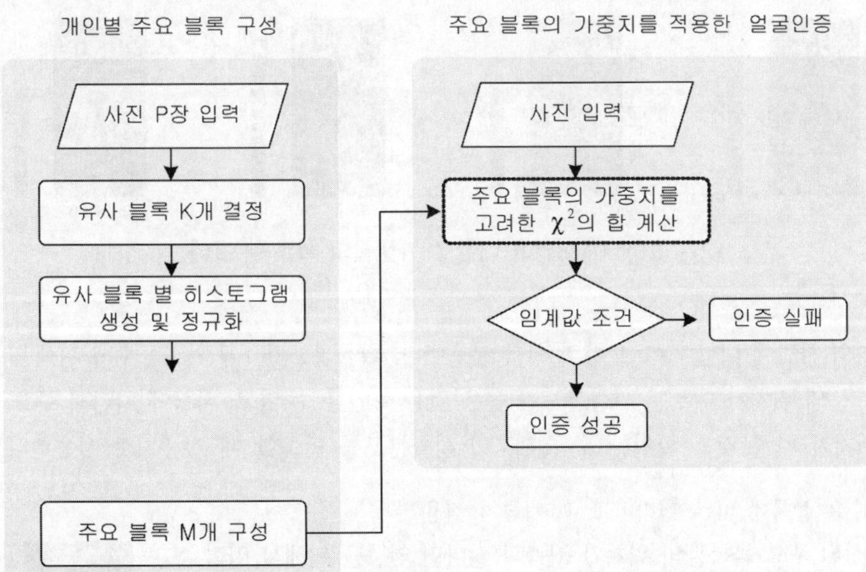

[그림 7] 주요 블록을 활용한 알고리즘 방법

알고리즘은 다음과 같다. 학습을 위해서 주요블록을 구성하고 주요블록이 구성되었으면 해당하는 주요블록들을 활용하여 거리계산을 하고 인증의 성공여부를 확인한다.

인증하는 방식으로는 사진이 입력되면 인증하려고 하는 사람의 데이터에서 주요블록과 각 블록의 빈도수를 가져온다. 확인하려고 하는 데이터에서 각 블록에 빈도수를 가중치로 사용하여 거리계산을 한다. 거리계산을 통해서 임계값을 통과하게 되면 인증이 성공하는 것이고, 임계값을 통과하지 못하면 인증에 실패하게 된다.

- 주요 블록 설정

주요 블록을 구성하는 방법은 다음과 같다. P장의 사진으로부터 7 × 7 블록에 대한 Chi-Square 거리계산 방식을 사용하여 거리를 계산한다. 이후 각 블록의 거리를 가까운 블록들로부터 정렬 후에 K개의 유사블록들을 결정한다. K개의 블록들에 대해서 7 × 7 블록상에 누적 히스토그램을 구성하게 된다. 누적이 많이 되는 블록들만 주요 블록으로 설정한다.

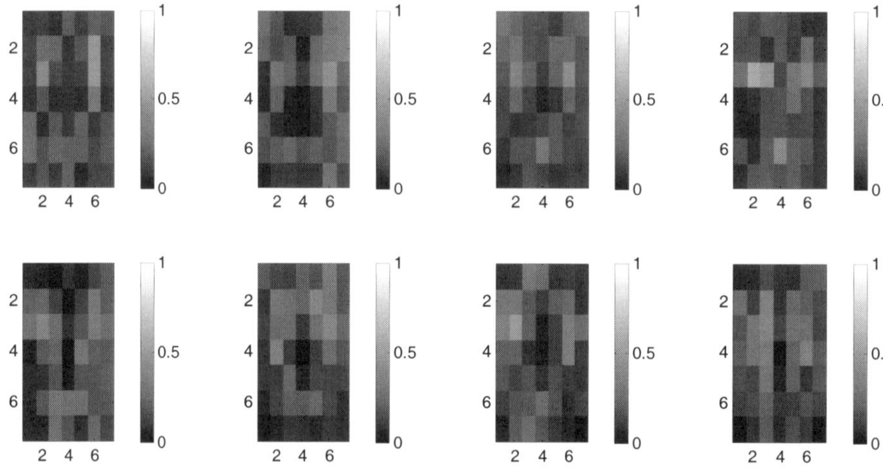

[그림 8] 8명에 대한 7×7 블록의 확률 분포[6]

8명의 사람에 대한 7×7 블록의 확률 분포이다. 확률분포가 1에 가까울수록 흰색을 나타낸다. 눈의 위치가 대부분 확률분포가 높은 것을 확인할 수 있고, 사람에 따라서 주요 블록의 위치가 다른 것을 확인할 수 있다. 이 확률분포를 인증할 때 가중치로 사용한다.

- 주요 블록에 따른 거리비교 후 가중치 적용

구성된 주요 블록들의 위치가 좌측과 같다면 인증을 위해서 입력받은 데이터들에서도 해당하는 주요 블록들만 활용해서 거리를 계산한다. 거리를 계산 후에 각 블록의 가중치를 각각 곱한 값을 적용한다. 계산된 값을 임계값과 비교하여 인증여부를 결정하고 사용자에게 결과를 알려준다.

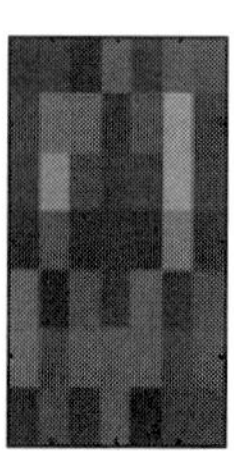

[그림 9] 블록별 가중치

3.3 시스템 설계

3.3.1 UML Diagram을 통한 시스템 모델링

3.3.1.1 Use Case Diagram

- Use Case Diagram 표기

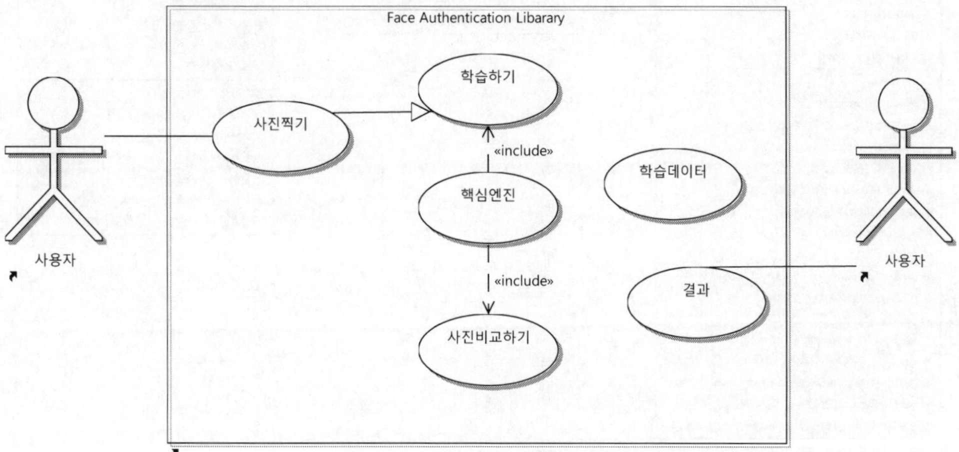

[그림 10] Use Case Diagram

사용자는 찍은 사진을 이용해서 사진을 학습시키고, 혹은 사진을 비교할 수 있다. 사진을 학습시키는 방법으로는 핵심 엔진을 포함하여 진행한다. 그리고 사진은 총 5장을 입력하며 입력이 완료되면 학습 데이터가 완성된다. 이후 사용자가 사진을 찍어서 본인이 맞는지 인증 작업을 거치게 되는데 이 작업은 사진 비교하기가 해당된다. 사진 비교하기는 핵심엔진과 학습데이터를 포함한다. 핵심엔진을 통해서 학습데이터와 비교를 하고, 본인이 맞는지 아닌지를 나타내준다. 그리고 결과를 사용자에게 다시 보여주는 과정이 이루어진다.

3.3.1.2 Class Diagram

- Class Diagram 표기

LearningMacine class에서는 이미지를 LBP로 변경해주고 학습 데이터를 생성해주며 인증을 시도하게 된다. CameraPreview는 Camera class이고 Preview에서는 카메라를 불러오고 촬영된 사진에서 얼굴영역을 추출한 후 gray 이미지로 변경한 다음 LearningMachine을 호출하게 된다.

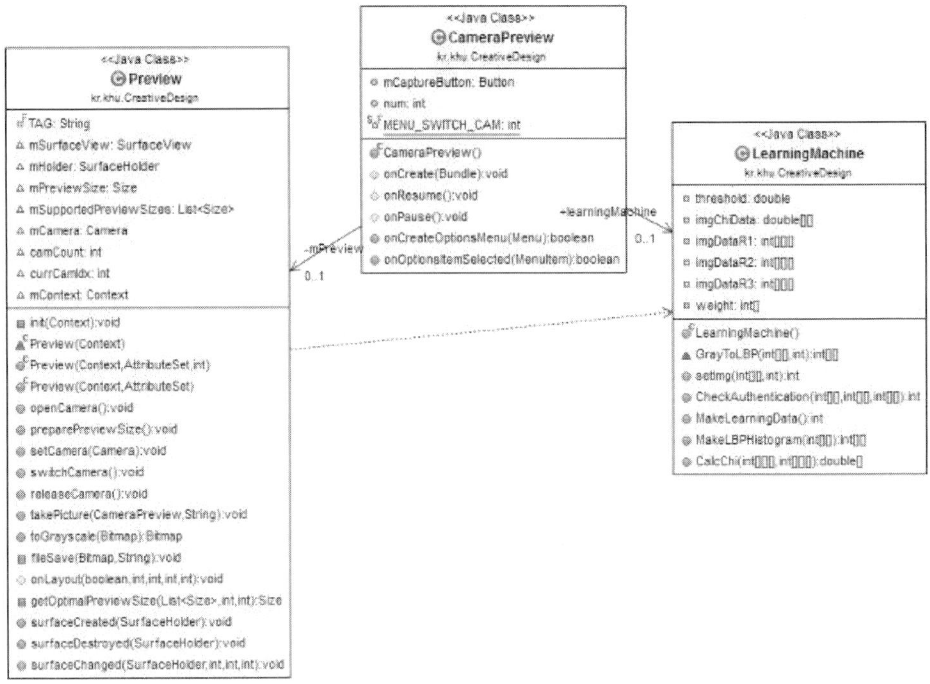

[그림 11] Class Diagram

3.3.1.3 Activity Diagram

- Activity Diagram 표기

알고리즘에서 일어나는 활동을 기반으로 해서 전체 Activity에 대해 표현한 Diagram이다. 현 설계에서는 User, Mobile, Face Authentication Library 이렇게 3개의 Activity와 이 3개에서 일어나는 Action을 표현하였으며, 각 Action은 알고리즘의 순서대로 순차적으로 보여주어서 이해하기 쉽게 표현하였다. 주로 구현하려는 부분은 Face Authentication Library 부분이고 구현한 시스템을 실제 앱에 적용하였을 때 어떠한 식으로 동작할지에 대한 것을 Activity로 표현하였다. User는 Mobile을 통해 Library에 얼굴 인증을 요청하고 Library는 User에게 인증에 필요한 사진을 요청한다. 얼굴 인증이 완료되면 사용자는 앱에 접속하여 데이터에 접근할 수 있게 된다.

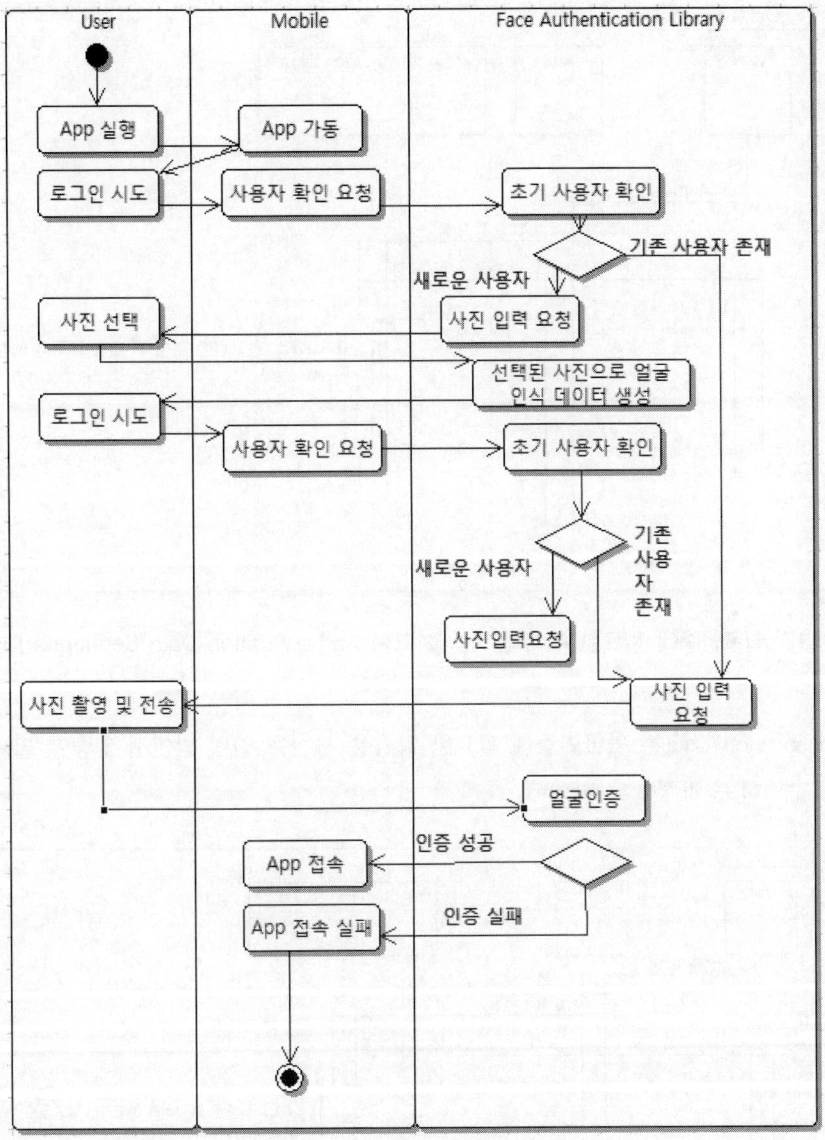

[그림 12] Activity Diagram

3.3.1.4 Sequence Diagram

- Activity Diagram 표기

알고리즘에서 일어나는 Event들을 기반으로 해서 Sequence Diagram을 작성하였다. 기능에 주안점을 두어 Authentication Data와 Authentication로 나누어서 Sequence를 보여준다.

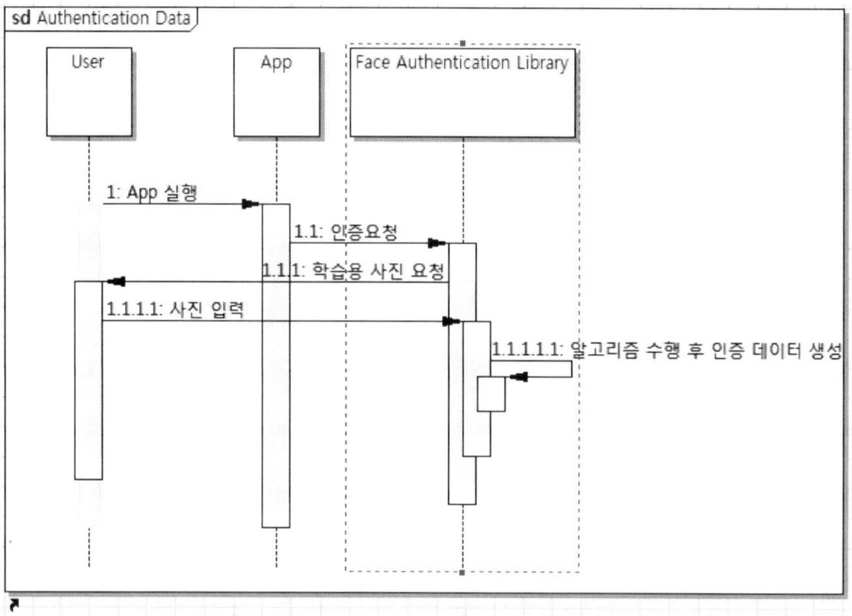

[그림 13] 얼굴인증에 필요한 데이터 학습을 그린 Authentication Data Sequence Diagram

Authentication Data는 얼굴인증에 필요한 학습용 사진을 입력 받아서 인증에 필요한 데이터를 수행하는 과정을 나타낸다.

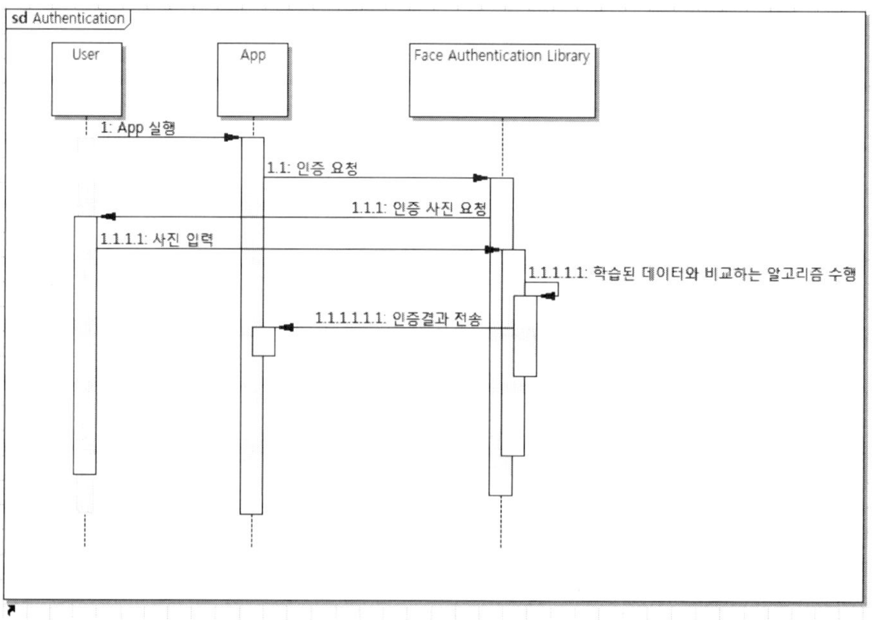

[그림 14] 얼굴인증을 그린 Authentication Sequence Diagram

Authentication은 사용자가 얼굴 인증을 시도할 때 사진을 입력하고 알고리즘을 수행하여 얼굴인증을 수행하는 과정을 나타낸다.

3.3.2 기타 Diagram

3.3.2.1 State Diagram

- State Diagram 표기

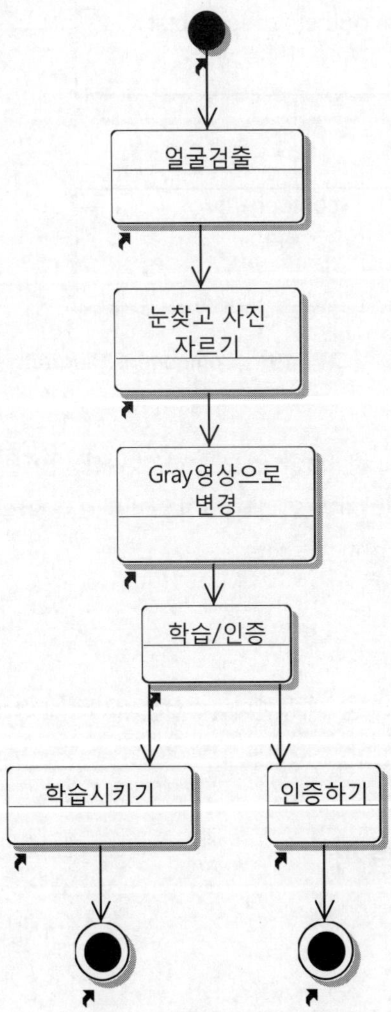

[그림 15] State Diagram

Library가 작동되는 과정을 보여주는 State Diagram이다. 입력된 사진으로부터 얼굴을 검출하고 눈을 찾고 사진을 정규화시킨다. 이후 Grary 영상으로 변경하고 학습과 인증 둘 중에 하나를 선택하여 해당하는 작업을 진행한다.

3.3.2.2 Component Diagram

- Component Diagram 표기

시스템 개발 관련 Component를 표기하였다.

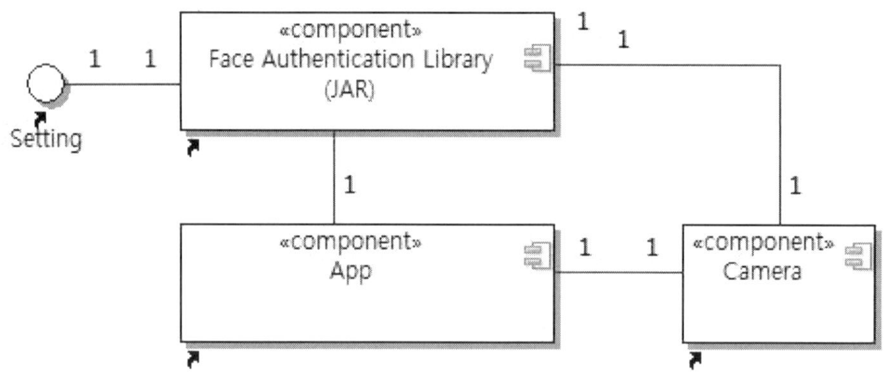

[그림 16] Component Diagram

Face Authentication Library는 얼굴 인증을 하기 위한 라이브러리로 앱에서 요청이 오면 Camera에 사진 촬영을 요청하거나 입력된 사진을 바탕으로 인식 데이터를 생성한다. Setting을 통해 저장된 사진을 수정할 수 있다.

3.4 구현

클라우드를 통해 소스코드를 제공한다. 경로는 [uCloud]/Chapter.4/Source_code이다.

4 프로젝트 결과

4.1 연구결과

4.1.1 알고리즘 실험결과

제안하는 방법의 성능을 확인하기 위해 다양한 환경에서 촬영한 사진으로 성능을 실험하였다. 학습용 사진을 5~20장으로 변경하여 실험하였고 다음 표와 같은 결과가 나왔다.

[표 1] 실험결과

연구방법	5			10			15			20		
	FRR	FAR	HTER	FRR	FAR	HTER	FRR	FAR	HTER	FRR	FAR	HTER
[2]	0.1419	0.3114	0.2267	0.0717	0.3419	0.2018	0.0325	0.3913	0.2119	0.0225	0.3971	0.2098
[6]	0.2037	0.2213	0.2125	0.1050	0.2264	0.1657	0.0475	0.2645	0.1560	0.0375	0.2779	0.1577
제안	0.1981	0.1728	0.1854	0.0992	0.2148	0.1570	0.0475	0.2507	0.1491	0.0375	0.2625	0.1500

[표 1]을 바탕으로 라이브러리를 제작하였으며 라이브러리에서는 학습용 데이터 5장을 사용하였다.

4.2 성능평가

4.2.1 학습데이터 저장

[그림 17]과 [그림 18]은 학습데이터를 저장하는 과정이다. 사진 촬영을 하면 얼굴영역이 추출되고 흑백사진으로 변경되어 사진이 저장된다.

[그림 17] 학습데이터 입력

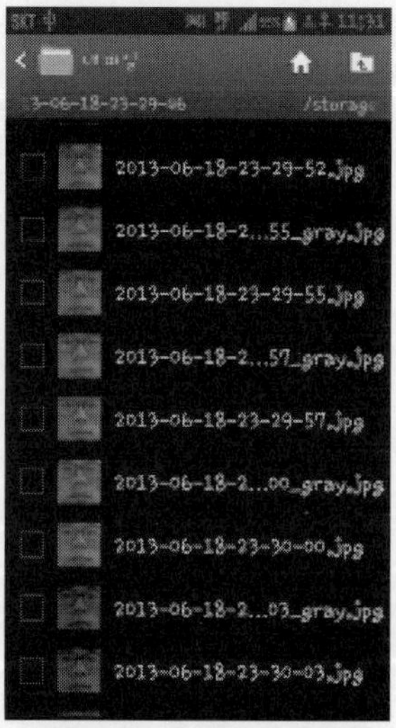

[그림 18] 입력된 데이터

4.2.2 얼굴인증 실시

저장된 학습데이터를 바탕으로 입력된 사진에 따라 얼굴인증이 실시된다.

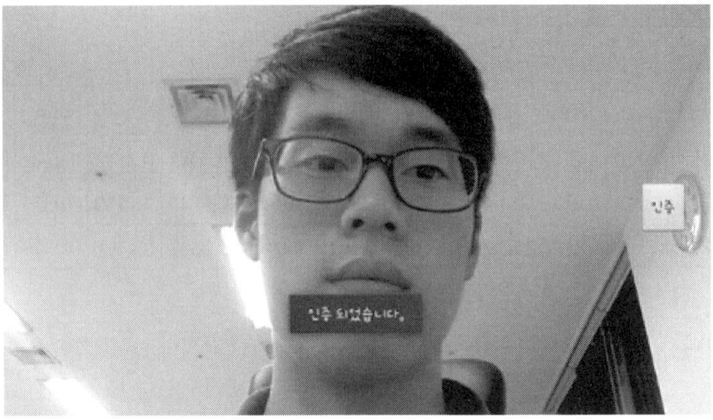

[그림 19] 인증성공 화면

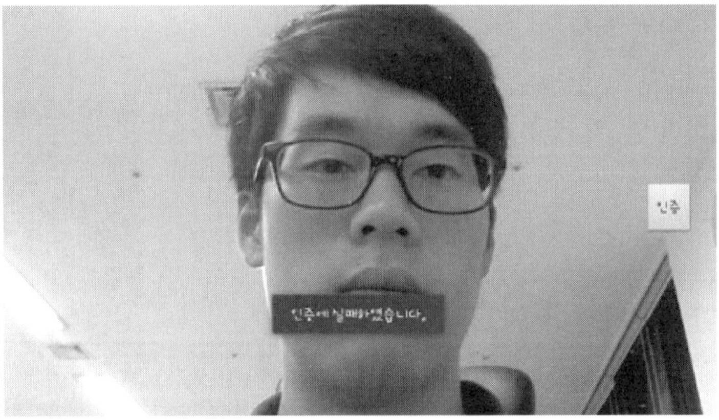

[그림 20] 인증실패 화면

5 결론 및 기대효과

기존 LBP를 이용한 얼굴인증 방식을 모바일 기기에서 사용하기 위해 연산을 감소시키면서 성능은 더 좋아지는 알고리즘을 연구하는 것을 주목표로 하고, 이에 따라 실제로 앱을 만들 때 사용할 수 있는 Library를 개발하여 데모 프로그램을 만드는 것이 이번 연구의 목표이다.

이를 통해 많은 앱 개발자들이 얼굴 인증이 필요할 때 개발한 Library를 사용하여 쉽게 얼굴 인증을 구현할 수 있게 함으로서 앱을 사용하는 유저들이 보다 간편하게 개인 인증을 하여 프로그램을 사용할 수 있는 것이 기대되는 결과이다.

참고문헌

[1] Ojala, T. et al, "Multiresolution gray-scale and rotation invariant texture classification with local binary patterns", IEEE Trans. on Pattern Analysis and Machine Intelligence, vol.24, no.7, pp.971-987, 2002

[2] Ahonen, T. et al, "Face recognition with local binary patterns", In Proc. European Conf. on Computer Vision, pp.469-481, 2004.

[3] Rodriguez, Y. and Marcel, S., "Face authentication using adapted local binary pattern histograms", In Proc. European Conf. on Computer Vision, pp.321-332, 2006.

[4] C. Chan, J. Kittler, and K. Messer, "Multi-scale local binary pattern histograms for face recognition", in Proc. Int. Conf. Biometrics, 2007, pp. 809-818.

[5] 김태형, 이정섭, 안희석, 김규진, 금지수, 이승형, 이현수, "개인별 주요 블록 LBP 매칭을 이용한 모바일 환경에서의 얼굴인증", 영상처리 및 이해에 관한 워크숍, 2013

CHAPTER 05

SMART PPT

iPhone 기반으로 무선 마이크 기능과 PPT 포인터를 결합하여 PPT 발표를 도울 수 있는 애플리케이션을 구현한다.

1 서론

1.1 연구배경

프레젠테이션은 특정 다수에게 정보를 효과적으로 전달하고자 할 때 현대사회에서 필수적인 역할을 하는 툴이다. 현재 학교 내에서 강의할 때에도 널리 사용되며, 칠판을 대신하고 있다. 뿐만 아니라 기업, 개인, 정부의 보고회·세미나·화상교육에서도 사용되는 광범위한 툴이라고 볼 수 있다. 프레젠테이션의 핵심은 정보를 얼마만큼 정확히 효과적으로 전달하는가에 목적이 있으며, 따라서 프레젠테이션의 내용, 발표 기법, 구성방법 등 아주 많은 접근법에 따라서 효과적인 발표가 될 수 있지만 그 어느 하나라도 적절하지 못한 구성이 될 경우 실패한 프로젝트가 될 수 있다.

이러한 여러 요소 중 발표 기법에 도움을 주는 많은 도구들이 출시된 상태이다. 이 중 대표적으로 무선마이크와 PPT 포인터의 경우 아주 유용하게 사용되며 필수적인 요소로 자리 매김하고 있다. 하지만 이 또한 별도의 디바이스이기 때문에 전문적인 용도로는 아주 유용할 수 있으나, 항상 구비되어 있지 않을 수 있으며, 추가적인 지출로 인한 부담이 있다. 이점을 착안하여 추가적인 지출없이 더욱 편리한 툴을 개발하고자 하였다.

현재 핸드폰은 급속도로 발전하고 있으며, 이미 스마트폰의 점유율은 2012년 2월 기준(출처 Nielsen) 50%로 급속하게 대중화 되고 있다. 스마트폰은 GPS, TCP/IP, Bluetooth, 터치패널 등을 이용하여 기존 임베디드 디바이스를 가파른 속도로 흡수하고 있다. 대표적인 예로 mp3는 더 이상 사람들에게 어필되지 못하고 있는 상황이다. 우리는 이러한 장점을 적극 활용하여 프레젠테이션 보조 디바이스로 스마트폰 사용자를 위해 추가적인 장비 없이 소프트웨어를 통해 구현하였다.

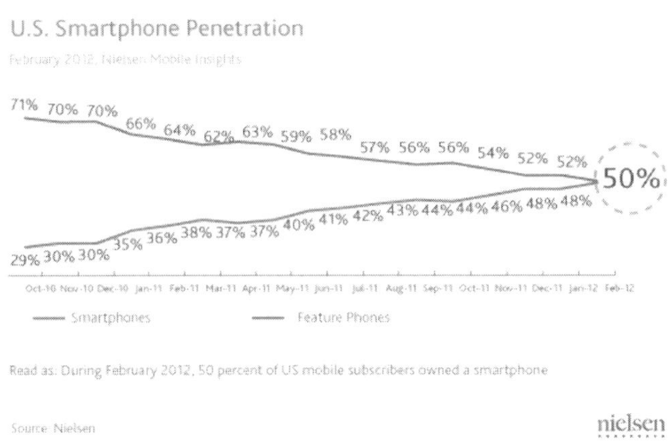

[그림 1] 스마트폰의 점유율

1.2 연구목표

실제로 기존의 하드웨어 위주로 만들어진 디바이스에 소프트웨어로 구현하게 되면 많은 문제점이 존재한다. 속도저하, 신뢰성 문제, 하드웨어 부재로 인한 기능제한 등 많은 문제점이 존재한다. 따라서 이러한 문제점을 고찰없이 프로젝트를 진행하는 것은 무의미하다고 볼 수 있다.

하드웨어로 특정 기능만 수행하도록 구현된 장치를 스마트폰과 같은 OS 기반으로 구현할 경우 문제의 여지가 있을 수 있다. 현재 프로젝트는 아주 작은 리소스만 필요하여 리소스 부족으로 인한 실시간 처리가 이루어질 가능성이 거의 없으며, 통신 또한 블루투스, WiFi 등 이미 널리 사용되는 프로토콜을 사용하여 대역폭, 간섭과 같은 문제는 존재하지 않는다.

신뢰성은 프로그램에 있어 가장 중요한 요소라고 볼 수 있다. 또한 이번 프로젝트는 신뢰성이 가장 중요한 역할을 한다고 볼 수 있다. 현재 App. Store에 유사한 애플리케이션은 접속이 끊기는 문제, 정확한 동작 수행을 하지 못하는 등 신뢰성 부분에서 많은 문제점을 가지고 있었다. 이번 연구의 신뢰성은 하드웨어의 문제라기보다는 소프트웨어 측면으로써, 구현상 개선한다.

기존 마이크는 별도의 전원이 필요하고 PPT 포인터 또한 별도의 충전과 별도의 모듈을 구비해야 하는 커다란 번거로움이 존재하였다. 편의성에 있어서 이번 연구가 추구하는 방향은 언제 어디서나 사용가능하게 하는 목표를 가지고 있다.

소프트웨어의 가장 큰 장점은 확장성이다. 예를 들어 마이크를 이용하여 변조된 목소리를 원한다면 반드시 추가적인 장치가 연결되어야 한다. 따라서 이러한 확장성을 이용하여 기존 장치에서는 구현하기 힘들었던 Smart Phone에 PPT를 조정하는 여러 기능을 구현하고 Screen에 파워포인트의 내용을 보여줌으로써, 시작적인 효과를 극대화하였다.

2 관련연구

2.1 관련연구

소프트웨어가 수행되는 스마트폰과 PPT의 프레임워크를 처리하는 모듈 단위의 연구가 가장 필수적이다.

아이폰 SDK는 가장 기본적인 요소이다. 아이폰의 개발은 OBJECT-C라는 언어가 사용되며 MAC 환경에서의 XCODE 4.3 버전이 기본적으로 제공된다. 기존에 기기에서 필요한 라이브러리는 모두 제공되기 때문에 별도로 구현할 필요가 없으며, 관련 기능에 대한 이해가 필수적이다. 자세히 보면 4계층으로 이루어져 있다.

Cocoa Touch 계층은 디스플레이 입출력 방식을 위한 UI의 프레임워크로 구성되어 실제 애플리케이션 구현에 가장 이해가 필요한 부분이다.

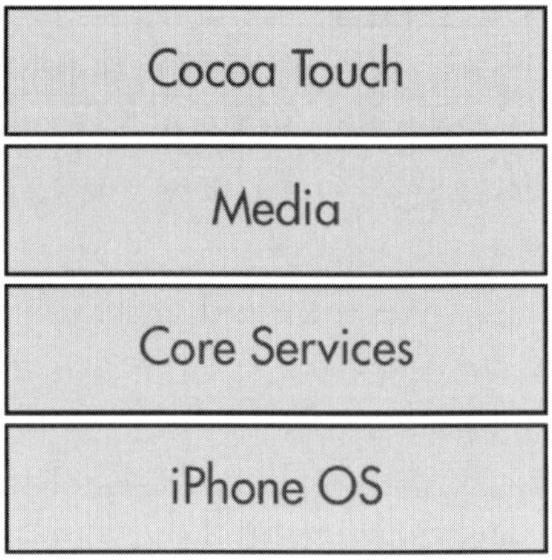

[그림 2] 아이폰 SDK의 4계층

Media 계층에서는 코어 오디오 프레임워크, 오픈 오디오 라이브러리와 같은 여러 프레임워크가 존재하기 때문에 우리에게 맞는 알고리즘, 즉 가장 효율적인 음성으로 처리 전달할 수 있는 기법들을 제공한다. 따라서 음성 압축 기법에 대한 연구보다는 이번 연구에 어떤 기법이 가장 우수한 성능을 지니는지 판별, 적용하는 것이 이번 연구의 큰 부분이다.

데이터 전송을 위해서는 통신 프로토콜이 필수적이다. 우리가 구현할 범위는 BSD의 Socket 통신 Protocol의 TCP와 UDP를 이용한 방법이다. 이러한 관련 라이브러리는 Core Foundation 프레임워크가 제공되고 있다. BSD의 Socket 통신은 거리의 제약에 상관없이 통신할 수 있다는 장점이 있다. 또한 TCP와 UDP를 같이 사용함으로써 통신의 무결성을 보장하여야 하는 컨트롤 부분은 TCP를 사용하여 신뢰성을 높이고, 신뢰성보다는 낮은 Latency가 중요한 음성처리의 경우 실시간 처리의 그 목적이 있기 때문에 오버헤드가 적은 UDP로 선택하였다.

PPT를 제어하기 위해서는 메인 컴퓨터에서의 모듈 또한 필요하며 서로의 또 다른 프로토콜이 필요하다. 마이크로소프트사에서 제공한 Power Point의 OLB Component를 이용하고, iPhone으로부터 받은 AudioPacket을 재생하기 위해 DirectSound Component를 사용한다.

2.2 기존 연구의 문제점 및 해결 방안

2.2.1 연구의 문제점

기존 연구는 각각의 기능만을 제공할 뿐 통합적인 기능을 제공하는 앱은 없다.

(a) VNC를 통하여 화면을 받아올 수 있다. 하지만 화면과 기본적인 가상 키보드에 의한 컨트롤만을 제공한다.

(b) 음성을 실시간으로 전송하여 컴퓨터에서 낮은 Latency로 전송받는 앱은 존재하지 않는다.

(c) 부분 기능을 지원하는 앱들 밖에 없기 때문에 여러 앱을 동시에 사용해야 한다. 하지

만, iPhone은 동시에 하나의 Task만을 실행할 수 있다.

(d) Computer에서 사용되는 Base Program의 설정이 까다롭다.

2.2.2 해결 방안

- (a)의 경우 화면을 실시간으로 Capture하여 Display시키고, 가상의 키보드가 아닌 보다 편리한 Touch Gesture 중에 하나인 SwipeGesture를 사용한다.
- (b)의 경우에는 기존 방식이 아닌 새로운 알고리즘과 방식으로 새로운 AudioStream System을 구현하여 최소한의 Latency로 실시간 음성 방송이 가능하게 한다. 기본적으로 가장 큰 Latency를 만들게 되는 Flash Drive 적재 후 전송하는 것이 아닌 바로 메모리에서 Socket을 통하여 서버로 전송하는 방법을 취함으로써 50%의 Latency를 줄여줄 수 있었다.
- (c)는 최종적으로 모든 기능들을 하나의 앱 안에서 Multi Tasking을 사용하여 구현함으로써 해결할 수 있다.
- (d)는 서버와 클라이언트간의 규격을 표준화 함으로써 사용자에게 최소한의 설정만을 제공한다.

3 프로젝트 내용

3.1 시나리오

3.1.1 SmartPhone과 Computer는 TCP와 UDP Protocol Programming을 이용하여 통신한다.

- 서버가 되는 PPT를 수행하는 컴퓨터에서 TCP와 동일번호의 UDP 포트를 Open한다.
- 클라이언트가 되는 iPhone에서 앱을 실행하여 IP Address를 입력함으로써 서버에 접속한다.

3.1.2 SmartPhone에서 Presentation을 시작할 수 있다.

- 서버를 시작할 때 원하는 PPT 파일을 지정하여 Open한다.
- 클라이언트는 서버에 Socket 통신으로 접속함으로써, PPT의 Presentation을 시작할 수 있다.

3.1.3 SmartPhone을 이용하여 Presetation을 진행한다.

- SmartPhone에 손가락을 이용한 SwipeGesture 정보로부터 Presentation 페이지를 앞/뒤로 이동한다.
- 터치 펜/손가락으로 Touch 시 e-pen 기능으로 Computer 화면 위에 그려준다.

3.1.4 SmartPhone의 Mic 기능을 사용하여 실시간으로 사용자의 목소리를 UDP Socket으로 연결된 Computer의 스피커로 재생시킨다.

3.2 요구사항

3.2.1 하드웨어 요구사항

3.2.1.1 구현 기반 : Xcode를 이용한 iPhone SDK 기반의 Application 및 Computer에서 작동될 BaseProgram(MF Cor Java)

3.2.1.2 iPhone Application에 필요한 기반

Apple iOS API를 사용한 iPhone Application

3.2.1.3 Base Program에 필요한 기반

MFC/JAVA를 사용하여 UI를 제작하며, Socket 통신에 관한 component를 사용하여 Smartphone App.과 Data 통신을 한다.

3.2.2 구현 기능 및 세부 계획

3.2.2.1 통신모듈

- TCP와 UDP 방식의 Socket을 이용하여 구현한다.
- UDP를 통해 실시간 처리에 가장 효율적인 통신으로 접근한다.
- TCP를 통해 신뢰성 있는 Control Packet을 전송한다.
- WiFi뿐만 아니라 3G에서도 원활한 동작을 위하여 최소한의 Traffic을 사용한다.

[그림 3] WiFi

3.2.2.2 음성 처리 모듈

- 스마트폰의 마이크를 통해 최저의 해상도로 실시간 처리가 가능한 음성데이터로 가공한다(ADC).
- 음성 주파수를 제외한 나머지는 잡음일 확률이 높기 때문에 잡음을 최대한 제거한다.
- 위의 구현은 CoreAudio.framework, audioToolbox.framwork, AudioUnit.frame work를 이용하여 실시간 처리에 적합한 코덱을 사용함으로써 구현한다.

[그림 4] 아이폰의 마이크 기능

3.2.2.3 Touch & Display 모듈

- 컴퓨터의 화면을 실시간으로 받아오는 방식은 프레임에 따라 매우 저급한 이미지를 받아 오기 때문에 화면에 변화가 존재할 경우에만 전송한다.
- 화면의 애니메이션 효과를 제외한 전체 화면을 전송하여 대역폭을 최소한으로 사용하고 신뢰성을 향상시킨다.

3.2.2.4 E-pen 모듈

- 제스처 인식 모듈이 필수로 적용된다.
- 실제 제스처로 그려진 펜을 전송할 경우 정확한 위치가 전송되지 않으며, 데이터 전송 또한 문제가 발생하기 때문에 파워포인트의 라이브러리를 이용하여 권한을 획득한 상태로 실시간 전송이 가능하다.
- Pen은 SmartPhone의 상대좌표 방식으로 컴퓨터로 전송되어 컴퓨터 스크린 크기에 맞게 Converting 후 화면 상에 그려주게 된다.

e. Main & MFC(PC)

- 메인컴퓨터, 파워포인트가 실제로 동작하는 개인용 컴퓨터는 서버가 된다.
- 통신을 위한 TCP, UDP의 접속 환경이 설정되어야 한다.
- 파워포인트를 제어하기 위해 파워포인트를 관리할 수 있는 framework를 이용하여 해당 파일을 불러와 파워포인트의 제어 라이브러리를 사용할 수 있게 한다.
- 서버에서는 지속적인 음성처리를 위해 서로의 동기화를 맞추어야 하며, 클라이언트인 스마트폰과의 음성 코덱을 맞추어 별도의 처리없이 최소한의 지연시간으로 음성이 서버의 컴퓨터에 출력되어야 한다.
- 메인컴퓨터에서 사용될 프로그램은 Bluetooth를 통하여 SmartPhone의 앱으로부터 전송받아 실행되어야 한다.

3.2.3 사용법

1. 윈도우의 서버 프로그램을 실행하여 자신의 IP 주소를 확인하고, 임의의 포트번호를 지정한다.
2. 서버시작 버튼을 누르면, 자신이 발표할 PPT 파일을 선택하여 실행한다.
3. iPhone 앱 실행 후, 서버의 IP 주소와 포트번호를 입력한다.
4. 서버접속 버튼을 클릭하여 서버가 정상적으로 작동되지 않으면 현재 서버의 상태가 출력된다.
5. 서버접속이 성공하면, 서버의 PPT 화면은 전체화면(발표화면)으로 전환되고, iPhone의 화면에 PPT 전체화면이 출력된다.
6. Swipe Gesture(좌, 우)를 통해 이전 슬라이드, 다음 슬라이드로 서버의 화면이 전환되며, iPhone 화면에서도 동일하게 슬라이드 이미지가 출력된다.
7. 동시에 사용자는 SmartPhone의 마이크를 사용하여 Computer에 연결된 강의실 Sound System을 사용할 수 있다.

3.3 시스템 설계

3.3.1 UML Diagram을 통한 시스템 모델링

3.3.1.1 Use Case Diagram

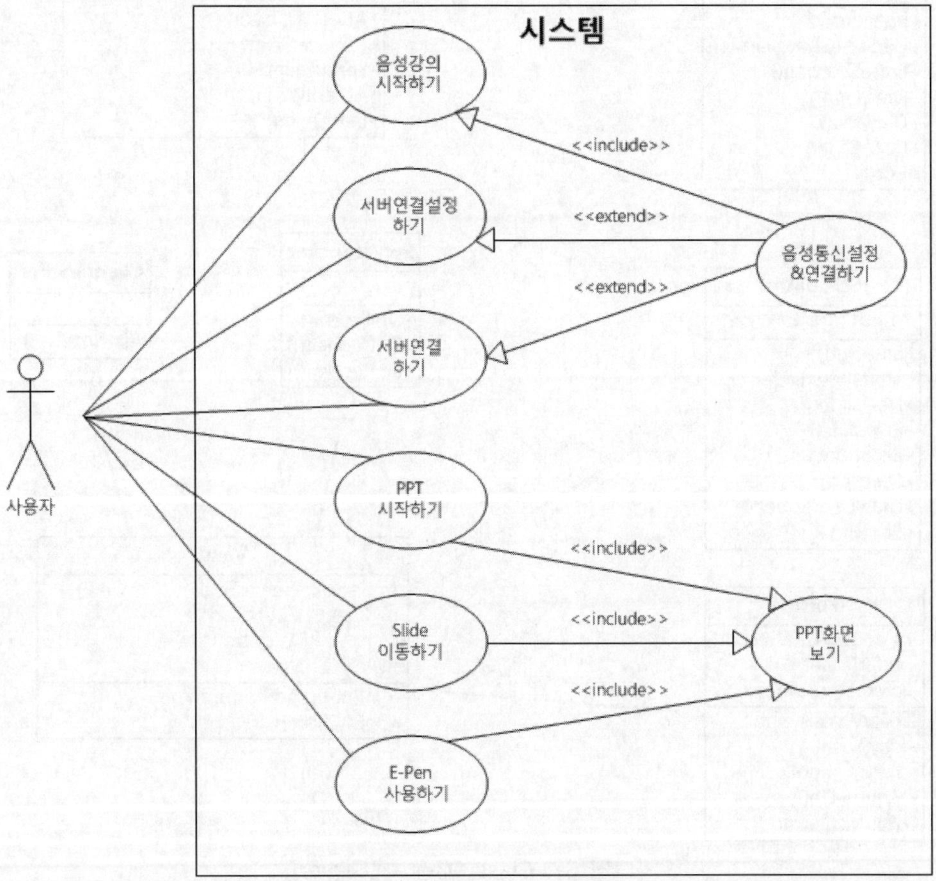

[그림 5] Use Case Diagram

- 사용자는 모바일 애플리케이션으로 특별한 관리자나 권한이 따로 부여되지 않기 때문에 하나의 사용자만 존재한다.
- 사용자가 시스템에서 제공하는 기능을 알 수 있으며, 시스템에서 특정 기능을 수행하기 위한 포함 관계 확장 관계를 표시함으로써, 어떠한 기능을 수행하기 위해선 특정 프로세스가 진행되어야 한다는 것을 명시하였다.

3.3.1.2 Class Diagram(Server)

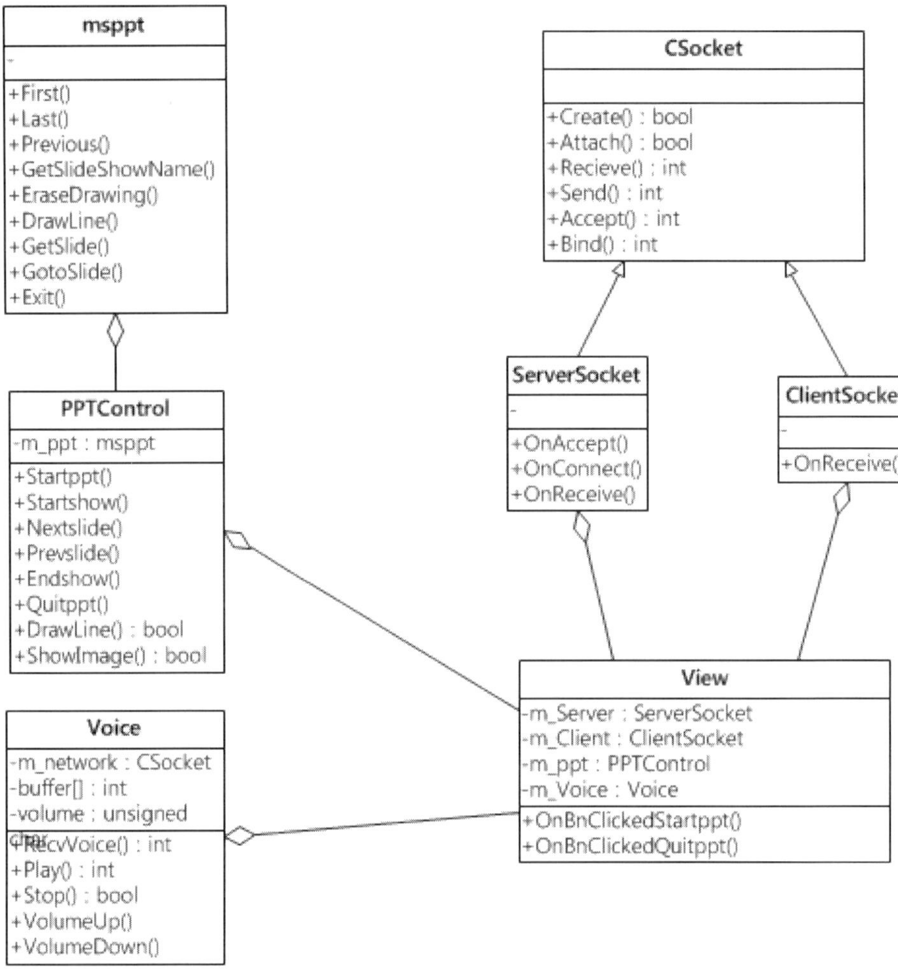

[그림 6] Class Diagram(Server)

- [그림 6]은 서버, 즉 호스트 컴퓨터에서 수행되는 클래스 다이어그램을 나타내고 있다.
- msppt는 라이브러리로, 마이크로소프트사에서 기본적으로 제공해주는 컴포넌트기반의 클래스이다. 객체지향적인 설계를 위해 컴포넌트를 다시 클래스화 하여 필요한 부분을 구현하여 사용한다.
- 음성 클래스는 안정적인 통신이 요구되어 PPT 제어를 위한 소켓연결이 이루어진 후에, 별도의 포트를 통해 추가적인 통신 모듈과 소리를 재생, 정지, 볼륨 조절과 같은 기본적인 구현이 요구된다.
- 통신은 기본적으로 BSD Socket을 사용하며, MFC에서 제공된 CSocket을 상속받아 폴링

방식이 아닌 오버라이딩을 통해 인터럽트 방식으로 구현하여 오버헤드를 최소화 한다.
- 뷰클래스는 이러한 모듈을 멤버변수로 구성하여 이벤트 발생시 적절한 메소드를 이용하여 구현한다.

3.3.1.3 Class Diagram(App.)

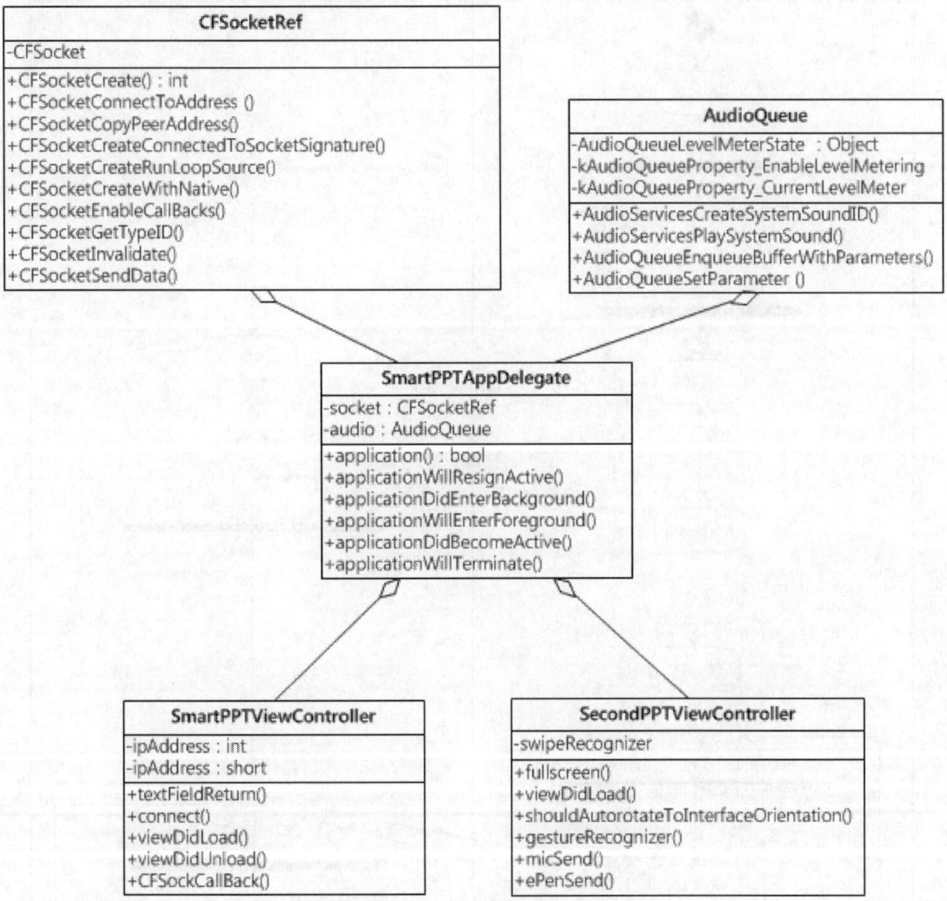

[그림 7] Class Diagram(App.)

- 서버와 통신하기 위해 BSD Socket 프로그래밍이 요구된다. 애플에서 제공하는 CFSocketRef 클래스는 이러한 표준을 지키고 있기 때문에 메소드명만 다를 뿐 기본적인 기능은 같다.
- 오디오큐는 다양한 코덱으로 MIC에서 입력받은 보이스를 처리하고 버퍼에 유지할 수 있는 라이브러리이다.
- 애플리케이션의 기본적인 접속화면의 뷰와 실제 이벤트가 처리되는 PPT 뷰가 존재한

다. 이 두 개의 뷰에서 데이터 공유는 빈번히 일어나기 때문에 상위 클래스인 델리게이트 클래스에 공유되는 오디오, 소켓 관련 객체를 생성함으로써 효율적으로 해결한다.

3.3.1.4 Activity Diagram

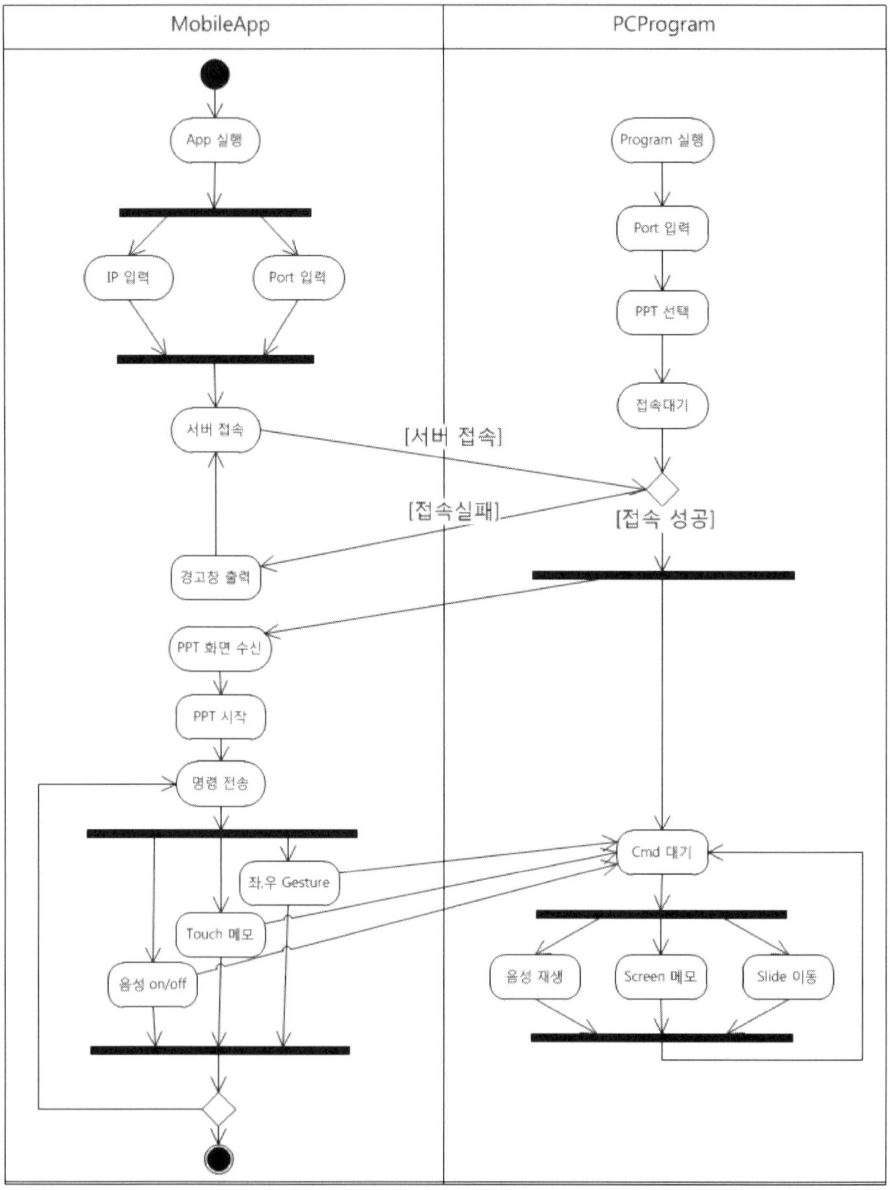

[그림 8] Activity Diagram

3.3.1.5 Sequence Diagram

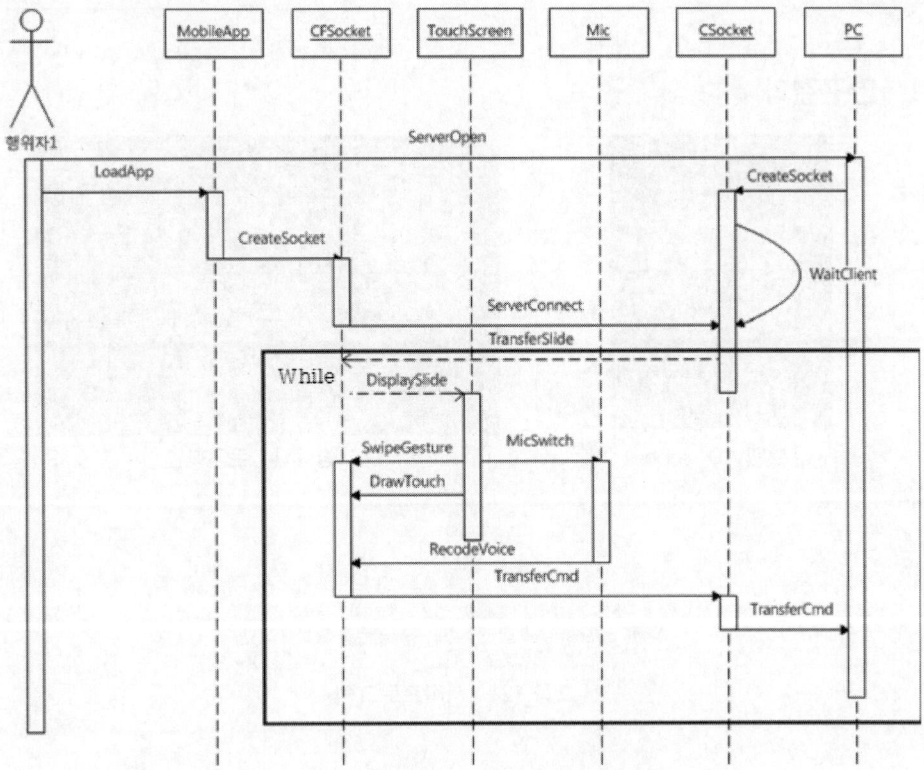

[그림 9] Sequence Diagram

구현 전 이벤트의 흐름을 나타내는 다이어그램으로 서버와 애플리케이션 두 가지 측면과 두 가지 모듈(음성, 통신)의 이벤트 처리가 어떻게 이루어지는지 나타내었다.

서버의 CSocket, APP의 CFSocket 둘다 BSD 소켓으로, 상호 데이터 통신이 다른 모듈의 어떠한 이벤트가 이루어졌을 때, 데이터를 전달하는 흐름을 알 수 있으며, 통신으로 받은 메시지를 두 애플리케이션에서 판단하여 이벤트를 처리하거나 음성을 출력하는 순서를 알 수 있다.

통신연결 설정과정을 제외한 나머지 부분은 프로그램이 종료될 때까지 반복된다.

3.4 구현

클라우드를 통해 소스코드를 제공한다. 경로는 [uCloud]/Chapter.5/Source_code이다.

4 프로젝트 결과

4.1 연구결과

[그림 10] Icon

[그림 11] 로딩화면

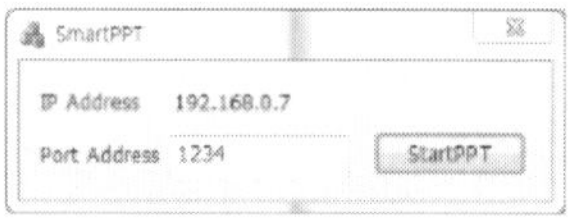

[그림 12] 서버프로그램

○ 서버는 자신의 IP 주소와 사용자가 원하는 임의의 포트번호를 설정하게 된다.

○ StartPPT 버튼을 누르면, FileDialog를 통해 PPT 파일을 선택하게 된다. 이 파일 경로는 MircroSoft의 Powerpoint Automation을 지원하는 msppt.olb를 통해 Powerpoint. exe를 실행과 함께 Open하게 된다. 최종적으로 원하는 PPT의 제어권을 갖게 되는 것이다.

○ PPT의 제어권을 갖게 된 후 서버의 IP 주소와 포트번호를 사용하여 TCP, UDP를 통해 서버가 동작하며, 클라이언트로부터 TCP와 UDP로 각각 컨트롤에 대한 패킷과 음성에 대한 패킷을 전송받아 처리한다.

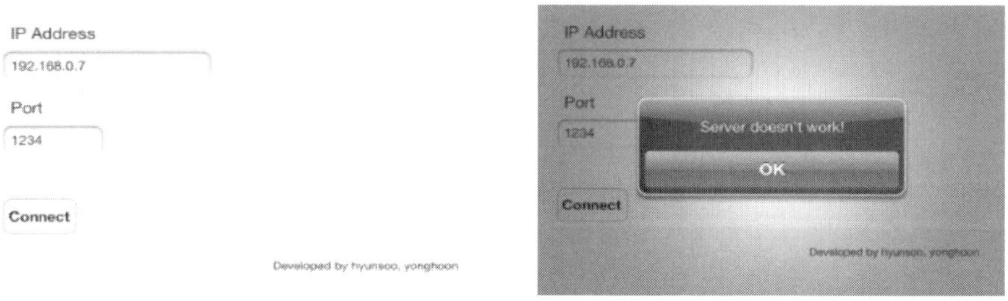

[그림 13] 초기화면

- ○ [그림 13]은 iPhone app.을 실행한 화면이다. 서버 프로그램에서 제공된 IP 주소와 포트번호를 일치하게 작성한다.
- ○ 이후, Connect 버튼만 누르면, 3초 동안 접속을 시도하게 된다. 만약 서버가 정상적으로 작동되지 않고 있다면 서버의 상태 팝업창이 나오게 된다.
- ○ 서버에 정상적으로 연결되었다면, TCP 통신을 위한 소켓과 UDP 통신을 위한 소켓을 갖게 된다. 이 소켓을 통해 각각 명령어와 음성 데이터를 전송한다.

[그림 14] 접속화면

- ○ Swipe Gesture(좌, 우)를 통해 이전 슬라이드, 다음 슬라이드로 서버화면이 전환되며, iPhone 화면에서도 동일하게 슬라이드 이미지가 출력된다.
- ○ 동시에 사용자는 SmartPhone의 마이크를 사용하여 Computer에 연결된 강의실 Sound System을 사용할 수 있다.

4.2 성능평가

- 사전 조사결과 유사 애플리케이션은 존재하였지만, 유료 애플리케이션으로 대부분 제공되었으며, 무료 PPT 제어 애플리케이션의 경우 대부분 지속적인 업데이트가 이루어지지 않고, 서버 프로그램 제공 중단된 상태로 직접 비교하는 것은 어려웠다.
- HelloPT는 무료로 제공되는 PT 관련 애플리케이션으로 우리와 공통적인 기능을 제공하는 애플리케이션이다. 제어 기능은 우리 기능과 매우 유사하지만, 실시간으로 PPT 화면을 아이폰에 보여주지 않기 때문에

[그림 15] HelloPT

직관성이 떨어짐을 알 수 있다.

- 무선 마이크의 경우 데이터 트래픽의 최소화, 품질이 가장 중요한 평가 항목이다. 따라서 우리는 현재 화제가 되고 있는 카카오톡의 보이스톡 트래픽을 비교 분석해 보았다.
- m-Voip를 이용하고 있는 보이스톡의 경우 네트워크 상황에 따라 트래픽의 사용량을 조절하는 시스템이다. 따라서 정확한 데이터 사용량은 파악하기 힘들지만, 블로그의 개인이 측정한 평균 데이터 사용량을 통하여 비교 분석해 보았다.
- 보이스톡의 경우 분석 결과 1분당 0.5MB의 평균 데이터를 소비하는 것을 알 수 있었다.
- 저희 프로그램의 경우 0.05초당 4KB의 데이터가 소비된다.

[그림 16] 카카오톡

(출처 - http://blog.naver.com/980831rkdejr?Redirect=Log&logNo=90144863371)

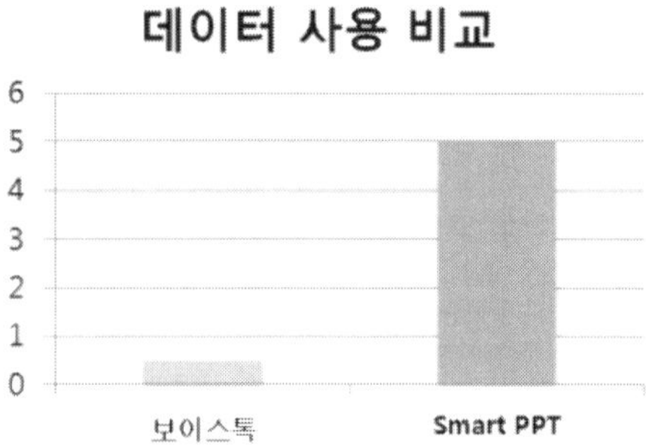

[그림 17] 데이터 사용량 비교

- 음성데이터 소모량은 저희가 월등히 높았으며, 품질 또한 보이스톡에 비해 현저히 낮았다. 우리 프로그램의 경우 음성데이터를 압축하지 않고 보내는 특성과 Frequency를 가청 주파수로 잡은 것이 원인으로 발전 사항으로 고려된다.
- E-Pen 기능은 현재 구현이 완료되지 않은 상태로, E-Pen 기능을 위해 화면전송의 트래픽이 증가하는 문제점, 아이폰과 화면의 좌표가 일치하지 않아 좌표계산이 다른 점으로 인해 구현하지 못하였다.

5 결론

스마트폰으로 보다 효율적인 발표가 가능하게 될 것이며, 현재의 프로젝트는 지금 출시된 디바이스를 대체하는 것에 1차적 목표를 두고 있지만, 사용자에 따라 원하는 기능이 상이할 수 있으며, 부가적인 기능이 들어가 모션인식과 같은 기능까지 지원하게 된다면, 현재 출시된 어떠한 제품보다 파급 효과가 클 것으로 예상된다.

참고문헌

[1] 윤성관(지은이), iPhone SDK 튜토리얼 2- 내 App에 날개를 달자

[2] Yoshinao Mori(지은이), Xcode4로 시작하는 아이폰 프로그래밍

[3] 아론 힐리가스, 조 콘웨이(지은이), 최윤선, 백선덕(옮긴이), iOS, 날개를 달다- 아론 힐리가스의 아이폰/아이패드 프로그래밍

[4] 스미스(지은이), 조재유(옮긴이), 핵심만 골라 배우는 OS 5 프로그래밍닐

[5] 오기하라 타케시(지은이), 신상재(옮긴이), Objective-C- 맥과 아이폰 애플리케이션 프로그래밍

[6] 맥부기 개발자 모임(카페) http://cafe.naver.com/mcbugi

[7] Korea IOS Developer Group http://www.iphoneos.co.kr/

[8] JNK Studio(Hello PT) http://www.jnkstudio.net

CHAPTER 06

Smart Power Pointer

스마트폰에 Microsoft Office Library와 Socket 통신을 이용하여 발표자가 효과적이고 용이하게 Power Point를 제어할 수 있도록 시중에 나와 있는 Application들의 맹점을 보완하여 새로운 Application을 개발한다.

1 서론

1.1 연구배경

청중들에게 발표할 때 많은 사람들은 문서를 컴퓨터화 하여 깔끔하고 한 눈에 들어올 수 있도록 PowerPoint를 이용하여 발표한다. 예를 들어 회사 내의 미팅, Buyer들을 위한 Summary, 다른 학우들에게 발표 등 다양한 곳에서 발표를 위해 PowerPoint를 사용하는 추세이다. 발표의 순서, 시각 효과, 내용 구성도에 따라 정말 좋은 발표가 될 수도 있지만, 어느 하나라도 부족하게 된다면 청중들에게 "지루함" 이라는 단어만 남을 수도 있다.

이러한 시대의 흐름에 발맞추어, 많은 유용한 제품들이 시중에 나오고 있다. 예를 들어 수업시간에 교수님들이 소지하고 다니시는 Project Remote Controller의 경우, 학생들이 프레젠테이션에 집중할 수 있도록 도와준다. 하지만 이러한 제품들은 따로 구입해야 하는 제품들이고 배터리가 소모되기 때문에 부담스러울 수 있다. 이런 점을 착안하여 학생들을 위해 추가 비용없이 유용한 제품을 고안하고자 했다.

시간이 지나면서 다양한 기능을 갖춘 스마트폰이 나오고 있다. 불과 몇 년 전까지만 해도 피쳐폰을 쓰는 사람들의 비율이 50% 정도 차지하고 있었지만 현재는 10% 내외라고 한다. 이와 같이 현대에서는 스마트폰 사용자가 대부분이므로 스마트폰에서 PowerPoint의 기능을 조작하고 발표를 돕는 애플리케이션을 개발한다면 정말 많은 사람들에게 유용할 것 같아서 개발하고자 하였다.

1.2 연구목표

기존 PowerPoint 리모컨은 발표용으로 사용하기에 매우 적합하다. 하지만 단순 발표용이기 때문에 프레젠테이션을 돕는다는 의미에서는 조금 부족할지도 모른다. 그렇다고 기존 제품에 이런 기능들을 추가하게 된다면 기계 설계부터 달라져야 할 뿐만 아니라 한정된 공간 속에서 기능을 추가하기도 쉽지 않고 비용증가가 발생한다. 이런 기계적 맹점들을 보완하기 위해 소프트웨어의 장점인 확장성을 살려 스마트폰 애플리케이션을 개발한다면 그 기계적 맹점들을 해결할 수 있다.

시중에 나와 있는 프레젠테이션 리모컨 애플리케이션들에서도 많은 보완점들을 찾아 볼 수 있다. 기존의 애플리케이션 같은 경우 기본적인 기능을 갖추고 있지만 실제 사용하면서 생기는 문제점들이 여전히 보완되지 않고 있다. 예를 들어, 기존의 애플리케이션은 화면 터치기능으로 PowerPoint의 다음 기능과 이전 기능을 제어한다. 하지만 터치의 기능은 정확한 터치를 위해 발표자들에게 페이지를 넘길 때 양손을 요구할 뿐만 아니라 터치기능에서 자주 발생하는 문제점인 사용자가 정확히 터치를 하였는지 알기 어렵다는 점이다. 이런 부분은 발표 중인 사용자에게 당혹스러움을 안겨줄 수 있다. 이런 부분이 사소해 보일지 모르겠지만 이런 세세한 부분의 개선을 통해 제품의 정확성을 높이고 사용자가 리모컨에 신경을 쓰지 않고 보다 더 발표에 집중할 수 있도록 편의성을 제공하였다.

이 프로젝트는 작은 리소스만 필요하기 때문에 리소스 부족 현상이 일어날 가능성이 없고, 시대 흐름에 발맞추어서 Wireless Connection 기능을 통해 다양한 곳에서 실행할 수 있도록 구현하였다.

2 관련연구

2.1 관련연구

- 개발환경

  O/S: Windows 7 / Android Platform

  Computer Languages: MFC(C++) / Java

- Server(PC)는 Windows에 맞게, Client(Application)은 Android O/S 환경에 맞게 설계하였다. 무엇보다도 Android 시스템은 Java 언어이고 디자인 부분에서 XML 언어도 사용한다. 그리고 요즘 Android Smart Phone의 업그레이드가 한층 더 발전해 환경변화에 맞추어 Software를 계획하였다.
- 두 번째 부분으로 Microsoft Office에서 제공하는 MSPPT.OLB 라이브러리를 연구하여 Server 부분을 MFC와 연동하였다. 원래는 Server 부분도 Java로 프로그래밍하려 했지만 초기 연구 결과 Java에서는 Microsoft Office 라이브러리가 효율적으로 지원되고 있지 않아 MFC로 전환하였다. 이 라이브러리를 공부해본 결과 기본적으로 PowerPoint 기능들을 제어하는 클래스들이 제공되어 있고, 이것을 어떻게 효율적으로 연동해서 Software를 구성하느냐가 가장 중요하였다.
- 현대에 들어서 Wireless 기반 연결이 대중화되고 있으므로, Wireless 연결방식의 일부인 Socket Programming을 공부하여 Software에 적용하였다.

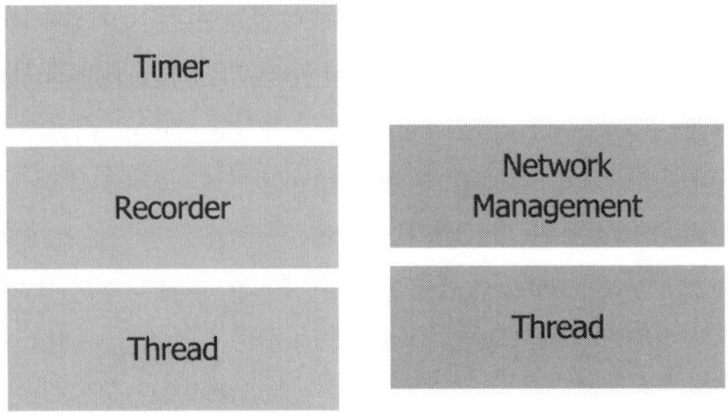

- Client 부분에서 Timer와 Recorder 기능을 동기화하고 사용자들에게 Feedback을 주어서 자기 발표의 문제점을 보완할 수 있고, 주어진 시간에 맞춰서 발표할 수 있는 능력을 연습할 수 있도록 시간 알림 기능 또한 애플리케이션에 구현하였다.
- Client 부분에서 한쪽은 Network 부분을 관리해야 하고, 다른 쪽은 Timer와 녹음기능을 관리해야 하기 때문에 Java에서 Multi thread 기능을 공부하여 그 2가지 기능들을 구현하였다.

2.2 기존 연구의 문제점 및 해결 방안

2.2.1 연구 문제점

- 기본적으로 스마트폰 터치의 민감함으로 인해 오작동이 일어날 때가 많거나 원하지 않는 동작이 나타나기도 한다.
- 기존 애플리케이션들에 발표자들을 위한 시간 기능을 도입한다면, 발표자들의 시간관리가 쉬워질 것이다.
- 언제나 발표자들은 자신의 발표들의 문제점을 주관적으로 보기 때문에 발표 실력 향상이 어렵다.
- Server-Client 통신을 통해 Network 연결을 한다. 이로 인해 접속 환경들이 복잡하고 네트워크 연결에 서툰 일반인들은 사용하기 어렵다.

2.2.2 해결 방안

- 스마트폰 옆에 위치하는 볼륨 버튼을 이용하여 Key 이벤트를 적용시키고 물리적 힘을 이용하여 확실하게 다음, 이전 슬라이드를 넘어갈 수 있게 한다.
- 발표가 시작하면 Stop Watch나 Counter 기능을 이용하여 주어진 시간과 자료들을 배분하여 효과적으로 발표할 수 있게 한다.

- 위에서 말한 타이머 기능과 동기화하여 녹음 기능을 적용시켜 발표한 후, 자기 발표의 문제점을 파악할 수 있도록 한다.
- Server와 Client의 UI를 최대한 직관적으로 구성하여 컴퓨터에 서툰 일반인들도 쉽게 사용할 수 있도록 구현하였다.

3 프로젝트 내용

3.1 시나리오

- PC에 Server를 설치하고 스마트폰에 Client로 작동되는 애플리케이션을 설치한다.
- Server와 Client를 Wireless Network Communication을 통해 연결한다.
  - 접속 시 비밀번호를 요구한다.
  - 연결완료 및 실패 시 사용자에게 메시지를 보내 연결상태를 알린다.
- 사용자는 발표 전에 발표시간, 녹음파일 위치를 설정한다.
- 사용자가 발표를 시작할 때 시작버튼을 누르면 시간 카운트가 증가하며, 녹음이 시작된다.
  - 발표시간이 경과하면 진동을 통해 시간을 알린다.
- 사용자가 조작을 위해 버튼을 누르면 해당 내용이 Server로 전송되어 PowerPoint를 동작시킨다.
- 사용자가 발표를 종료할 때 종료버튼을 누르면 타이머가 종료되며 녹음이 종료된다.

3.2 요구사항

3.2.1 하드웨어 요구사항

- 구현 기반 : Android 기반의 Application 및 Windows 기반의 Application Program
- Client에 필요한 기반
  - JAVA를 기반으로 한 애플리케이션 구현
  - 인터넷 연결
- Server에 필요한 기반
  - Windows 환경에서 MFC를 통한 Application Program 구현
  - Microsoft Office 라이브러리
  - 인터넷 연결

3.2.2 기능 요구사항

3.2.2.1 Wireless Network Communication을 통한 연결 수락

3.2.2.1.1 Client와 Server를 Socket 통신을 통해 연결

- Client와 Server를 IP를 이용해 연결한다.
  - Client에서 Server의 IP 주소와 Port 번호를 입력한 후 접속 요청
  - Server는 접속 요청 수립 후 비밀번호 요구
  - Client는 비밀번호 전송
    - 비밀번호가 맞으면 Server는 연결확정 후 메시지 전송
    - 비밀번호 오류 시 접속 종료 후 메시지 전송

3.2.2.1.2 Client와 Server를 동일한 네트워크 안에서 연결

- Socket 통신을 이용한 연결에서 지연율이 클 경우 대안

3.2.2.2 UI

3.2.2.2.1 Client(Android)

- 이와 같이 화면에는 필요한 기능만 넣어 최대한 직관적으로 구현하고 사용자의 편의성을 높인다.
- 터치를 이용한 기능사용을 최소화하여 사용시 실수로 눌리는 경우를 최대한 제거한다.

3.2.2.2.2 Server(Windows)

- 직관적인 메뉴 구성을 통하여 사용자에게 최대한 편의성 제공

3.2.2.3 통신 모델

- 각 기능별 Index를 붙여 기능 사용시 Index를 전송

예)

Function	Index
Next Page	1
Previous Page	2
Quit	3

- Index 사용시 Server와 Client 간의 Index 규약만 제대로 설정되어 있다면 구현 시 쉽고 차후 기능 추가시 쉬움

3.2.2.4 내부구조

3.2.2.4.1 Client

- 총 3개의 Thread를 가진다.

Network	Record	Timer

- 기능 동작을 위한 버튼 조작 시 인터럽트가 발생하고 Key Event에서 메시지박스나 세마포어를 이용해 데이터를 Network 스레드로 보내 Server에게 알린다.

3.2.2.4.2 Server

- 총 2개의 Thread를 가진다.

Network	Action

- Network Thread를 통해 기능 수행 명령을 받으면 Action에게 알려 기능을 수행한다.

3.2.2.4.3 차후 기능 추가시 Thread를 늘려 어느 기능에도 막힘없이 구현하였다.

3.3 시스템 설계

3.3.1 User Case Diagram

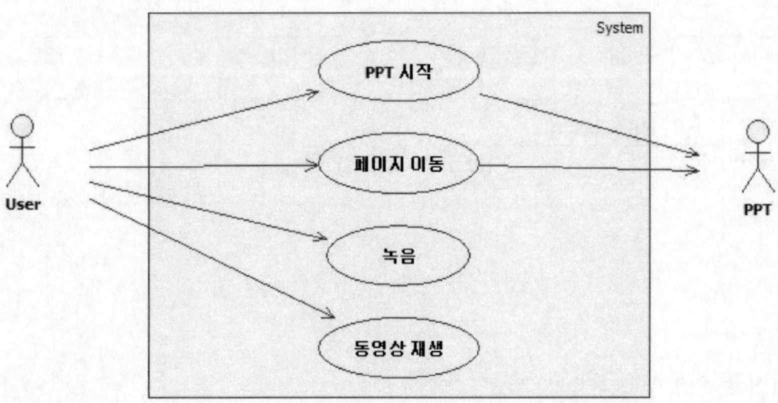

- 전체적인 기능은 4가지로 PPT 시작, 페이지 이동, 녹음, 동영상 재생으로 이루어져 있다. System은 Mobile과 PC로 이루어져 있다. PPT 시작과 페이지 이동은 PPT에 직접 연관되는 기능이고 녹음은 모바일 상에서 이루어지며 동영상 재생기능은 PC에서 수행된다.

3.3.2 Sequence Diagram

3.3.2.1 Client-Server 접속

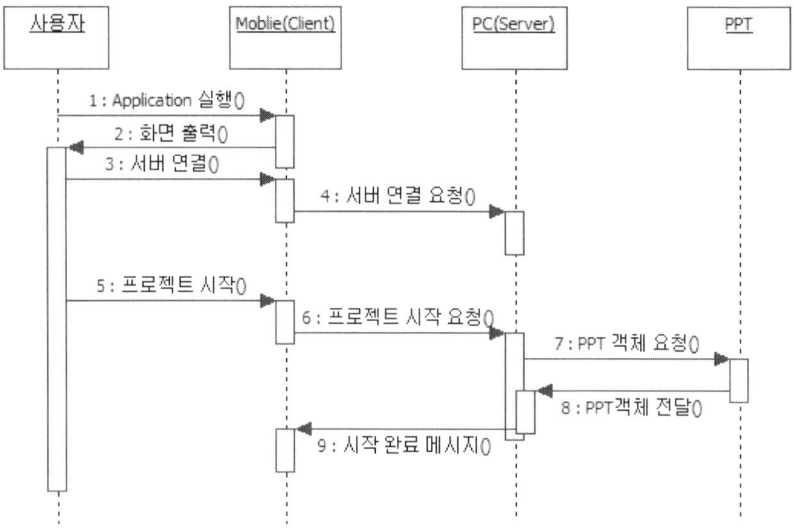

- Mobile(Client)과 PC(Server)가 접속하는 과정을 나타낸 Sequence Diagram이다. 접속 후 PPT 제어를 위해 PPT 객체를 얻어온다.

3.3.2.2 페이지 이동

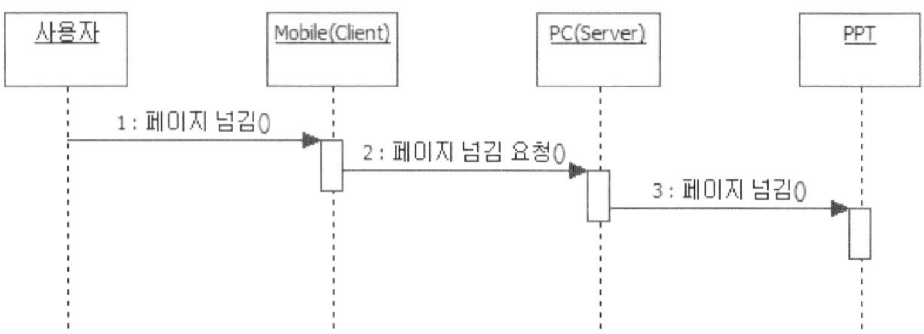

- 페이지를 이동하는 Sequence를 나타낸다.

3.3.2.3 동영상 재생

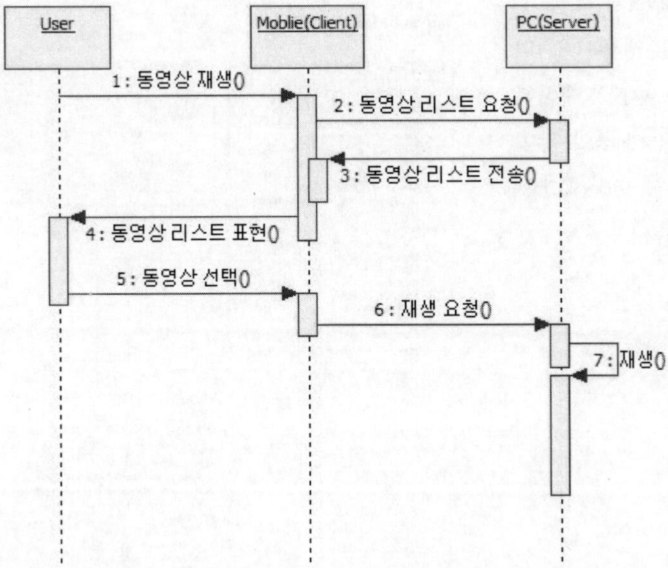

- 동영상 재생을 위해 PC의 동영상 파일 리스트를 Mobile로 전송하여 사용자가 재생할 동영상을 선택 후 PC에서 재생한다.

3.3.2.4 녹음

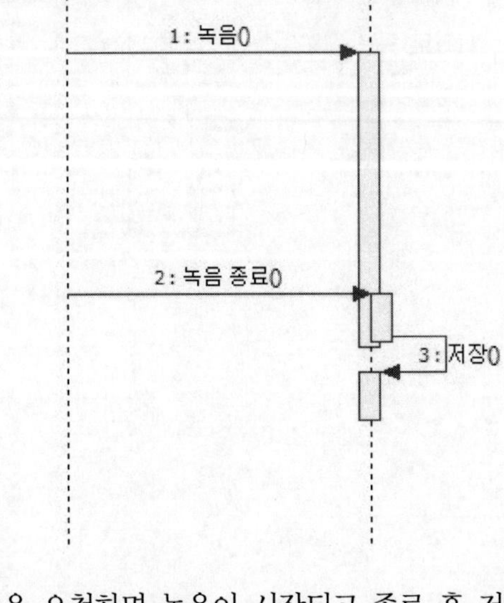

- Mobile에 녹음 기능을 요청하면 녹음이 시작되고 종료 후 저장한다.

3.3.3 Class Diagram

3.3.3.1 Server

- Server는 소켓통신을 위한 소켓과 PPT를 제어할 ManagePPT Class와 동영상을 재생할 Video Class로 구성된다.

Server based on MFC

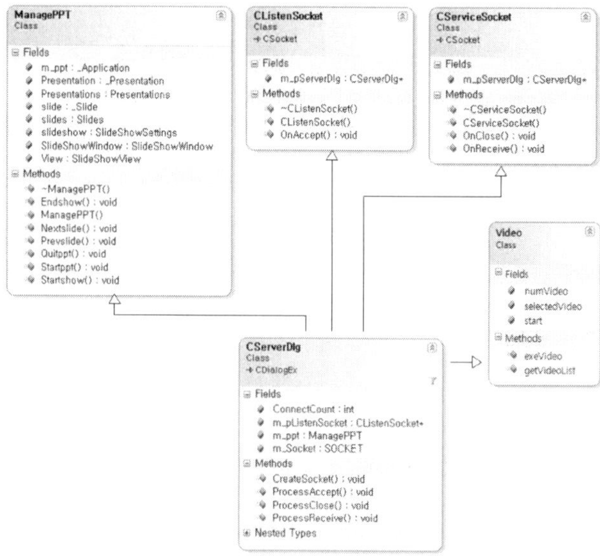

3.3.3.2 Client

- Client는 소켓통신을 담당하는 Class와 페이지 이동, 녹음, 동영상 재생의 기능을 요청할 MainActivity Class와 녹음 시 녹음 파일을 SD 카드에 저장하기 위한 ControlSDcard Class로 구성된다.

Client based on Java

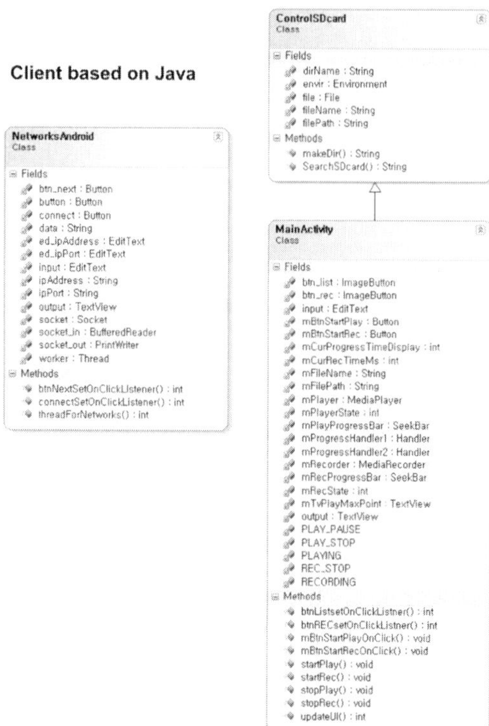

3.3.4 Data Flow Diagram

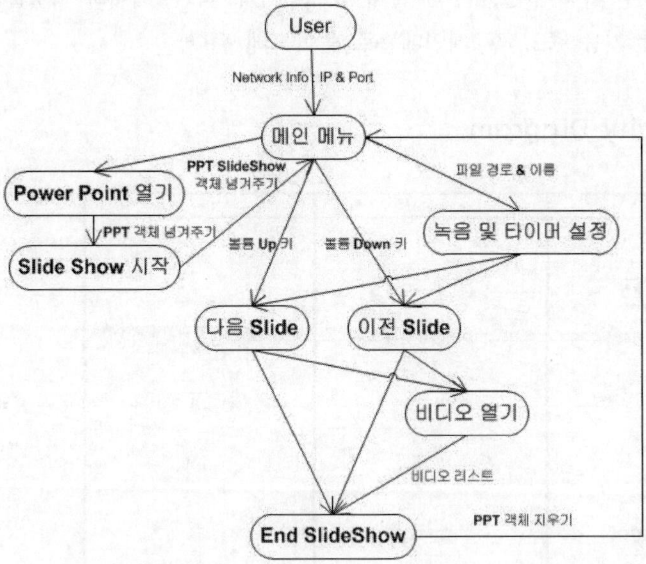

- 애플리케이션 상에서 데이터의 흐름을 보여준다. 주요 데이터로는 통신을 위한 IP와 Port 정보, 페이지 이동을 위한 키 정보, 동영상 재생을 위한 비디오 리스트, PPT 제어를 위한 PPT 객체가 있다.

3.3.5 State Diagram

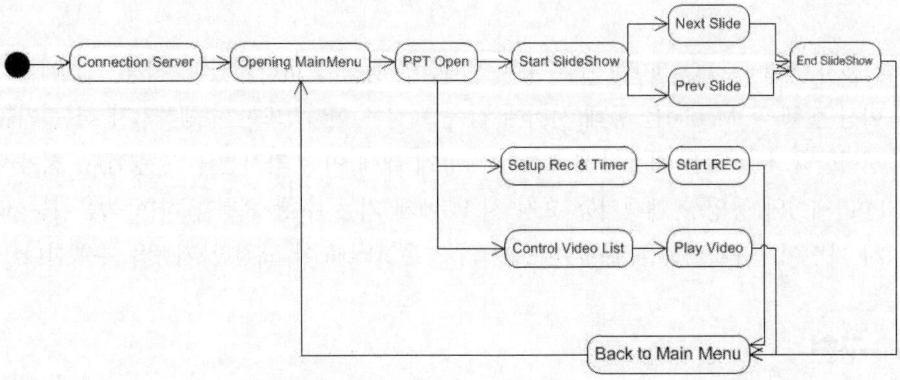

- Mobile의 State Diagram을 나타낸다. 서버 접속을 시작으로 애플리케이션이 동작하며, PPT Open 후 기능 수행을 위해 슬라이드쇼 시작, 녹음, 비디오 재생을 위한 메뉴를 제공한다. 각 기능 종료 후 메인메뉴로 돌아오게 된다.

3.3.6 Activity Diagram

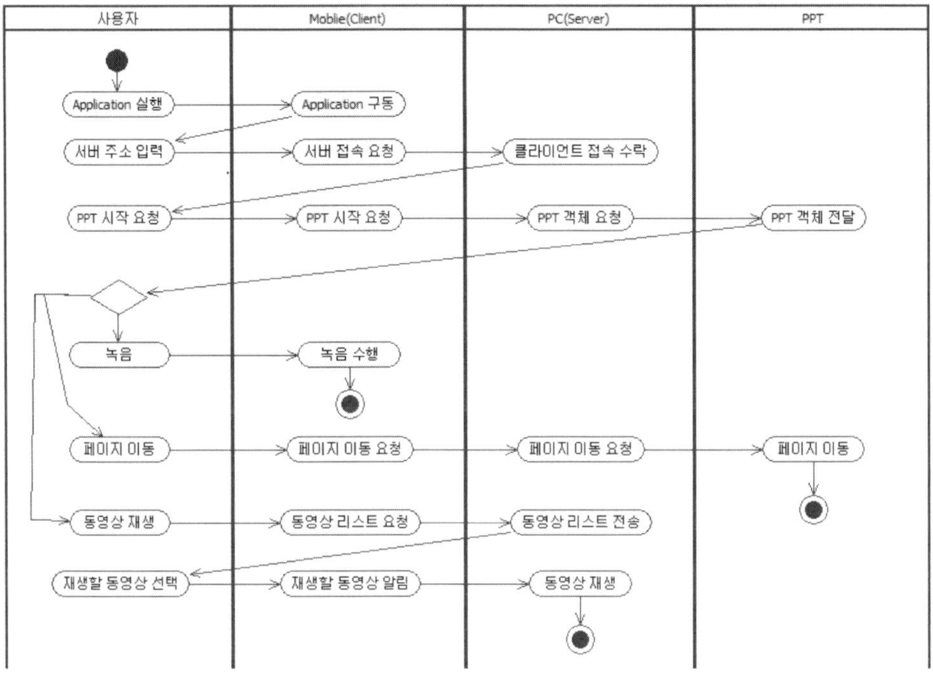

- 사용자, Mobile, PC, PPT로 구분하여 전체적인 동작을 나타내었다. 사용자는 애플리케이션 실행 후 Mobile을 통해 서버에 접속 요청을 한다. 또한 수행하고자 하는 기능을 선택한다. Moblie은 사용자가 요청한 사항에 대해 여러 가지 일을 수행한다. 사용자가 PPT 제어와 동영상 재생기능 요청 시 PC에게 기능 수행 요청을 하며 녹음기능 요청 시 자신이 녹음 기능을 수행한다. PC의 경우 Mobile이 요청한 기능을 수행한다.

3.4 구현

클라우드를 통해 소스코드를 제공한다. 경로는 [uCloud]/Chapter.6/Source_code이다.

4 프로젝트 결과

4.1 연구결과

- 개발 시 주요 고려사항은 Mobile(Client)와 PC(Server) 간의 통신 및 서비스와 엑티비티 간 통신이었다.

4.1.1 프로그램 설명

좌측에 화면은 애플리케이션의 첫 실행화면이다. 중간 공란에 IP 주소를 입력한 후 Connect를 누르면 서버로 접속하게 된다. 메뉴버튼을 클릭하여 프레젠테이션 시간을 설정한다.

서버로 접속 후 Main Menu를 눌러 메인 메뉴로 진입한다.

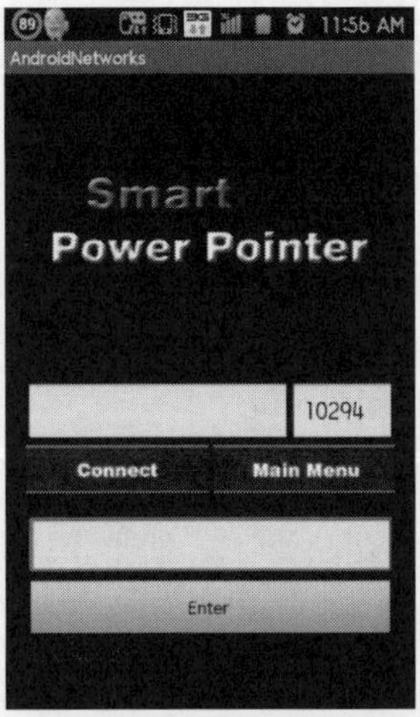

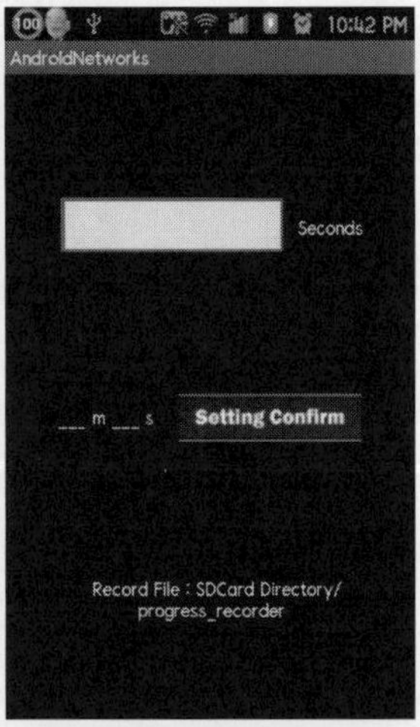

메인 메뉴 화면이다. 메인 메뉴에 진입하면 자동으로 서버에게 비디오 리스트를 요청하게 된다. 요청을 받은 서버는 모바일로 비디오 목록을 전송하게 된다.

비디오 목록까지 수신이 완료되면 사용 준비가 끝난다.

PowerPoint Open을 눌러 PPT 파일을 열고 SlidwShow Start를 눌러 프레젠테이션을 시작한다.

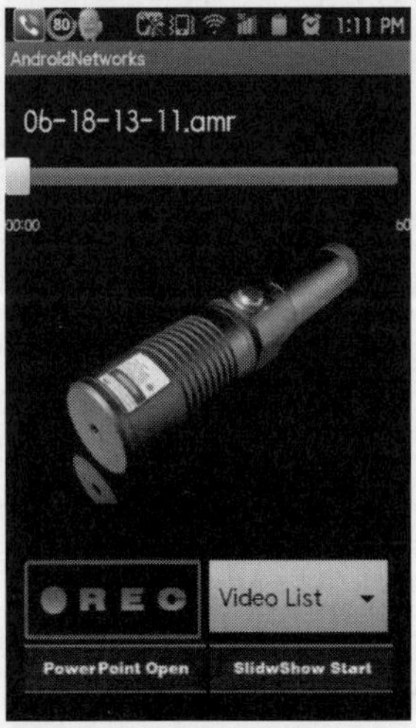

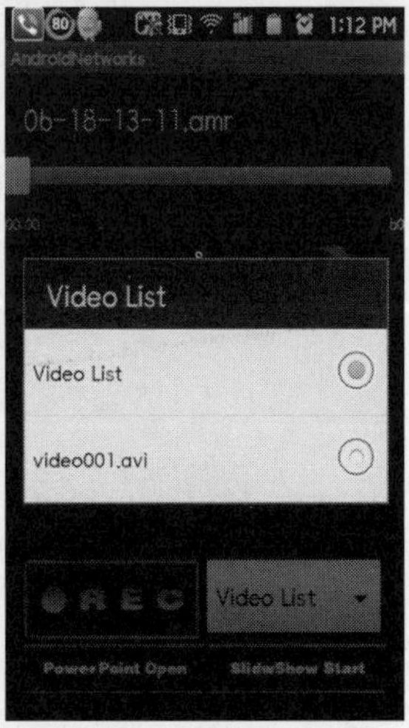

REC 버튼을 누를 경우 지정한 시간만큼 녹음이 시작되며 상단의 Progress Bar가 진행된다.

비디오 재생을 하고자 할 경우 Video List를 눌러 비디오 목록을 확인하여 클릭한다.

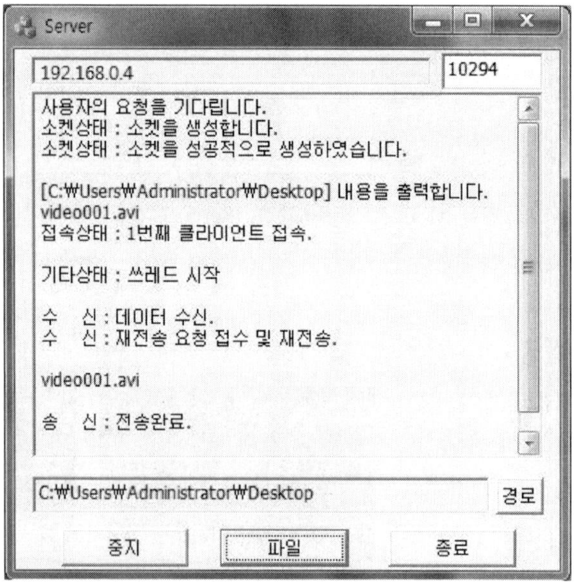

위 화면은 서버 프로그램 화면이다.

시작버튼을 누르면 서버가 클라이언트 대기상태로 들어간다.

경로를 클릭하여 동영상이 있는 폴더를 선택하고 파일 버튼을 클릭하면 비디오가 등록된 모습을 볼 수 있다.

모바일에서 동영상 리스트를 요청 시 서버는 해당 동영상 파일명을 보내주게 된다. 또한 서버는 모바일에서 요청한 파워포인트 파일 열기, 슬라이드쇼 실행, 페이지 넘김, 동영상 실행의 기능을 PC에서 수행시켜준다.

4.1.2 Client-Server 통신

```
try {
    socket_out.write(((msgType)obj).SB);
    socket_out.write(((msgType)obj).Len);
    socket_out.write(((msgType)obj).TB);
    socket_out.write(((msgType)obj).data);
    sendMsg();
} catch (IOException e) {
    // TODO Auto-generated catch block
    e.printStackTrace();
}
```

- Client와 Server 간의 통신을 위해 Application level에서 프로토콜을 만들었다. 먼저

4byte의 시작비트로 시작하여 송수신하는 패킷의 길이를 알려주는 4byte field, Type 2byte field, 이후 Data field로 이루어져 있다.

4.1.3 Activity-Service 통신(프로세스간 통신)

```
class IncomingHandler extends Handler{
    @Override
    public void handleMessage(Message msg){
        switch (msg.what){
        case MSG_SAY_HELLO:
            showToast(msg.obj);
            break;
        case MSG_CONNECT:
            connectToServer(msg.obj);
            break;
        case MSG_SETMSG:
            setMsg(msg.obj);
            break;
        case 88:
            mClients.add( msg.replyTo );
             break;
        default:
            super.handleMessage(msg);
        }
    }
}
```

- 애플리케이션 내에서 Service가 모든 통신을 담당하게 된다. 따라서 Service와 Activity 간의 통신이 필수로 이루어져야 했다. Service와 Activity가 각각 프로세스이므로 Messenger를 이용해 프로세스간 통신을 구현하였다.
  Message handler를 등록하여 Message가 올 경우 Message type을 체크하고 해당하는 작업을 수행한다.

4.2 가능성

- 현재 모든 단체에서 프레젠테이션이 이루어지고 있다. 기존의 프레젠테이션 리모컨들은 큰 차별성이 없었다. 또한, 기존 애플리케이션은 터치로 동작하기 때문에 오작동이 상당히 많이 발생하게 되었다. 이에 우리는 물리버튼을 이용하여 실제 동작을 손으로 느끼게 하였고 비디오 실행기능, 녹음기능을 가지고 있어 프레젠테이션 시 상당한 편리성을 제공한다.

5 결론

Microsoft PowerPoint를 이용하여 발표하는 사람의 편의성을 제공하는 것이 가장 우선된 목표이며 기존 애플리케이션 기능을 완벽히 보완하고 관리기능을 추가하여 그 동안 잘 사용되지 않던 스마트폰을 이용한 프레젠테이션 리모컨을 실제 사용할 수 있도록 만드는 것이 목표이다.

이 애플리케이션을 통해 리모컨 구매비용을 줄이고, 발표 시 사용자의 시간관리 능력이 향상되며 녹음 기능을 통해 발표 후 자신의 발표를 Feedback해 볼 수 있다. 따라서 이 애플리케이션 사용 후 사용자의 발표능력이 향상될 것을 기대한다.

참고문헌

[1] 뇌를 자극하는 Java, 한빛미디어
[2] Android 프로그래밍 정복, 한빛미디어
[3] 소설 같은 자바 4판, JaBook
[4] MSDN "How to create an MFC Automation client for PowerPoint"

CHAPTER 07

Running Pacemaker based on Action Detect

최근 국내 사회에서 운동을 통한 건강관리가 주목 받으며 다양한 스마트폰 기반의 운동 관리 애플리케이션들이 개발되고 있다. 그러나 기존의 애플리케이션들은 실질적인 운동에 도움이 되기보다는 트레킹을 보조해주는 역할이 중점적으로 설계되어 있다. 이 장에서는 사용자의 현재 신체능력을 측정하여 사용자 개인에 맞는 트레킹 강도를 조절해주는 맞춤형 러닝 페이스메이커를 제안한다. 제작 결과에서 제안하는 러닝 페이스메이커 시스템의 핵심 기능인 코스 선택과 페이스 표현 기능의 인터페이스를 스마트폰 애플리케이션으로 보인다.

1 서론

1.1 연구배경

안드로이드 플랫폼은 오늘날 모바일 시장에서 위세를 떨치고 있으며 세계적으로 관심을 끌고 있는 분야이다. 무수한 안드로이드 단말기와 장치들이 계속 출시되고 있으며, 수많은 사람들 손에 쓰이고 있다. 안드로이드를 사용하는 소비자들이 늘어남에 따라 자연히 안드로이드 기반의 애플리케이션 또한 수도 없이 생겨나고 있다. 수많은 애플리케이션들 중에서도 사회 트렌드를 반영한 애플리케이션들이 사용자들의 사랑을 받고 있다.

우리나라를 비롯한 전 세계적인 트렌드 중 하나는 바로 웰빙(Wellbeing)이다. 이러한 웰빙 트렌드를 타고 트레킹(Trekking)이라는 운동이 많은 관심을 받고 있다.

본 프로젝트의 배경 또한 이러한 트렌드에 발맞춰 보다 사용자에게 과학적이고 편리한 운동 서비스를 제공하는 데 초점을 맞추었다.

1.2 연구목표

최근 스마트폰 사용자 수가 약 3000만 명일 정도로 급속하게 스마트폰이 보급되었다. 또한 웰빙 열풍으로 운동을 통한 건강관리가 주목 받고 있다. 이러한 사회적 트렌드를 반영하여 FitnessKeeper.inc[1], 구글[2] 등과 같은 회사에서는 모든 사람들이 쉽게 접할 수 있는 걷기 및 조깅을 위한 스마트폰 기반 애플리케이션들을 개발하였다.

그러나 기존의 애플리케이션들은 실질적인 운동에 도움이 되기보다는 트레킹을 보조해주는 역할이 중점적으로 설계되어 있다. 사용자의 트레킹 속도 등과 같은 운동에 필요한 각종 정보를 실시간으로 표시해주지만, 사용자의 운동 능력을 고려해 적당한 운동의 강도를 제시해주는 기능은 없다. 사용자가 걷기 및 조깅 시 휴대하는 스마트폰에서 사용자에 맞는 트레킹을 체계적으로 관리해주는 애플리케이션이 제공되면 매우 유용할 것이다.

이 장에서는 사용자의 현재 신체능력을 측정하여 사용자 개인에 맞는 트레킹 강도를 조절해주는 맞춤형 러닝 페이스메이커(running pacemaker) 시스템을 제안한다. 제안하는 시스템은 트레킹 코스별로 사용자의 컨디션을 체크하여 기준 속도를 계산하고, 현재 속도를 실시간으로 기준 속도와 비교하여 사용자에게 페이스(pace)의 적절성을 알려준다. 제작 결과에서 제안하는 러닝 페이스메이커 시스템의 핵심 기능인 코스 선택과 페이스 표현 기능의 인터페이스를 스마트폰 애플리케이션으로 보인다.

2 관련연구

2.1 관련연구

관련연구는 GPS 관련 기술과 이 기술을 이용하여 사용자의 속도와 이상 속도를 실시간으로 비교하고 행위 정도의 판단을 바탕으로 한다.

트레킹 관련 애플리케이션들은 이미 많이 상용화 되고 있다. 이들은 별도의 센서없이 스마트폰의 GPS 센서와 가속도 센서를 이용하여 사용자의 행위를 인지하여 정보를 제공해준다. 본 논문에서도 GPS 센서의 개념을 이해하고 구현하는데 이용하여 사용자의 행위를 인지하고 정보를 수집하여 분석하였다.

운동하면서 얻어진 운동 거리와 운동 시간, 평균 속도, 현재 속도 정보를 사용자에게 화면상으로 제공한다. 또한 필요에 따라 일정 정보들을 DB에 저장하여 일정 기간별로 다시 열람할 수 있는 서비스를 제공한다.

이 장에서는 위 애플리케이션들이 제공하는 서비스들의 단점을 보안하고 보다 더 과학적이고 체계적인 서비스를 제공하는 서비스를 구현하였다.

2.2 기존 연구의 문제점 및 해결 방안

2.2.1 연구의 문제점

- 화면상으로 정보 제공 : 사용자에게 정보를 화면상으로 제공하여 운동하는 도중 사용자의 시야를 뺏음으로써 운동 중 위험을 일으킨다.
- 단순 속도 정보만을 제공 : 사용자에게 사용자의 단순 속도 정보만을 제공하여 사용자로 하여금 자신의 페이스 정확도를 계산하는데 어려움이 따른다.
- 동일화된 정보를 제공 : 개개인에게 맞춰지지 않는 정보를 제공하여 사용자들간의 편차를 반영하지 않았다.

2.2.2 해결 방안

- 사용자의 개인 정보를 받아 이를 토대로 운동 기록을 분석하는 알고리즘을 이용하여 사용자마다 맞춤화된 서비스를 제동한다.
- 화면상으로 정보를 제공하는 것뿐만 아니라 음성으로 사용자 페이스 정보를 제공함으로써 운동하는데 발생할 수 있는 위험요소를 배제시킬 뿐만 아니라 운동의 효율성을 높인다.
- GPS 센서를 통해 얻어지는 속도 정보를 제공할 뿐만 아니라 사용자에게 목표 코스를

설정하게 하고 이에 따른 사용자 페이스 정보를 제공하여 사용자로 하여금 보다 체계적인 정보를 제공받아 효율적인 운동을 가능하도록 한다.

3 프로젝트 내용

3.1 시나리오

[Android 기반 APP]

- 해당 애플리케이션은 트레킹을 하는 사용자 모두를 대상으로 한다. 사용자는 운동을 시작하기 전에 애플리케이션을 실행한다.
- 애플리케이션을 실행시키면 GPS 센서가 자동으로 작동된다.
- GPS 센서를 이용하여 사용자의 현재 기준속도와 목표 운동 시간을 설정한다.
- 코스 선택을 이용하여 사용자가 운동할 코스를 설정한다.
- 운동을 시작함과 동시에 사용자의 페이스 정보를 주기적으로 제공 받는다.
  이때 이상 페이스가 지속되면 음성으로 이를 알려주어 사용자에게 올바른 페이스를 지키며 운동할 수 있도록 한다.
- 운동 종료 후 운동 정보들을 화면상으로 제공함으로써 운동에 대한 피드백을 제공한다.
  또한 사용자의 편의에 따라 DB에 정보를 제공하여 추후 열람이 가능하도록 한다.

3.2 요구사항

3.2.1 하드웨어 요구사항

- 구현 기반 : Android 기반의 Application
- Android(Java, XML) 기반의 Client Application
  GPS 센서에서 제공하는 속도 정보를 이용하여 현재 속도를 제공받을 것이며, 이 외에도 페이스 계산 알고리즘을 구현하여 이를 통해서 페이스 적절성 유무를 판단하는 애플리케이션을 구현하였다.

3.2.2 기능 요구사항

페이스메이커 시스템은 [그림 1]과 같이 사용자 컨디션 체크 모듈, 사용자 상태 체크 모듈, 페이스 체크 모듈, 코스 선택 모듈로 구성된다.

사용자 컨디션 체크 모듈은 사용자가 본격적으로 운동하기 전 사용자의 기준 속도를 체

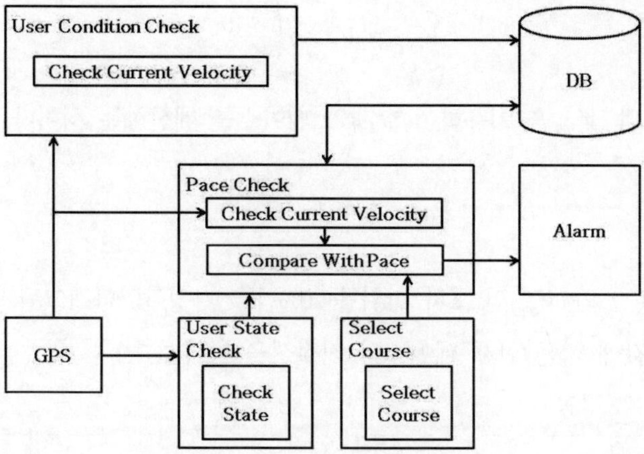

[그림 1] System architecture

크하기 위해 사용된다. GPS 센서를 사용하여 현재 속도를 주기적으로 계산하고, 이를 이용하여 운동의 기준 속도를 계산한다. 기준 속도는 페이스 체크 모듈에서 사용하기 위해 DB에 저장한다.

사용자 상태 체크 모듈은 현재 사용자가 달리고 있는지, 달리지 않는지를 확인하는 행위 인지 모듈이다. 사용자가 달리지 않을 때는 애플리케이션의 실행이 잠시 정지된다.

코스 선택 모듈은 사용자가 달리고자 하는 페이스를 설정하는 부분이다. 이전에 프로그래밍되어 있는 페이스 항목에 있는 것 중 하나를 선택하여 그날 운동의 페이스를 선택하는 모듈이다. 또한, 달리고자 하는 거리 혹은 시간을 사용자에게 입력받아 운동 목표를 설정한다.

페이스 체크 모듈은 페이스메이커에서 가장 중요한 부분이다. 사용자가 선택한 페이스와 현재 달리고 있는 페이스를 기준 속도와 비교한다. 이 결과로 현재 속도가 선택한 페이스대로 달리고 있는지 확인하여 사용자에게 알람으로 알려주는 모듈이다.

3.2.2.1 Select Course Algorithm

- 사용자가 선택하는 코스마다의 적절한 구간별 속도 변화는 Orion Hampro사의 OH-5200 기기[3]를 참고하여 만들었다. 마라톤을 준비하는 사람들이 트레드밀을 이용하여 연습할 때 주로 쓰는 코스 4가지를 수식화하여 이를 사용자가 선택할 수 있다.
- 추후 필요에 따라 보다 다양한 코스들을 추가할 것이다.

3.2.2.2 Pace Check Algorithm

- 사용자의 평균 속도를 V_t, 사용자가 설정한 운동 시간을 t라 하고, 코스를 나타내는 식을 $f(X)$라고 할 때, 기준 속도 V_{cri}를 구하는 방법은 식 (1)과 같다.

$$V_{cri} = V_t \times f\left(\frac{X}{t}\right) \tag{1}$$

식 (2)는 V_{cur}와 V_{cui}을 이용하여 현재의 페이스를 계산하는 식이다.

$$Pace_{cur} = 1 - \frac{V_{cur}}{V_{cri}} \tag{2}$$

이 장에서는 V_{cur}와 V_{cui}의 오차 범위를 20%라고 가정하였다. [그림 2]는 오차 범위를 고려한 $Pace_{cur}$값에 따른 현재 페이스의 적절성을 나타낸다.

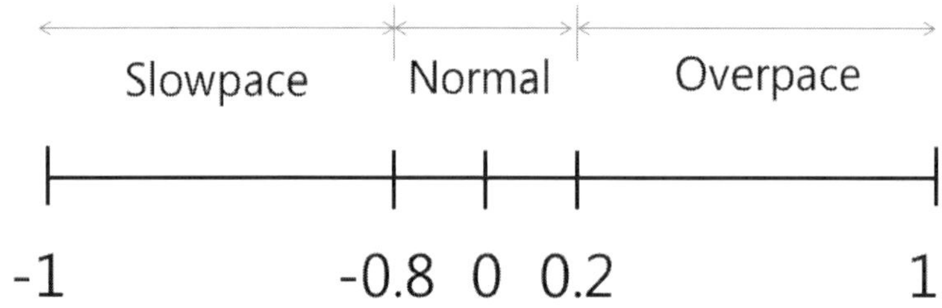

[그림 2] 페이스 상태 정형화

[그림 3]은 사용자가 선택한 코스에 따른 현재 페이스의 적절성을 보여주는 예시이다. 사용자의 현재 페이스가 코스의 페이스보다 빠르면 오버페이스 상태가 검출되고, 반대로 느리면 슬로우페이스 V 상태가 검출된다.

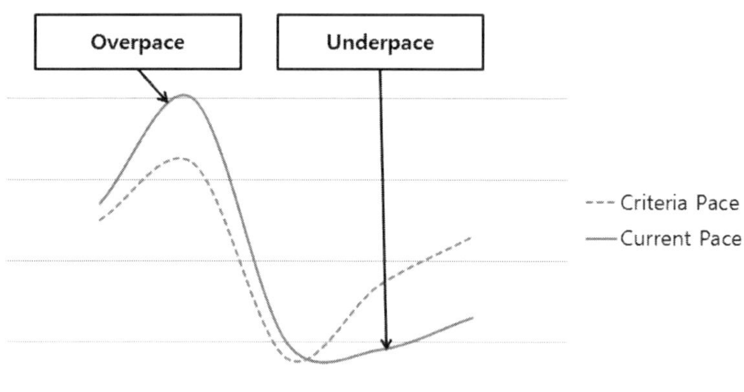

[그림 3] 페이스 체크

알고리즘 1은 오버페이스와 슬로우페이스를 판별하는 의사코드이다. 알고리즘 1에서 V_{cur}은 GPS 센서에서 측정한 사용자가 실제 달리고 있는 현재 속도이다.

```
BEGIN
INPUT: V_cur, V_crl
LOOP(End Running)
{
        IF(Pace_cur >0,2)
                Overpace
        ELSE IF(Pace_cur <-0,8)
                Slowpace
        ELSE
                Normalpace
}
```

알고리즘 1. 페이스 적절성 계산 의사코드

사용자가 선택한 페이스보다 오버페이스 혹은 슬로우페이스일 경우 사용자에게 알림으로 안내하고 운동이 종료되고 나면 그날 운동이 페이스대로 적절히 운동했는지를 DB에 다시 저장한다.

3.3 시스템 설계

3.3.1 UML Diagram을 통한 시스템 모델링

3.3.1.1 Use Case Diagram

- Use Case Diagram 표기

사용자는 크게 Application User와 User을 관리하는 Manager로 나누어져 있다. 애플리케이션의 사용자는 운동을 체계적으로 하고자 하는 사람들이므로 이들을 관리해주는 Manager가 있을 것이라는 가정 하에 Use Case Diagram을 작성했다. 이 애플리케이션의 실질적인 사용 목적이 운동을 도와주고자 함이기 때문에 기록을 저장하고 이를 보는 부분을 강조하였다.

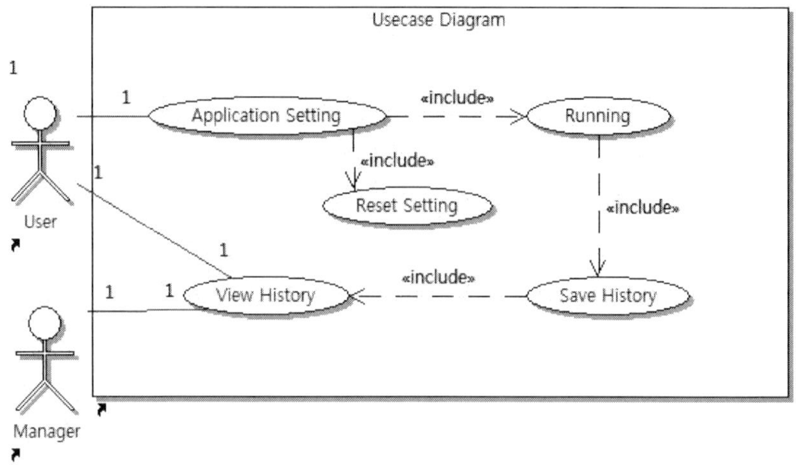

3.3.1.2 Class Diagram

- Class Diagram 표기

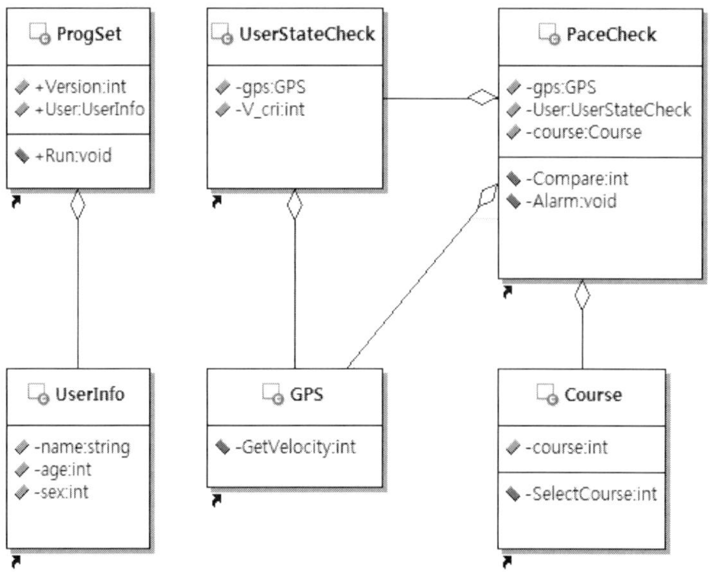

대략적인 Class Diagram을 표현하였다. 전체적인 프로그램의 flow에 따라 필요한 Attribute를 설계하였고, 필요한 Event에 따라 Operator를 설계하였다. 테스트 단계에 들어가면 필요에 의해 수정될 수 있다.

3.3.1.3 Activity Diagram

- Activity Diagram 표기

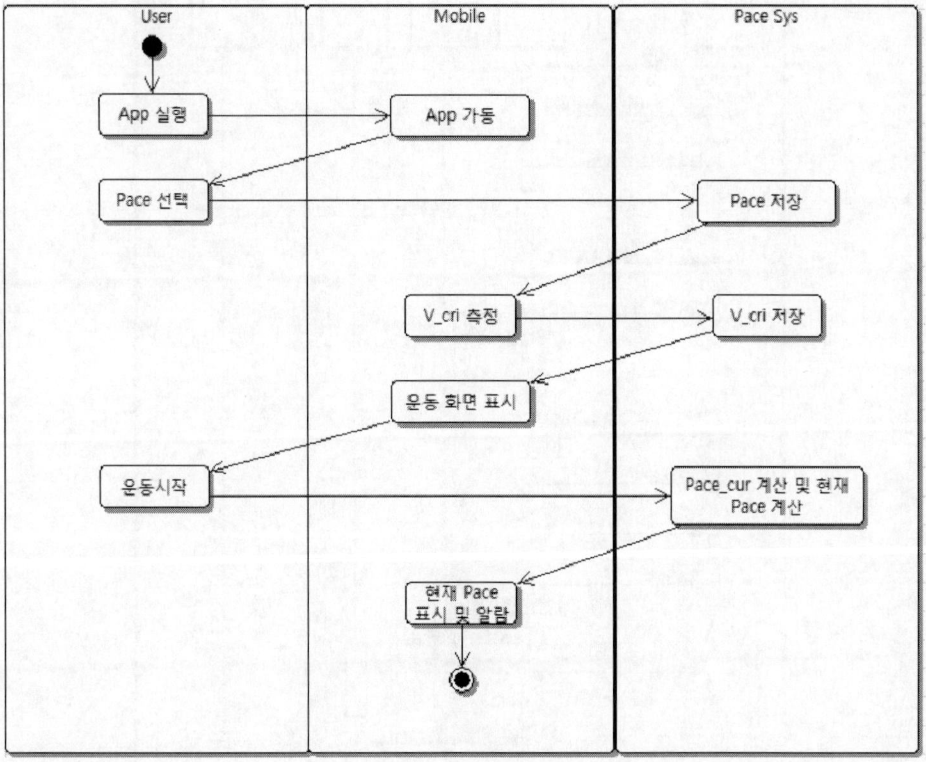

알고리즘에서 일어나는 활동들을 기반으로 Activity Diagram을 설계하였다. 현 설계에서는 User, Mobile, Pace Sys 세 개의 Activity와 이 세 개에서 일어나는 Action을 표현하였으며, 각 Action은 알고리즘 순서대로 표현되어 있다.

3.3.1.4 Sequence Diagram

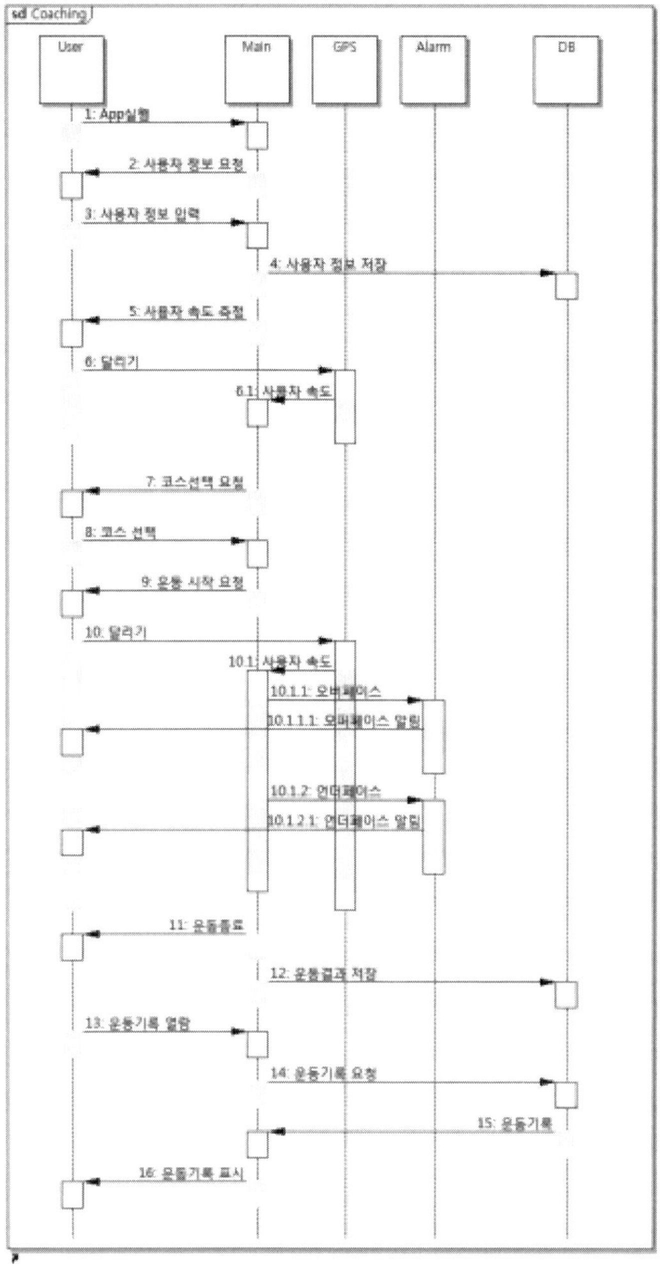

3.3.2 추가 Diagram

3.3.2.1 State Diagram

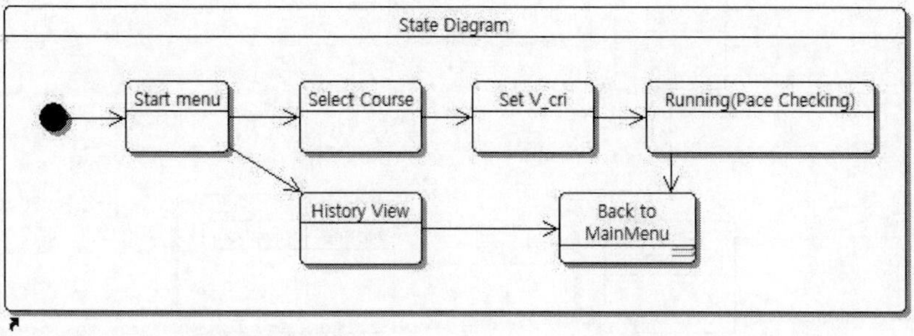

3.3.2.2 Component Diagram

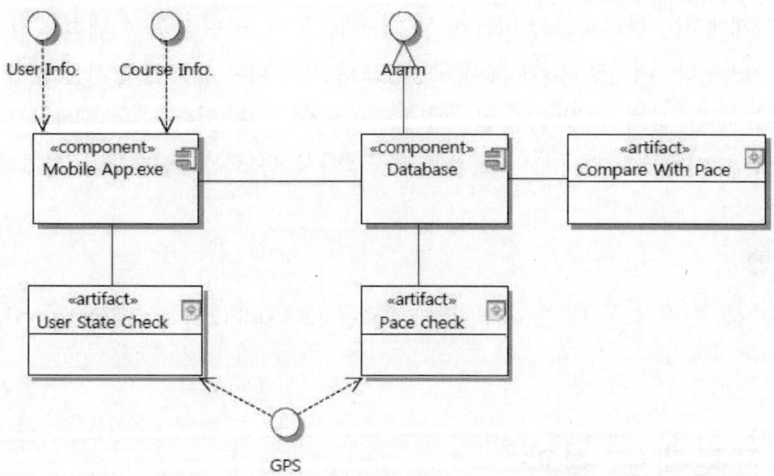

대략적으로 시스템 개발 관련 Component를 표기하였다. 특히 Mobile Application을 main으로 표기하였으며, 추후 추가되는 모듈에 따라서 추가적인 Component가 발생할 것이라 예상된다.

User State Check의 경우 Database에 사용자의 현재 Pace 정보를 제공해주기 위해 적용되는 부분으로 GPS의 정보를 받아 작동된다. 또한 APP이 작동되는 동안의 Pace 정보를 제공하기 위해 Pace check를 이용한다. 이는 사전에 입력 받은 Course 정보와 User Pace를 비교하기 위해 Compare With Pace가 제공된다. 이러한 정보를 Database를 통하여 관찰하다가 이상 발생시 Alarm을 이용하여 보여주도록 설계되었다.

3.3.2.3 Deployment Diagram

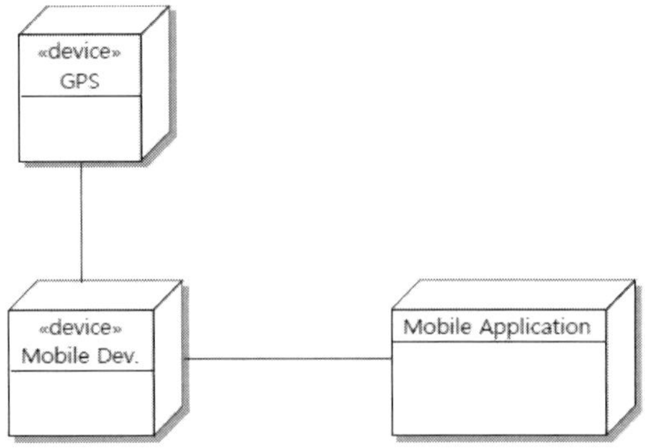

- 상기 설정된 Component Diagram을 기반으로 시스템의 물리적인 구성요소를 좀 더 넓게 보여주는 다이어그램이다.
  구현단계에서는 물리적인 장비들을 상세화 함으로써, 구현 단계의 테스트 단계에서 수정될 예정이다. 대체로 Mobile에서 구현되므로 기타 다른 물리적 장치는 많이 필요하지 않으나 추후 설계 과정에서 필요에 따라 추가될 수 있다. GPS(Global Positioning System)을 이용하여 사용자의 위치를 제공받아서 속도를 계산하도록 설계되어 있다.

3.4 구현

클라우드를 통해 소스코드를 제공한다. 경로는 [uCloud]/Chapter.7/Source_code이다.

4 프로젝트 결과

4.1 연구결과

이번 프로젝트에서 설계 구조상 가장 중요한 점은 사용자의 개인 정보를 바탕으로 적절한 페이스를 계산하고 사용자에게 제공하는 알고리즘을 어떻게 구현하고 연계시키느냐 하는 점이다.

4.1.1 Android App.의 기능적 요소

a. 운동시작

사용자에게서 제공받은 기준 속도와 코스 정보를 바탕으로 운동을 시작한다. 사용자의 현재 속도와 사용자가 선택한 코스의 속도를 실시간으로 비교하여 산출된 페이스를 사용자에게 제공한다.

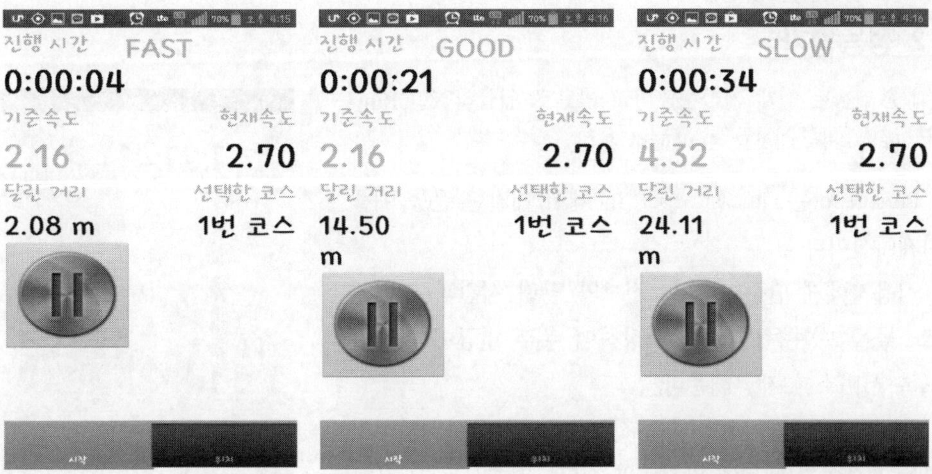

b. 코스 정하기

사용자에게 4가지의 코스를 제공하여 선택하게 한다.

사용자가 선택한 코스의 속도와 사용자의 기준 속도를 곱하여 목표 코스를 만든다.

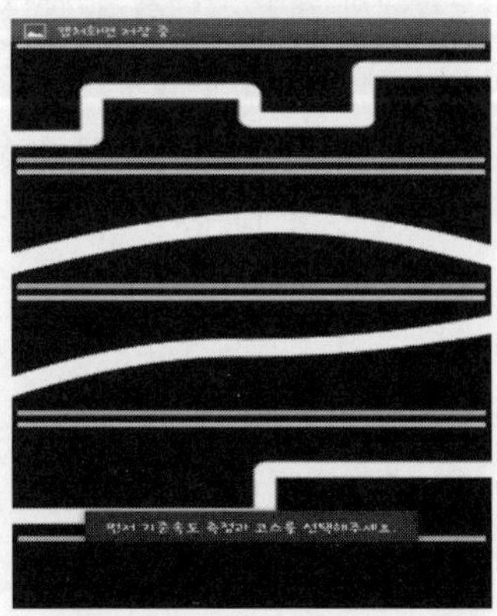

c. 기준 속도 측정

운동을 시작하기 전에 사용자의 그날의 기준 속도를 측정하게 한다.

산출된 평균 속도를 기준 속도로 설정하여 목표 코스 산출하는데 이용한다.

또한 목표 운동시간을 미리 설정 받는다.

d. 운동 기록 보기

운동한 기록들을 사용자로 하여금 필요할 때 열람 가능하게 하는 모듈이다.

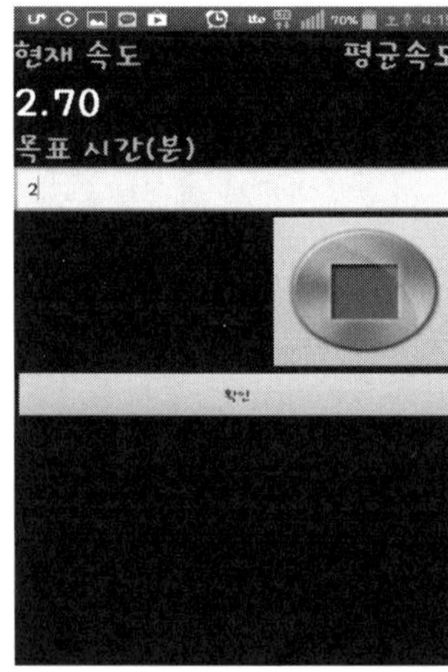

4.2 성능평가

- 프로젝트 설계 기간 중 비교 자료로 언급하였던 Runkeeper를 대상으로 비교해 본다.

Runkeeper는 FitnessKeeper, Inc에서 개발한 운동 애플리케이션이다.

사용자에게 단순한 속도 정보와 달린 시간과 달렸던 코스들을 보여주고 DB에 저장하여 추후 열람이 가능하도록 서비스를 제공해준다.

운동 애플리케이션을 전문적으로 개발하는 회사에서 만든 제품이기 때문에 완성도와 정확도면에서는 본 프로젝트에서 개발한 애플리케이션과 차이가 날 수 있다. 하지만 본 애플리케이션은 사용자에게 단순한 달리기가 아닌 목표 코스를 제공하여 사용자로 하여금 운동의 재미와 정확도를 더 높일 수 있는 서비스를 제안한다.

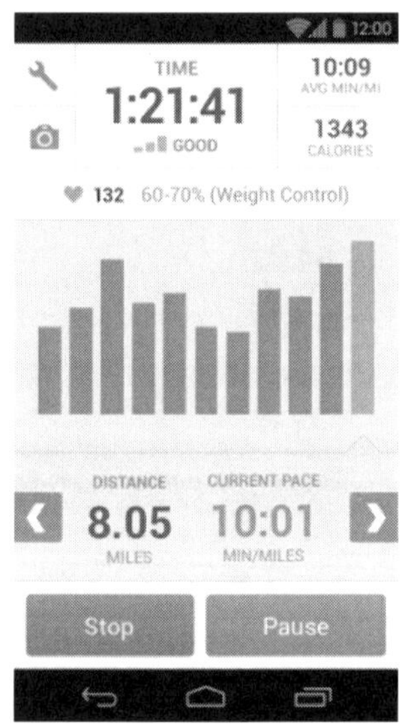

[그림 4] Runkeeper 실행화면

5 결론

5.1 기대 효과

5.1.1 사용자 맞춤형 서비스 제공

사용자 개개인에게 맞춤형 서비스를 제공하여 사용자는 보다 정확한 정보를 제공받고 체계적이고 과학적인 운동을 진행할 수 있다.

5.1.2 페이스를 산출하는 알고리즘 제공

단순히 속도 정보만으로 제공되던 기존 서비스와 다르게 사용자의 페이스를 분석하여 적절성을 판단하여 알려줌으로써 운동 정보를 보다 알아보기 쉽게 제공한다.

5.1.3 목표 코스 제공

기본에 무작정 달리기만 하던 서비스와 달리 사용자에게 목표 코스를 제안함으로써 사용자의 운동을 보다 체계적으로 진행할 수 있도록 한다.

참고문헌

[1] George B. Arfken, Hans J. Weber, Frank E. Harris, "Mathematical Methods for Physicists A Comprehensive Guide 7th Edition", Academic Press, 2012c Press, 2012.

[2] Fitnesskeeper.inc Runkeeper https://play.google.com/store/apps/details?id=com.fitnesskeeper.runkeeper.pro&feature=search_result#?t=W251bGwsMSwxLDEsImNvbS5maXRuZXNza2VlcGVyLnJ1bmtlZXBlci5wcm8iXQ.

[3] 구글 내 운동기록
https://play.google.com/store/apps/details?id=com.google.android.maps.mytracks&feature=nav_result#?t=W251bGwsMSwxLDMsImNvbS5nb29nbGUuYW5kcm9pZC5tYXBzLm15dHJhY2tzIl0.

[4] 오리온 햄프로
http://www.ehampro.co.kr/dir/home/20120824OGg9vrckLx/home.php?go=main

[5] Naver Blog 2012. 11. 14
http://blog.naver.com/bogykim?Redirect=Log&logNo=100171588248

[6] Pace Calculator 2004. 11. 05
http://www.runnersworld.co.uk/general/rws-training-pace-calculator/1676.html

CHAPTER 08

독거노인들을 위한 위험 감지 / 알림 시스템

최근 우리나라에서는 독거노인들의 많은 사고와 사건들이 일어나고 있다. 이를 해결하기 위해 스마트 장비들이 보편화됨에 따라서 애플리케이션을 이용하여 이 문제를 해결하고자 한다. 많은 위험에 노출되어 있는 독거노인들의 안전을 위해 위험 감지 시 여러 기관과 저장된 번호로 알림을 보내주는 애플리케이션을 개발한다. 이를 위해 안드로이드의 다양한 센서 및 구글 API를 사용하고, 동사무소와 같은 공공기관에서도 PC를 사용하여 독거노인들의 상태를 알 수 있도록 서버를 구현한다.

1 서론

1.1 연구배경

독거노인들의 사망사고가 끊이질 않는 반면, 이에 대한 관심과 대처가 매우 미흡한 상태이다. 이러한 현실을 부분적으로나마 해결하고자 독거노인들의 위험을 감지하고 여러 기관과 사람들에게 알림을 보내주는 애플리케이션을 개발한다.

물론 현재 원터치 비상연락모듈, 낙상폰 등이 나와 있지만 수동형 작동으로 인해 정신을 잃은 경우 아무 효과를 기대할 수 없으며 혹은 새로운 기기를 구입해야 하는 상황이다. 이러한 문제점을 별도의 기기를 제공하여 해결하는 대신 스마트폰 애플리케이션을 사용하여 다수의 독거노인들을 돕고자 한다. 뿐만 아니라, 독거노인들을 관리하는 동사무소와 같은 여러 기관에서 PC를 사용하여 독거노인들의 상태를 알 수 있도록 돕기 위해 서버를 개발한다. 이러한 문제점을 요약하면 다음과 같다.

- 개인 및 가정
  문제점 : 사고 발생시 가까운 주변에 도움을 처할 수 없는 점, 사고 발생 후 제3자가 인지하기까지 상당한 시간이 소비되는 점

- 기관
  문제점 : 수많은 독거노인들을 매일 개인마다 관리할 수 없는 점, 사고 발생 즉시 인지할 수 없는 점

이번 연구의 목표는 병원에서 별도의 기기를 사용하는 대신 안드로이드의 다양한 센서를 사용하여 독거노인들의 위험을 감지하고 알리는 것이다. 먼저 독거노인들이 처할 수 있는 다양한 위험 상황을 가정하고, 감지 및 알려주는 기능을 프로젝트의 목적으로 한다.

1.2 연구목표

현재 비상연락에 사용되는 기기들은 다양하고 긴박한 상황에서 빠른 연락을 취하기 위한 수단이다. 하지만 환자가 정신을 잃어 간단한 조작마저 불가능한 경우 동작하지 않는 것이 가장 큰 문제이다.

우리는 이러한 문제점을 스마트폰에서 활용 가능한 기술들을 이용하여 해결하고자 한다. 대중화된 스마트폰은 이미 다양한 센서를 보유하고 있으므로 이를 적극 활용하여 개발할 것이다. 스마트폰 애플리케이션과 PC에서 수행되는 프로그램을 개발하여 시스템을 제작한다.

먼저 독거노인이 처할 수 있는 다양한 위험 상황을 가정하고, 안드로이드가 제공하는 센서와 구글 API를 사용하여 이러한 위험 상황을 감지하고 주변에 알리는 방법을 사용한다.

또한 독거노인들을 관리하는 동사무소 등의 여러 기관에서 사용할 수 있는 프로그램을 개발하여 스마트폰을 통해 위험을 감지하고 알림 발생시 이를 수신하고, 기관 담당자에게 알려줄 수 있는 기능을 구현한다.

즉, 1차적으로 위기 상황 시 비상 연락을 해주는 어플을 만들며 추가적으로 이러한 상황에 처할 수 있는 여러 독거노인들을 통합적으로 모니터링할 수 있는 서버 프로그램을 만들도록 한다.

2 관련연구

2.1 제품의 문제점

기존 제품은 원터치 비상연락 모듈, 낙상감지 기기, 각종 신체신호(맥박, 심박수 측정 등)을 측정해 연락한다.

(a) 원터치 비상연락 모듈의 경우 정신을 잃었을 때 아무런 효과도 없다. 즉 비상상황이 발생하여 사용자가 버튼 조작을 할 수 없다면 정상적인 동작을 수행할 수 없다.

(b) 현재 존재하는 낙상감지 및 신체신호를 측정하여 비상시 연락해주는 제품들은 비상연락을 취하지만 사회적 복지 차원에서 이러한 기기들을 적극 활용하여 통합 관리하기에는 시스템이 갖춰지지 않았다.

(c) 낙상폰 및 의료기구들은 상대적으로 고가의 별도 구입비용을 요구한다.

(d) 별도의 기기를 항상 몸에 지니거나 착용하고 다녀야 한다.

2.2 해결 방안

- (a)의 경우 스마트폰의 센서를 활용하여 위험 상황을 기기가 자동적으로 감지하여 응급신호를 보내주는 방향으로 해결한다.
- (b)의 경우 각종 센서에서 산출된 값들을 의미 있는 값으로 변경하여(말하자면 추락할 때의 가속도 변화를 감지, 잠을 잘 시간이 아닌데 장시간 움직임 없음 등) 서버 시스템에 전송하고 서버 측에선 메시지를 수신하고 여러 명의 정보를 통합적으로 모니터링할 수 있는 시스템을 구현함으로써 해결한다.
- (c), (d)의 경우 이미 대중화된 스마트폰을 사용함으로써 해결한다.

3 프로젝트 내용

3.1 시나리오

3.1.1 애플리케이션의 사용자가 비상상황에 처한다.

- 고혈압, 빈혈, 미끄러짐 등의 낙상
- 평소 움직여야 할 시간대에 장시간 동안 움직임이 없는 상황

3.1.2 센서값을 통하여 이를 감지한 후 정확한 감지 결과인지 확인한다.

- 스마트폰의 센서값만으로는 이러한 감지가 정확한 감지인지, 혹은 잘못된 감지(스마트폰을 떨어트린 경우, 미끄러져 낙상을 당했지만 위기 상황은 아닌 경우, 스마트폰을 단순히 장시간 제자리에 둔 것인 경우 등)인지를 확인할 방법이 없다.
- 이러한 잘못된 감지를 최대한 걸러내기 위해 낙상을 감지한 이후 일정 시간 동안 움직임(휴대폰을 떨어뜨린 후 다시 주움, 넘어진 후 다시 일어남)을 확인하여 움직임이 있을 시 취소한다. 이후 일정 시간동안 움직임이 없을 경우 경고음을 발생시켜 사용자가 직접 취소할 수 있도록 한다.

3.1.3 비상연락망과 서버 시스템으로 비상상황임을 알리고 위치를 전송한다.

- GPS를 활용해 현재 위치를 확인한다.
- SMS 통신을 사용해 비상연락망으로 비상상황임을 알리고 GPS 정보를 송신한다.
- 소켓 통신을 사용해 서버 시스템에 접속하여 비상상황임을 알리고 GPS 정보를 송신한다.

3.1.4 서버 시스템엔 여러 사용자가 등록되어 있어 이러한 사용자들의 메시지를 받아 통합적으로 모니터링을 할 수 있도록 한다.

3.2 요구사항

3.2.1 Client Application에 대한 요구사항

- Android 기반의 Application
- 안드로이드 라이브러리를 사용한 스마트폰으로 각종 센서값 확인
- 안드로이드 라이브러리를 사용한 SMS 메시지 전송
- Socket을 활용한 통신
- 가속도 센서, 중력 센서, 자이로스코프를 사용하여 사용자의 각종 위기 상황 감지

- SMS 메시지와 소켓통신을 이용한 위기상황 및 GPS 정보 송신
- 애플리케이션의 구조는 크게 인터페이스를 담당하는 Activity와 백그라운드에서 센서 감지 및 연락 등과 같은 행동을 하는 Service로 나뉜다.
- 애플리케이션의 구조는 크게 인터페이스를 담당하는 Activity와 백그라운드에서 센서 감지 및 연락 등과 같은 행동을 하는 Service로 나뉜다.
- 인터페이스

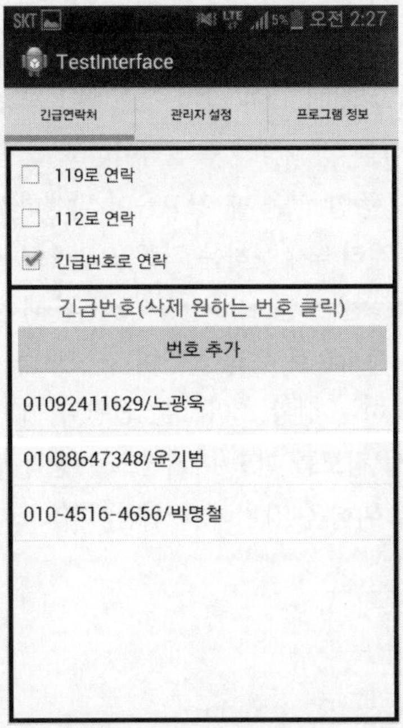

[그림 1] 클라이언트 애플리케이션 인터페이스

대략적인 인터페이스는 [그림 1]과 같다.

Activity는 애플리케이션의 각종 설정을 위한 부분이다. 사용자가 설정할 부분과 관리자가 설정할 부분으로 나뉜다. 사용자가 설정할 부분에는 비상시 연락할 연락처를 선택(119, 112 등)하는 기능과 비상연락망을 직접 등록하는 기능, 사용자 정보(서버에서 누구인지 판별하기 위한 등록번호 혹은 주민번호와 같은 정보)를 설정한다. 관리자가 설정할 부분은 서버의 IP 주소, 낙상 감지 민감도, 움직임 감지 민감도, 낙상 감지 후 연락할 때까지의 시간, 특정시간 동안 움직임 감지, 움직임이 없는 시간 설정 등이 있으며 이중 상당 부분은 제품 완성 시 고정 값으로 들어가야 할 부분이지만 일단 직접 설정할 수 있게 하여 적정 값을 찾을 수 있고 테스트하기 쉽게 한다. 이러한 설정값과 비상연락처는 안드로이드 Preferences와 SQLite를 이용하여 저장한다.

- 백그라운드

Service는 애플리케이션의 실질적인 모든 기능이 들어가는 부분이다. 기본적으로 인터페이스가 작동하지 않을 때에도 백그라운드에서 지속적으로 돌아갈 수 있도록 하며 안드로이드 Preferences와 SQLite를 이용하여 인터페이스 부분에서 설정된 값들을 읽어와 수행하도록 한다.

기본적인 기능은 센서값을 지속적으로 읽어와 분석하는 것이며, 이러한 분석 중 미리 설정된 시나리오에 부합되는 위기상황을 감지하게 되면 기본적으로 수행되지 않는 특정 시간의 딜레이를 주고 그 후부터 움직임이 생기면 비상연락을 취소한다(이러한 이유는 낙하 감지의 특성에 있다. 낙하가 시작할 때 낙하 감지 시스템이 작동하게 되는데 아직 낙하 중인 움직임을 감지하여 이 움직임을 정상적인 움직임이라고 오판하는 것을 방지하기 위함이다). 움직임이 다시 특정 시간 동안 없을 때 경고음이 발생하기 시작한다(이는 앞의 움직임 감지로 취소하는 방법으로도 걸러지지 못하는 각종 오판으로 인한 비상연락을 방지하기 위함이다). 또 다시 특정 시간 동안 사용자의 반응이 없을 때 비상연락을 취하기 시작한다.

비상상황이 아닐 때에도 지속적으로 특정 시간마다 정보를 서버 시스템에 보내게 되는데 이는 비상상황을 전송하지 못하는 상황(스마트폰 전원이 꺼져 있거나, 스마트폰이 파손된 상황)에 서버 시스템에서 직접 정보를 판단(마지막으로 연락 받은 후 장시간 연락 없음 등)하여 서버시스템 자체적으로 위험을 감지하기 위함이다.

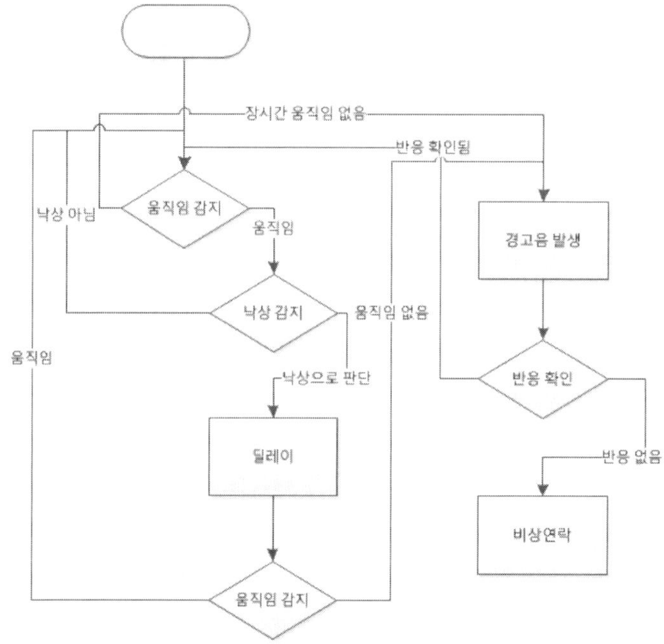

[그림 2] 비상연락 판단 시나리오

서비스의 핵심 기능인 비상연락 알고리즘을 대략적으로 정리하면 [그림 2]와 같다.

이는 현재까지 생각한 위기상황 판단 시나리오와 위기상황 오판 시나리오에 따른 방법으로 추후 시나리오를 추가적으로 생각하여 추가하도록 한다.

위의 각 모듈에 대한 상세는 다음과 같다.

- 움직임 감지

 움직임 감지는 가속도 센서, 중력센서를 사용하며, 먼저 직선방향의 가속도 값을 계산(root(x^2 + y^2 + z^2)하여 이 값이 미리 실험된 특정 값을 넘어가면 움직이는 상태인 것으로 판단하게 된다. 이외에 아주 특수하지만 제자리에서 천천히 핸드폰을 움직이는 경우 등을 위해 중력 센서, 자이로스코프 값을 통해 핸드폰 각도 변화 값을 통해 움직임을 판단하도록 한다.

- 딜레이

 딜레이는 단순히 서비스가 미리 설정된 특정 시간 동안 아무 행동도 취하지 않는 작동이다. 이러한 딜레이를 주는 이유는 스마트폰이 아직 낙하 중인 경우, 혹은 낙상 후 잠시 동안의 움직임(굴러 떨어지는 중 등)으로 인해 오판하여 비상연락을 취소하지 않기 위함이다.

- 낙상 감지

 낙상 감지는 기본적으로 움직임 감지와 같이 가속도 값의 변화를 측정하며 이 변화의 양이 미리 실험된 특정 값(움직임보다 큰 값)을 넘어가게 되면 낙상으로 판단하도록 한다.

- 경고음 발생

 경고음 발생을 하는 이유는 크게 두 가지로 나눈다. 첫째는 사용자에게 직접 비상연락을 취소할 수 있도록 곧 비상연락을 취할 것임을 알리는 이유이고, 둘째는 사용자를 볼 순 없지만 사용자의 스마트폰 경고음 소리를 들을 수 있는 사람들에게 비상상황을 알리기 위함이다.

- 반응 확인

 움직임 감지를 통해 비상연락을 취소하는 부분은 작동하지 않도록 한다(휴대폰이 진동하여 가속도 변화 값을 가질 때에 움직임을 감지하여 취소되지 않게 하기 위함이다). 별도의 Activity를 스마트폰에 띄워 버튼 클릭, 혹은 슬라이드 등의 행동을 통해 사용자가 직접 취소할 수 있도록 한다.

- 비상 연락

 비상연락은 먼저 소켓통신을 통하여 서버 측에 통보하며 이후 sms 메시지를 통해 사용자가 비상연락처를 저장했던 사람들과 기관에 연락하도록 한다. 연락하는 내용에는 비상 상황임을 알리는 메시지와 GPS 정보가 포함된다. 마지막 오판인지 아닌지 판단하기 위해 보내는 메시지에는 수신자에게 이 메시지가 애플리케이션에 의해 자동적으로 작동되는 것이므로 행동을 취하기 전에 먼저 송신자에게 전화를 해볼 것을 권유하도록 한다.

3.2.2 Server Program 에 대한 요구사항

- MFC를 이용한 윈도우 프로그래밍
- DataBase(MySQL)을 사용한 사용자 정보 관리
- CSocket을 이용한 소켓통신
- 클라이언트 위기 상황시 GPS 정보 등을 받아와 알림
- 특정 시간마다 정보를 수신 받아 로그 기록
- 정보를 분석하여 스마트폰에서 연락할 수 없는 상황의 위기상황(배터리가 꺼진 경우 등)을 분석하여 알림
- 서버 프로그램은 MFC로 작성되며 크게 사용자 정보를 관리하는 부분과 클라이언트의 메시지를 관리하는 부분으로 나뉜다.
- 사용자 정보 관리

  사용자 정보 관리에는 사용자의 각종 정보를 MySQL을 통해 저장하여 관리하게 되며 사용자 식별번호, 이름, 주민번호, 나이, 주소, 보호자, 보호자 번호, 보호자 주소 등의 정보가 들어가며 사용자를 등록, 삭제, 분류를 쉽게 할 수 있도록 한다.
- 클라이언트 메시지 관리

  메시지 관리 또한 MySQL을 통해 저장, 관리되며 여러 클라이언트로부터 받은 다양한 정보를 로그 형식으로 저장하도록 한다. 포함되는 정보에는 사용자 식별번호, 메시지 타입, GPS 정보, 수신 시간 등이 존재하며 메시지 수신 시 기본적으로 DB에 저장하고 이 메시지가 위기 상황 메시지일 경우 프로그램 관리자에게 알리도록 한다. 추가로 서버 프로그램상에서 이전의 메시지들을 분석하여 클라이언트에서 송신하지 못하는 위기상황(휴대폰이 꺼진 상태로 장시간 있는 경우 등)을 판단하여 서버 프로그램 관리자에게 보여주도록 한다.
- DataBase
  - MySQL을 기반으로 한다.
  - Information Table

User ID	Name	Age	Resident Num	Address	Phone Num

• Record Table

Record ID	Message Type	User ID	Date	Location

• Family Table

Data ID	User ID	Family Name	Family PNum	Family Address

• Table 관계도

• Information과 Record(1:N)

한 사람의 Information에 Record가 여러 개 존재할 수 있다.

• Information과 Family(1:N)

한 사람의 Information에 연락 가능한 Family가 여러 명 존재한다.

3.2.3 Client-Server Communication에 대한 요구사항

- 클라이언트, 서버간 통신은 소켓통신(TCP)을 사용하도록 한다. 기본적으로 메시지를 보낼 때에만 서버에 접속하여 메시지를 보낸 후 다시 받아야 할 정보가 있을 때 정보를 받은 후 접속을 끊는다. 연결을 계속 유지하지 않는 이유는 스마트폰 소켓 통신의 특성 때문이다. 스마트폰의 경우에는 고정 아이피를 계속 유지하는 것이 아니라 하루에도 수십 번씩 주소가 바뀐다(3G망→wifi, wifi→3g망으로 가는 경우, 3g망에서 다른 3g망으로 가는 경우, wifi에서 다른 wifi망으로 가는 경우 등). 이러한 문제를 해결하기 위해서 애플리케이션과 서버에서 별도 처리를 해주어야 하는데 오버헤드 발생과 휴대폰 백그라운드에서 계속 돌아가야 하는 애플리케이션 특성상 배터리 소모를 가속화할 수 있다. 또한 이러한 일시적인 접속에 UDP를 사용하지 않고 TCP를 사용하는 이유도 같은 맥락이다. UDP의 경우 자료손실이 있을 때 애플리케이션 자체적으로 이를 감지하여 보완해주는 기능을 포함해야 하는데 애플리케이션에서 관리할 때 애플리케이션의 오버헤드가 늘어나 백그라운드에서 계속 돌아가는 특성으로 인해 배터리 소모를 가속화할 수 있어 애플리케이션의 부담감을 최소화하기 위함이다.
- 클라이언트가 서버에 보내주는 정보는 다음과 같다.

UserId	MsgType	GPS infomationl

• UserId

메시지 송신자를 식별하기 위한 정보이다.

• MsgType

메시지의 종류를 판단하기 위한 정보이다. 메시지를 보낼 때 위험신호인지, 낙상 메시지인지, 혹은 장시간 움직임이 없어 보낸 메시지인지 등의 정보를 포함한다. 낙상, 움직임 없음, 주기적 송신 메시지, 혹은 단순 접속 확인 등이 있을 수 있다.

- GPS 정보

  사용자의 위치를 판단하기 위한 자료이다. GPS 센서 값을 포함하여 보내며 이에 대한 분석은 서버 측에서 수행하도록 한다.

3.3 시스템 설계

3.3.1 UML Diagram을 통한 시스템 모델링

3.3.1.1 Use Case Diagram

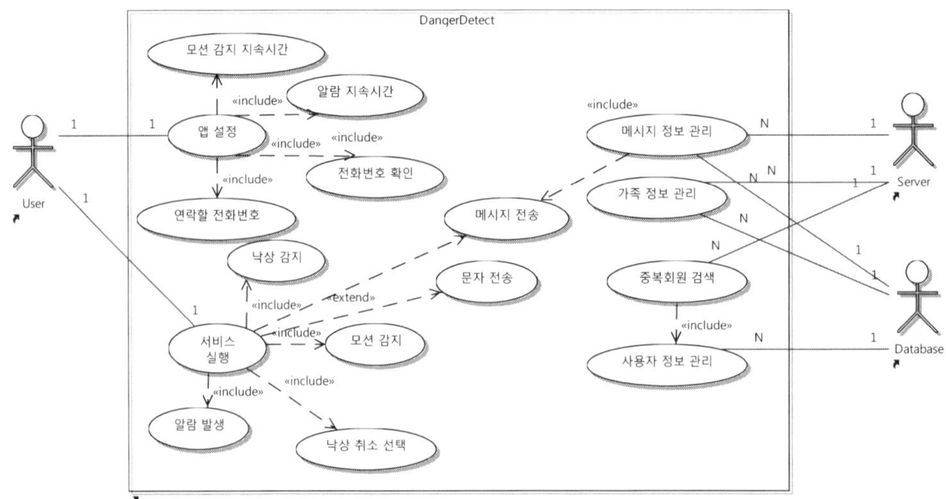

[그림 3] ERP Navigation System에 관한 세부 명세

- 사용자는 앱을 실행할 수 있으며, 앱 동작에 필요한 데이터들을 설정해야 한다. 설정하는 데이터에는 모션 감지, 알람 지속시간과 같은 수행시간을 설정하는 부분, 자신의 전화번호가 맞는지 확인하는 부분, 낙상 위험 발생시 연락할 전화번호 부분 등이 있다.

  사용자는 데이터 설정을 마친 후, 서비스를 받을 수 있다. 낙상 감지 서비스는 가속 센서를 사용한 낙상 감지, 모션 센서를 사용한 모션 감지, 낙상을 취소할 수 있는 버튼 액티비티, 설정된 알람을 발생시켜 사용자의 의식을 확인하는 서비스가 있다. 모든 서비스를 제공한 후 마지막으로 스마트폰에 저장된 전화번호로 문자 전송, 서비스 시스템에 메시지를 전송하게 된다.

  서버는 메시지 정보, 가족 정보, 사용자 정보를 MySQL을 통해 관리하며, 사용자 정보를 통해 중복회원 여부를 판단할 수 있다. 낙상 발생 후 수신된 메시지를 통해 사용자의 연락을 열람할 수 있고, 자동으로 처리되는 문자 서비스 이외에도 수동적인 조치가 추가로 가능하다.

3.3.1.2 Class Diagram

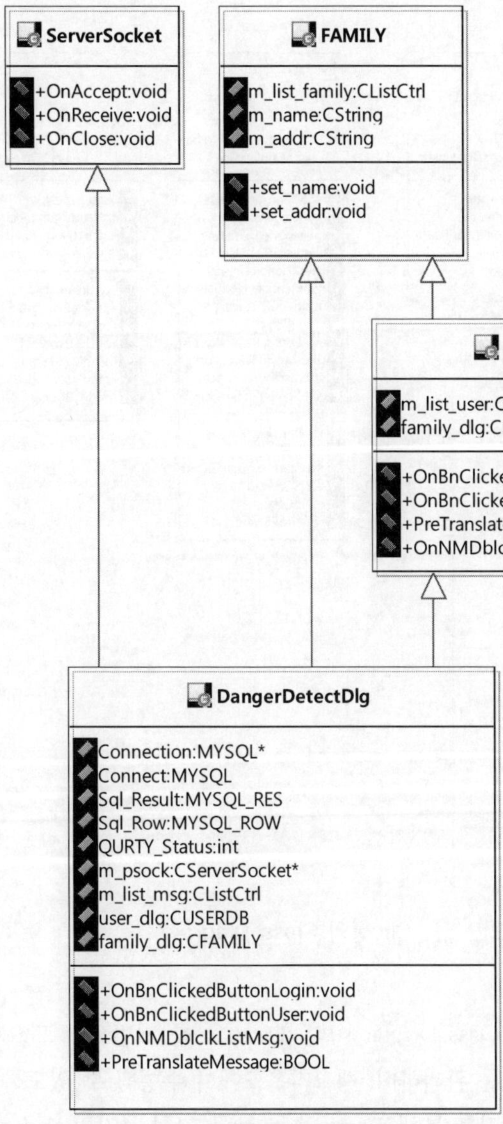

[그림 4] 서버의 Class Diagram

대략적인 서버 시스템의 Class Diagram이다. Socket과 Database를 기반으로 필요한 Attribute를 설계하였고, MySQL의 정보를 볼 수 있는 CListCtrl들과 Operator를 설계하였다. 테스트 단계에 들어가면 필요에 의해 Attribute와 Operater를 확장할 예정이다.

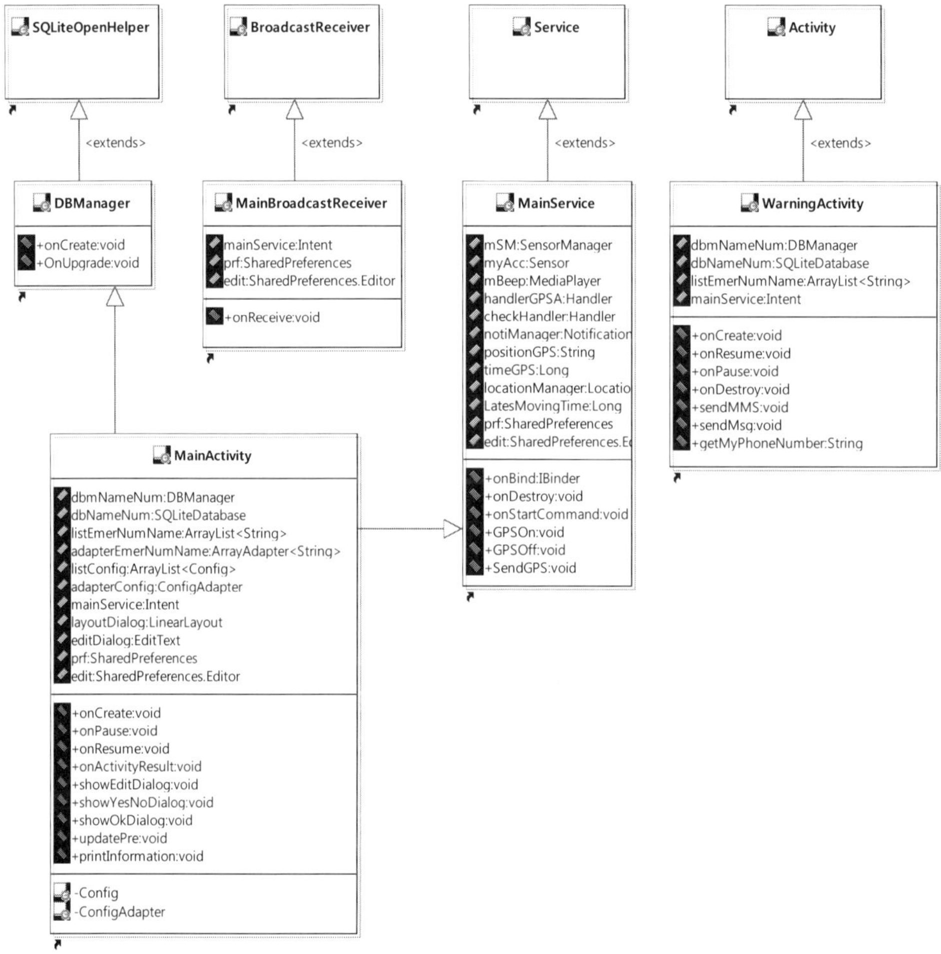

[그림 5] Client의 Class Diagram

- 대략적인 Client 시스템의 Class Diagram이다. Database를 기반으로 필요한 Attribute를 설계하였고, SQLite의 정보를 관리하며, 백그라운드에서 수행될 수 있도록 Service를 extends하였다. 낙상 위험 감지를 통해 WarningActivity를 거쳐 문자와 Socket 메시지를 전송할 수 있도록 하였다. 테스트 단계에 들어가면 필요에 의해 Attribute와 Operater를 확장할 예정이다.

3.3.1.3 Activity Diagram

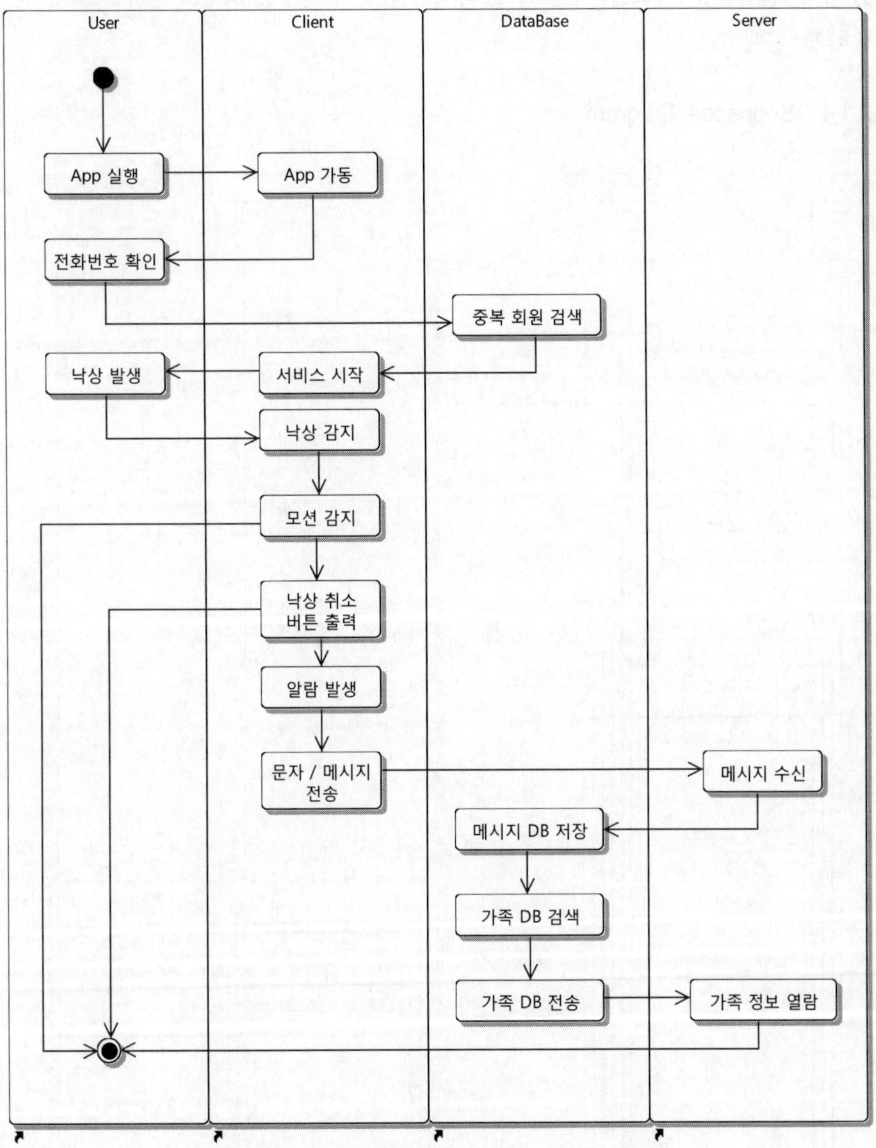

[그림 6] 전체 System에 대한 Activity Diagram

- 아직 테스트 단계이기 때문에 생각한 알고리즘에서 일어나는 활동을 기반으로 Activity Diagram을 설계하였다. 현 설계에서는 User, Client, DataBase, Server 이렇게 네 개의 Activity와 이 네 개의 Activity에서 일어나는 Action을 표현하였으며, 각 Action은 알고리즘의 순서대로 순차적으로 보여주고 있어 이해하기 쉽다. User는 Client Application을

가지고 있으며, 사용자가 원하는 서비스를 실행하고, Client는 다양한 안드로이드 센서를 통해 원하는 서비스를 제공하게 되며, Server의 경우는 MySQL에서 정보를 받아 열람하게 된다.

3.3.1.4 Sequence Diagram

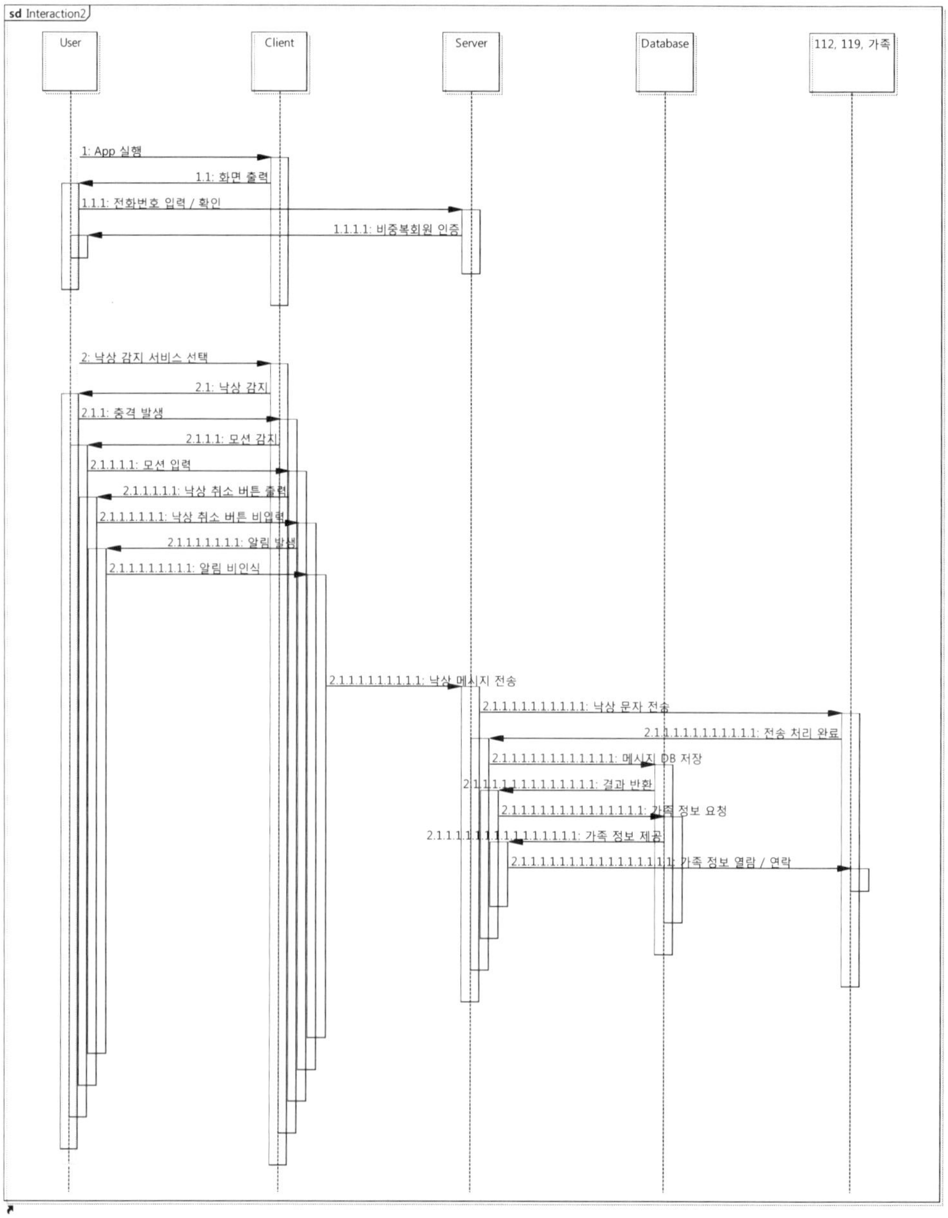

[그림 7] 전체 System에 대한 Activity Diagram

- 아직 테스트 단계이기 때문에 생각한 알고리즘에서 일어나는 Event들을 기반으로 Sequence Diagram을 작성하였다. Client는 User에게 화면을 보여주며, 전화번호 인증을 하게 된다. 이후, 안드로이드의 가속 센서를 사용하여 낙상을 감지하고, 낙상이 감지되면 모션 센서를 통한 감지를 시작한다. 모션 센서를 통해 움직임이 있다면 다시 낙상 감지 단계로 돌아가게 되지만, 움직임이 없을 때는 세 번째 단계인 낙상 취소 버튼 액티비티를 보여주게 된다. 이 단계에서 사용자의 입력이 발생하면 다시 낙상 감지 단계로 돌아가지만, 사용자의 입력이 없다면 마지막 단계인 알림 발생 단계로 들어가게 된다. 이 단계는 사용자의 스마트폰으로 큰 소리의 알람을 발생시켜 사용자가 의식이 있는지 확인하는 단계이다. 사용자가 알람에 반응하여 낙상 취소를 입력하게 되면, 주변 기관과 지인들에게 문자와 소켓 메시지를 전송하지 않지만, 반응을 하지 않는다면 서버와 지인들에게 메시지를 전송하게 된다. 서버는 메시지를 수신하면 MySQL의 메시지 테이블에 저장, 관리하게 되고, 해당 사용자의 가족 정보를 통해 수동적인 연락과 조치를 취할 수 있다.

3.3.1.5 Event Table

각 사용자(방문객, 직원, 하위 관리자, 실무 경영자, 전산 담당자)에 따라 발생할 수 있는 모든 이벤트를 표기하였으며, 각 직급 및 보안 레벨에 따라 발생할 수 있는 상황을 모두 정의하였다.

ERP Navigating System Event Table					
Event	Trigger	Source	Use Case	Response	Dest
방문객이 사내 정보 요청	사내 정보 확인	방문객	사내 정보 탐색	사내 정보 선택 메뉴	방문객
방문객이 사용자 정보 요청 (자신의 정보 or 대리인 정보)	사용자 정보 확인	방문객	사용자 정보 탐색	사용자 정보 내용	방문객
방문객이 회사 정보 요청	회사 정보 확인	방문객	회사 정보 탐색	회사 정보 내용	방문객
방문객이 지도 메뉴 선택 요청	지도 확인	방문객	지도 종류 탐색	지도 종류(In/outdoor)	방문객
방문객이 외부 지도 요청	지도 확인	방문객	외부 지도 확인	외부 지도(구글맵) 확인	방문객
방문객이 외부에서 자신의 위치 확인 요청	위치 확인	방문객	현재 위치 확인	현재 위치를 지도상에서 확인	방문객
방문객이 외부에서 목적지까지 경로 요청	경로 확인	방문객	목적지 경로 확인	목적지까지의 경로를 지도상에서 확인	방문객
방문객이 내부 지도 요청	지도 확인	방문객	내부 지도 확인	내부 지도(건물 구획도) 확인 사용자 보안 Lv 확인	방문객 서버
방문객이 내부에서 자신의 위치 확인 요청	위치 확인	방문객	현재 위치 확인	현재 위치를 내부에서 확인 현재 위치 전송	방문객 서버

ERP Navigating System Event Table					
Event	**Trigger**	**Source**	**Use Case**	**Response**	**Dest**
방문객이 내부에서 목적지까지 경로 요청	경로 확인	방문객	목적지 경로 확인	내부 목적지까지의 경로를 지도상에서 확인 현재 위치 전송 사용자 보안 Lv 확인	방문객 서버
직원이 사내 정보 요청	사내 정보 확인	직원	사내 정보 탐색	사내 정보 선택 메뉴	직원
직원이 사용자 정보 요청 (자신의 정보 or 대리인 정보)	사용자 정보 확인	직원	사용자 정보 탐색	사용자 정보 내용	직원
직원이 회사 정보 요청	회사 정보 확인	직원	회사 정보 탐색	회사 정보 내용	직원
직원이 지도 메뉴 선택 요청	지도 확인	직원	지도 종류 탐색	지도 종류(In/outdoor)	직원
직원이 외부 지도 요청	지도 확인	직원	외부 지도 확인	외부 지도(구글맵) 확인	직원
직원이 외부에서 자신의 위치 확인 요청	위치 확인	직원	현재 위치 확인	현재 위치를 지도상에서 확인	직원
직원이 외부에서 목적지까지 경로 요청	경로 확인	직원	목적지 경로 확인	목적지까지의 경로를 지도상에서 확인	직원
직원이 내부 지도 요청	지도 확인	직원	내부 지도 확인	내부 지도(건물 구획도) 확인 사용자 보안 Lv 확인	직원 서버
직원이 내부에서 자신의 위치 확인 요청	위치 확인	직원	현재 위치 확인	현재 위치를 내부에서 확인 현재 위치 전송	직원 서버
직원이 내부에서 목적지까지 경로 요청	경로 확인	직원	목적지 경로 확인	내부 목적지까지의 경로를 지도상에서 확인 현재 위치 전송 사용자 보안 Lv 확인	직원
직원이 보안 지역에서 Seculock을 실행	인증 요청	직원	Seculock의 실행	Seculock의 세부 메뉴 확인 및 인증 실행 정보 Log 전송 게이트 정보 습득	직원 서버
직원이 Seculock 설정 확인	설정 변경	직원	Seculock 설정 변경	Seculock의 설정 변경 (화면, 시간 등 UI)	직원
직원이 프로그램 버전 확인	설정 확인	직원	프로그램 버전 확인	프로그램 버전 확인	직원
하위 관리자가 사내 정보 요청	사내 정보 확인	하위 관리자	사내 정보 탐색	사내 정보 선택 메뉴	하위 관리자
하위 관리자가 사용자 정보 요청 (자신의 정보 or 대리인 정보)	사용자 정보 확인	하위 관리자	사용자 정보 탐색	사용자 정보 내용	하위 관리자
하위 관리자가 회사 정보 요청	회사 정보 확인	하위 관리자	회사 정보 탐색	회사 정보 내용	하위 관리자
하위 관리자가 지도 메뉴 선택 요청	지도 확인	하위 관리자	지도 종류 탐색	지도 종류(In/outdoor)	하위 관리자
하위 관리자가 내부 지도 요청	지도 확인	하위 관리자	내부 지도 확인	내부 지도(건물 구획도) 확인 사용자 보안 Lv 확인	하위 관리자 서버

ERP Navigating System Event Table					
Event	Trigger	Source	Use Case	Response	Dest
하위 관리자가 내부에서 자신의 위치 확인 요청	위치 확인	하위 관리자	현재 위치 확인	현재 위치를 내부에서 확인 현재 위치 전송	하위 관리자 서버
하위 관리자가 내부에서 목적지까지 경로 요청	경로 확인	하위 관리자	목적지 경로 확인	내부 목적지까지의 경로를 지도상에서 확인 현재 위치 전송 사용자 보안 Lv 확인	하위 관리자 서버
하위 관리자가 보안 지역에서 Seculock을 실행	인증 요청	하위 관리자	Seculock의 실행	Seculock의 세부 메뉴 확인 및 인증 실행 정보 Log 전송 게이트 정보 습득	하위 관리자 서버
하위 관리자가 Seculock 설정 확인	설정 변경	하위 관리자	Seculock 설정 변경	Seculock의 설정 변경 (화면, 시간 등 UI)	하위 관리자
하위 관리자가 프로그램 버전 확인	설정 확인	하위 관리자	프로그램 버전 확인	프로그램 버전 확인	하위 관리자
하위 관리자가 프로그램 정보 초기화(기기 정보 초기화)	설정 변경	하위 관리자	프로그램 정보 초기화	기존 사용자의 프로그램 정보를 모두 삭제 초기화 로그 전송	하위 관리자 서버
하위 관리자가 서버에 로그인	로그인	하위 관리자	로그인	사용자 로그인 정보 확인 로그인 로그 저장	서버
하위 관리자가 보안키 입력	보안키 설정	하위 관리자 Device 서버	보안키 설정 입력	보안키 입력 확인 보안키를 서버로부터 입력 보안키 로그 저장	하위 관리자 Device 서버
하위 관리자가 보안키 저장/출력	보안키 설정	Device	보안키 설정 저장	보안키를 Device로부터 출력	Device
실무 경영자가 사내정보 요청	사내 정보 확인	실무 경영자	사내 정보 탐색	사내 정보 선택 메뉴	실무 경영자
실무 경영자가 회사 정보 요청	회사 정보 확인	실무 경영자	회사 정보 탐색	회사 정보 내용	실무 경영자
실무 경영자가 지도 메뉴 선택 요청	지도 확인	실무 경영자	지도 종류 탐색	지도 종류(In/outdoor)	실무 경영자
실무 경영자가 외부 지도 요청	지도 확인	실무 경영자	외부 지도 확인	외부 지도(구글맵) 확인	실무 경영자
실무 경영자가 외부에서 자신의 위치 확인 요청	위치 확인	실무 경영자	현재 위치 확인	현재 위치를 지도상에서 확인	실무 경영자
실무 경영자가 외부에서 목적지까지 경로 요청	경로 확인	실무 경영자	목적지 경로 확인	목적지까지의 경로를 지도상에서 확인	실무 경영자
실무 경영자가 내부 지도 요청	지도 확인	실무 경영자	내부 지도 확인	내부 지도(건물 구획도) 확인 사용자 보안 Lv 확인	실무 경영자 서버
실무 경영자가 내부에서 자신의 위치 확인 요청	위치 확인	실무 경영자	현재 위치 확인	현재 위치를 내부에서 확인 현재 위치 전송	실무 경영자 서버

ERP Navigating System Event Table					
Event	**Trigger**	**Source**	**Use Case**	**Response**	**Dest**
실무 경영자가 내부에서 목적지까지 경로 요청	경로 확인	실무 경영자	목적지 경로 확인	내부 목적지까지의 경로를 지도상에서 확인 현재 위치 전송 사용자 보안 Lv 확인	실무 경영자 서버
실무 경영자가 보안 지역에서 Seculock을 실행	인증 요청	실무 경영자	Seculock의 실행	Seculock의 세부 메뉴 확인 및 인증 실행 정보 Log 전송 게이트 정보 습득	실무 경영자 서버
실무 경영자가 Seculock 설정 확인	설정 변경	실무 경영자	Seculock 설정 변경	Seculock의 설정 변경 (화면, 시간 등 UI)	실무 경영자
실무 경영자가 프로그램 버전 확인	설정 확인	실무 경영자	프로그램 버전 확인	프로그램 버전 확인	실무 경영자
실무 경영자가 프로그램 정보 초기화(기기 정보 초기화)	설정 변경	실무 경영자	프로그램 정보 초기화	기존 사용자의 프로그램 정보를 모두 삭제 초기화 로그 전송	실무 경영자 서버
실무 경영자가 서버에 로그인	로그인	실무 경영자	로그인	사용자 로그인 정보 확인 로그인 로그 저장	서버
실무 경영자가 보안키 입력	보안키 설정	실무 경영자 Device 서버	보안키 설정 입력	보안키 입력 확인 보안키를 서버로부터 입력 보안키 로그 저장	실무 경영자 Device 서버
실무 경영자가 보안키 저장/출력	보안키 설정	Device	보안키 설정 저장	보안키를 Device로부터 출력	Device
전산 담당자가 로그 확인	로그 확인 로그 확인 시점 확인	서버 Device	로그 확인	위치 로그 확인 보안 접속 로그 확인	전산 담당자
전산 담당자가 보안키를 생성 설정	보안키 설정	전산담당자 서버	보안키 생성	보안키 생성 보안키 생성 로그	서버
전산 담당자가 프로그램 정보 초기화(전체 초기화)	설정 변경	전산담당자	설정 변경	프로그램 삭제 및 Dev 초기화 초기화 로그 전송	전산 담당자 Device 서버

3.3.1.6 Entity-Relation Diagram

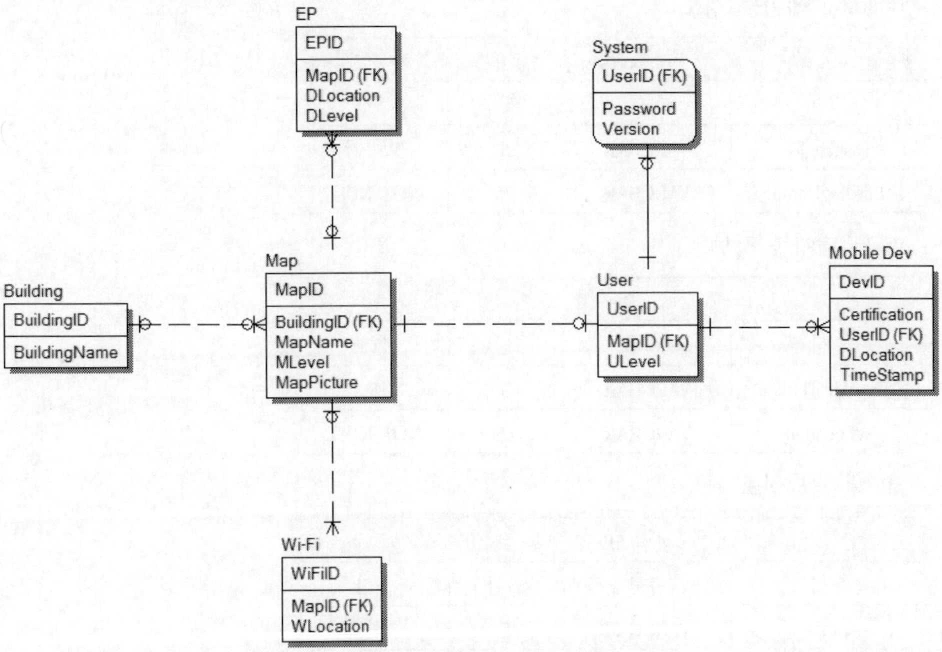

[그림 8] 서버를 중심으로 그린 ER Diagram

➡ Table 관계도

- Map과 Wi-Fi(1:N)

  Map에 Wi-Fi의 위치가 여러 개 위치해 있다.

- Map과 User(1:1)

  User의 위치는 여러 곳에 있을 수 없으며, 유저에게 주어지는 Map도 하나뿐이다. 그리고 User의 Level에 따라 볼 수 있는 Map이 달라지게 된다.

- Map과 door(1:N)

  Map에는 여러 개의 Door가 위치해 있다. 또한 Level에 따라 보여지는 Door의 개수도 달라진다.

- Map과 Building(N:1)

  한 Building 내에 여러 개의 층, 그리고 각 층의 Level에 따라 여러 개의 Map이 있다.

- User와 System(1:1)

  User는 하나의 system을 사용한다.

- User와 Mobile Dev(1:N)

  User는 여러 개의 Mobile Dev을 가질 수 있다.

➡ Table 정보

- Building 테이블 정보

Building			
열명	유형	크기	옵션
BuildingID	VARCHAR	5	기본키
BuildingName	VARCHAR	25	NOT NULL

- Wi-Fi 테이블 정보

Wi-Fi			
열명	유형	크기	옵션
WiFiID	VARCHAR	5	기본키
WLocation	VARCHAR	25	NOT NULL

- EP 테이블 정보

EP			
열명	유형	크기	옵션
EPID	VARCHAR	5	기본키
EPLocation	VARCHAR	25	NOT NULL
EPLevel	NUMBER	3	NOT NULL

- User 테이블 정보

User			
열명	유형	크기	옵션
UserID	VARCHAR	10	기본키
ULevel	NUMBER	3	NOT NULL

- Map 테이블 정보

Map			
열명	유형	크기	옵션
MapID	VARCHAR	5	기본키
Name	VARCHAR	11	NOT NULL
BuildingID	VARCHAR	5	외래키
MLevel	NUMBER	3	NOT NULL
MapPicture	VARCHAR	30	NOT NULL

- Mobile Dev 테이블 정보

Mobile Dev			
DevID	VARCHAR	10	기본키
Certification	VARCHAR	3	NOT NULL
InDLocation	VARCHAR	25	
UserID	VARCHAR	10	외래키
TimeStamp	TimeDate	10	NOT NULL

- System 테이블 정보

System			
UserID	VARCHAR	10	기본키, 외래키
PassWord	VARCHAR	11	NOT NULL
Version	VARCHAR	3	NOT NULL

3.4 구현

클라우드를 통해 소스코드를 제공한다. 경로는 [uCloud]/Chapter.8/Source_code이다.

4 프로젝트 결과

4.1 연구 결과

이번 연구를 진행하면서 가장 고려할 사항은 사람의 수많은 행동 중에서 낙상이라는 특정한 행동을 인식하는 것이다.

4.1.1 3번의 알림 상황을 통한 사용자 이벤트 컨트롤 시스템

스마트폰의 낙상인식은 사용자가 현재 지니고 있는 스마트폰의 과도한 움직임의 변화에 의해 감지가 된다. 사용자가 스마트폰을 가지고 넘어질 수 있는 상황일 경우 스마트폰이 낙상을 감지할 수 있지만 그 외에도 사용자가 스마트폰을 떨어트릴 경우에도 낙상 감지가 실행된다. 이렇게 잘못 인식하는 경우를 대비해서 생각한 것이 3번의 경고음 및 사용자 확인에 걸쳐서 그 상황을 인식하는 것이다. 먼저 스마트폰에서 낙상 감지가 이루어지면 첫 번째 경고음과 함께 비상 상황 확인 버튼이 작동하게 된다. 이 경우에 확인 버튼으로 비상 상황을 종료할 수 있게 된다. 이후에도 3번에 걸쳐 경고음과 함께 비상 상황을 확인하게 되고 마지막 경우까지 확인되지 않은 경우를 비상 상황으로 판단하게 하였다.

[그림 9] 첫 번째 경고에서 확인 [그림 10] 세 번째 경고에서 확인 후 메시지 전송

- 애플리케이션의 사용자의 연령대 및 사용대상의 편의를 고려해 보았다.

4.1.2 전 연령대가 사용하기 편리한 인터페이스

[그림 11] 백그라운드 실행 상태

처음에 고려한 대상자가 연령대가 많은 노인을 대상으로 하였기 때문에 인터페이스 부분에서도 사용하기 쉬워야 한다는 생각으로 애플리케이션을 제작하였다. 위의 [그림 9]와 [그

림 10]과 같이 눈이 어두우신 분들을 위해 글자 크기와 버튼을 크게 작성하였고, 또한 본 애플리케이션은 항상 실행되어 있어야 하지만, 매번 실행하기 어려운 사용자들을 위해 백그라운드(back-ground)로 서비스를 제공한다. 스위치 버튼 한 번으로 [그림 11]과 같이 항상 백그라운드에서 실행되게 하여 언제 어디서든 낙상 상황에 대해서 감지를 할 수 있게 하였다.

- 사용자의 낙상으로 인해 메시지를 받는 사용자의 가족 및 긴급 센터들도 고려하였다.

4.1.3 사용자의 정확한 위치 확인 및 상태 확인

사용자의 낙상을 감지하는 것도 중요하지만 그만큼 중요한 것이 사용자의 낙상을 감지한 후이다. 낙상을 감지하고 메시지가 보내졌을 때 그 사용자의 위치를 확인하는 일도 무엇보다 중요하다. 이를 위해 가족 및 서버 측에 위치 정보를 보낸다. 먼저 [그림 12]는 가족에게 메시지가 온 상태이다. 메시지에는 메시지를 보낸 시간 정보와 GPS 위치가 표시되어 있다. GPS 위치 링크를 선택하면 [그림 13]과 같이 구글맵을 통해 사용자의 현재 위치를 확인 가능하다.

그리고 서버 측에서는 [그림 14] 긴급 상황뿐만 아니라 언제 갑자기 사고가 일어날지 모르기 때문에 정기 보고 기간을 정하여 수시로 받고 혹시나 핸드폰에 연락되지 않아도 마지막으로 보고된 시간으로 위치를 확인할 수 있게 하였다. 또한 사용자 상세정보를 통해 사용자의 정보, 가족사항, 사용자에게 받은 보고 사항을 따라 열람할 수 있다.

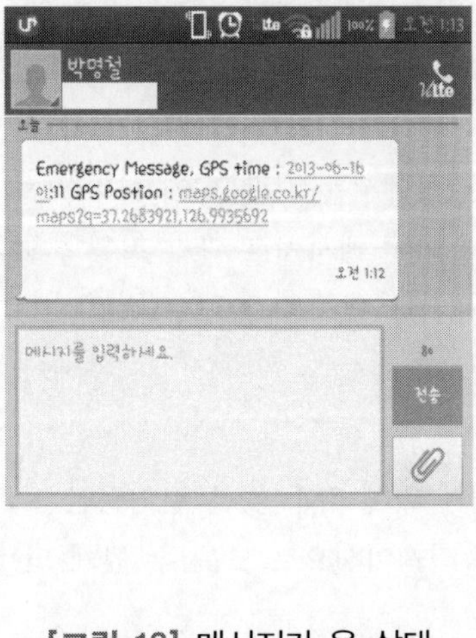

[그림 12] 메시지가 온 상태

[그림 13] 구글맵을 통한 위치 확인 (확대 가능)

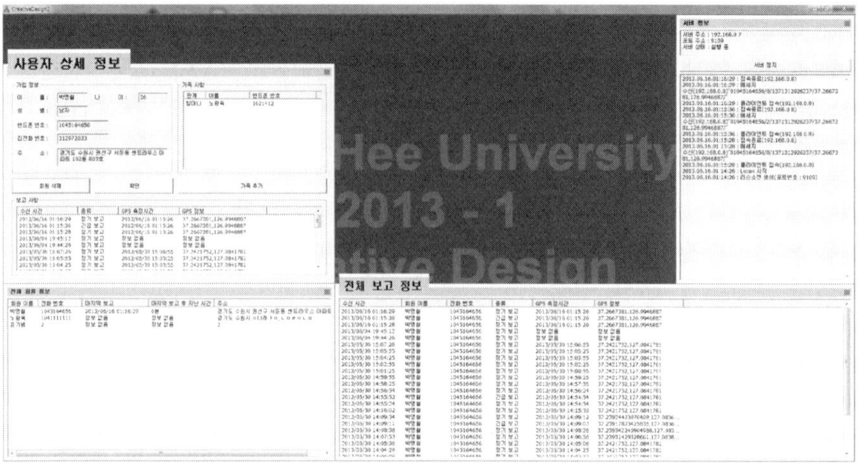

[그림 14] 서버창

5 결론

위험 감지 애플리케이션이 개발되어 많은 스마트폰 유저가 사용하게 된다면, 기존 제품의 위험 감지 기기들을 사용할 때보다 더 안전한 생활을 할 수 있게 된다. 대표적 위험 감지 기기들인 원터치 비상연락 모듈, 낙상감지 기기와 같은 모듈의 경우 사용자의 수동 작동을 요구하지만, 백그라운드에서 위험 감지 애플리케이션이 수행된다면 안드로이드 센서를 사용하여 실시간으로 사용자의 위험을 감지하고, 위험이 감지될 때 주변기관과 가족 등 지인들에게 연락을 취하기 때문이다.

동사무소와 같은 독거노인들을 관리하는 기관의 입장에서는 기관 PC에 서버 프로그램을 설치하고, 스마트폰을 통해 위험이 감지된 경우 전송되는 메시지로 관리 직원들에게 독거노인의 위험 상황과 사고 발생 지점을 알리기 때문에 효율적인 관리가 가능하다. 또한 저장된 전화번호를 통해서도 메시지를 전송하기 때문에 가족과 같은 지인들의 입장에서도 독거노인의 위험 상황을 빠르게 인지하는 것이 가능하다.

아직 독거노인들의 스마트폰 보급화가 젊은 세대에 비해 다소 늦은 편이지만, 스마트폰을 소지하고 사용하는 독거노인들을 위험 감지 애플리케이션으로 도울 수 있게 되는 것이 이번 연구의 기대 효과이다.

참고문헌

[1] 한동호, 안드로이드 4.0
[2] 그렉 밀러, 안드로이드 센서 프로그래밍

CHAPTER 09

행복한 유치원

최근 무상보육정책과 관련하여 어린이집을 이용하는 모든 영유아에게 보육료를 지원한다는 정책이 시행되었다. 정책과 관련하여 어린이집의 수요가 더욱 늘어날 것으로 예측된다. 행복한 유치원은 다양한 플랫폼에서 동작하는 HTML5 기반 웹 애플리케이션을 제작하여 유치원 측과 학부모 측에서 사용할 수 있는 상호 커뮤니케이션의 장소를 구현한다. 유치원 사용자는 학부모에게 유치원에서의 활동내용을 알리고 학부모 사용자는 자녀 활동에 대한 궁금증 해소 및 자녀를 통해 전달받기 힘든 알림을 받을 수 있다.

1 서론

1.1 연구배경

2011년 기준 국내 국공립 어린이집, 민간 어린이집, 가정 어린이집 등을 통틀어 약 4만개의 어린이집이 전국에 있는 것을 확인할 수 있다. 이러한 자료로 유아들을 위한 교육기관의 수가 많다는 것을 알 수 있다. 또한 최근 무상보육정책과 관련하여 어린이집을 이용하는 모든 영·유아에게 보육료를 지원한다는 정책이 시행되었다. 정책과 관련하여 어린이집의 수요가 더욱 늘어날 것으로 예상된다.

어린이집에 가는 아이의 연령대를 생각하면, 자녀를 어린이집 또는 유치원에 맡기는 것을 불안해하는 학부모가 많은 추세이다. 하지만 맞벌이 부부가 늘어나는 시점에서 어쩔 수 없이 자녀를 맡겨야 할 수밖에 없는 상황이 많다. 이러한 불안감을 덜어 주기 위해 고안한 방법이 유치원 측과 학부모 측의 활발한 상호 커뮤니케이션이다. 현재는 유치원 측과 학부모 측과의 커뮤니케이션은 유치원생을 통한 알림장 전달 또는 전화통화 정도가 있다. 이 정도로는 학부모가 자녀의 유치원 생활을 제대로 알 수도 없고 불안감이 해소되지도 않는다.

이번 연구는 이러한 열악한 커뮤니케이션의 문제점의 해결방법을 모색하는 것이다. 웹 애플리케이션을 제작하여 언제든지 어디서든지 학부모가 원할 때 자녀의 유치원 생활의 결과를 볼 수 있고 유치원 측에서 일방적인 커뮤니케이션이 아닌 학부모도 참여할 수 있는 공간을 만드는 것이 이번 연구의 목적이다.

1.2. 연구목표

현재 유치원이나 어린이집에서 사용 중인 커뮤니케이션 방법은 전화통화와 어린이를 통한 문서 전달이 있다. 하지만 이러한 방법들은 한계가 있으며, 유치원 측에서의 일방적인 통보라고 할 수 있다. 또한 유치원 교사 한 명이 여러 명의 학부모와 연락을 해야 하니 비효율적이고 소홀해질 수 있다.

우리는 이러한 문제점을 여러 플랫폼, 특히 Android 상에서 활용 가능한 기술들을 이용하여 해결하고 Html5를 통한 웹 애플리케이션을 제작해 효율적인 커뮤니케이션이 가능한 프로그램을 구현한다.

즉, 유치원 측과 학부모 측의 사용자 모두에게 편의를 제공하고, 유치원 활동에 대한 것을 학부모가 충분히 습득할 수 있도록 하는 것이 이번 연구의 가장 큰 목적이다.

2 관련연구

2.1 Kidsnote

스마트폰 및 웹에서 사진자료 및 공지사항 알림 등을 작성하고 확인할 수 있는 Kidsnote 라는 애플리케이션이 있다. 이 외에도 몇몇 애플리케이션 및 프로그램이 있지만 완성도나 사용용도 측면에서 Kidsnote가 가장 구현하고자 하는 프로그램과 유사하며 알림장, 공지사항, 투약의뢰서, 앨범, 식단표, 귀가동의서, 설정의 기능을 가지고 있다. 알림장을 통해 준비물이나 전달사항을 알리고 공지사항을 통해 알림을 하며 투약의뢰서를 부모로부터 받으면 원생에게 투약하도록 한다. 앨범을 통해 원생들의 사진을 올리며 식단표도 제공된다. 귀가동의서를 앱으로 받아 자녀를 귀가시키는 등의 기능을 가지고 있다.

[그림 1] kdisnote 화면

2.2 기존 연구의 문제점 및 해결 방안

2.2.1 연구의 문제점

기존 연구는 Android를 기반으로 한 유치원 알림장 애플리케이션을 가정으로 한다.

(a) Android 플랫폼에서만 동작한다.

(b) 하나의 유치원에 자녀가 둘 이상 들어갔을 때 두 반 이상을 같이 등록할 수 없다.

(c) 공지사항을 학부모가 읽었는지 확인할 수 없다.

(d) 새로운 글이 올라왔는지 확인하기 힘들다.

(e) 기능의 다양성이 떨어진다.

2.2.2 해결 방안

(a)의 경우 Html5를 통한 웹 애플리케이션으로 개발하면 어떠한 플랫폼에서도 동작 가능하다. (b)의 경우에는 중복 선택이 가능하도록 변경해야 한다. (c), (d)의 경우 새로운 글이 올라왔을 때 알람 기능을 주고 글을 읽은 사람을 유치원 측에서 확인할 수 있도록 한다. (e)의 경우 새로운 기능들을 추가한다. 새로 추가될 기능들은 통원버스 위치를 애플리케이션에서 볼 수 있는 기능, 학부모들 간의 대화공간 기능, 하나의 아이디로 여러 교육기관에 접속 가능하게 하는 기능들이 있다.

3 프로젝트 내용

3.1 실제 시나리오

3.1.1 웹 애플리케이션에서 회원가입과 로그인을 할 수 있다.

- 회원가입을 할 경우 자녀의 유치원과 반을 등록할 수 있다.
- 로그인할 경우 해당 유치원의 반정보를 볼 수 있고 다른 정보들을 열람할 수 있다.

3.1.2 유치원 측에서의 공지사항 및 식단표, 알림장 등을 작성할 수 있다.

- 유치원 교사가 한 반의 담당자가 되며 유치원의 정보 등을 입력할 수 있다.
- 학부모는 해당 정보를 열람할 수 있다.

3.1.3 새 글이 작성될 때마다 해당 학부모에게 알람이 간다.

- 교사가 글을 작성했을 때 그 반의 학부모에게 알람이 간다.
- 교사는 어떤 학부모가 글을 읽었는지 확인할 수 있다.

3.2 요구사항

Html5 기반의 Web Application, Android 기반의 Application 및 MySQL Database

3.2.1 유치원 사용자의 기능

- 월별, 일별 공지사항
- 개별 특이사항 알림

  유치원 교사가 각각의 학부모와 쪽지(메시지)를 주고받을 수 있다.

- 활동 사진 게시
  유치원 교사는 플랫폼에 있는 사진 파일을 올릴 수 있으며, 한 번에 여러 장 업로드도 가능하게 한다.
- 식단 알림
  유치원 교사는 식단 이미지 파일을 업로드할 수 있다.
- 스티커 현황
- 스쿨버스 위치

3.2.2 학부모 사용자의 기능

- 공지사항 열람 기능
  학부모는 유치원 교사가 올린 공지사항을 열람할 수 있고 누가 공지사항을 보았는지 기록이 된다.
- 메시지 전송 기능
  학부모는 유치원 교사와 메시지를 주고받을 수 있다.
- 활동사진 열람 기능
  교사가 업로드한 활동사진 파일들을 열람할 수 있으며 현재 플랫폼으로 다운로드할 수 있다.
- 식단 열람 기능
  월별 식단을 열람할 수 있다.
- 학부모 게시판 글쓰기 및 읽기 기능
  학부모 간의 소통공간으로 서로 커뮤니케이션을 할 수 있다.

3.2.3 서버의 기능

- 유치원 이름 및 식별기호로 유치원 및 학부모의 정보를 연결
  데이터베이스를 통해 유치원 이름 및 식별기호로 정보를 매칭할 수 있다.
- 앱 및 웹에서의 사용자 인증
  유치원 이름 또는 식별기호를 사용하여 사용자 인증이 가능하다.
- 저장된 데이터 관리
  서버에서는 데이터베이스가 저장되어 있어 언제든 접근 가능하고 사용 가능하다.

3.3 시스템 설계

3.3.1 UML Diagram을 통한 시스템 모델링

3.3.1.1 Use Case Diagram

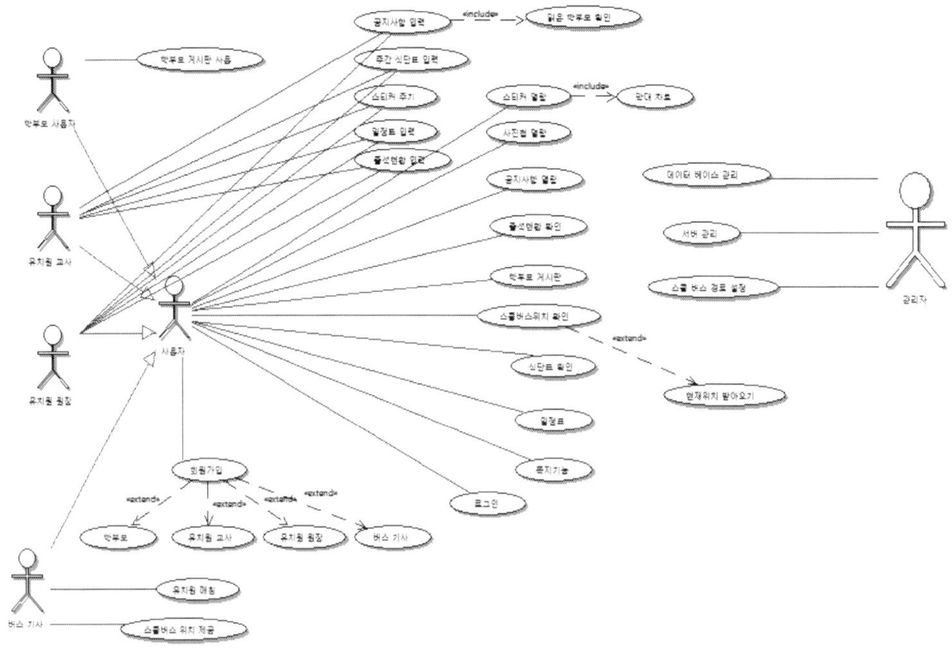

[그림 2] Use Case Diagram

사용자는 학부모 사용자, 유치원 교사, 유치원 원장, 버스기사로 나누어져 있으며, 권한이 다르기 때문에 각 권한에 따라 최적화되어 사용 목적이 분류되어야 한다.

3.3.1.2 Class Diagram

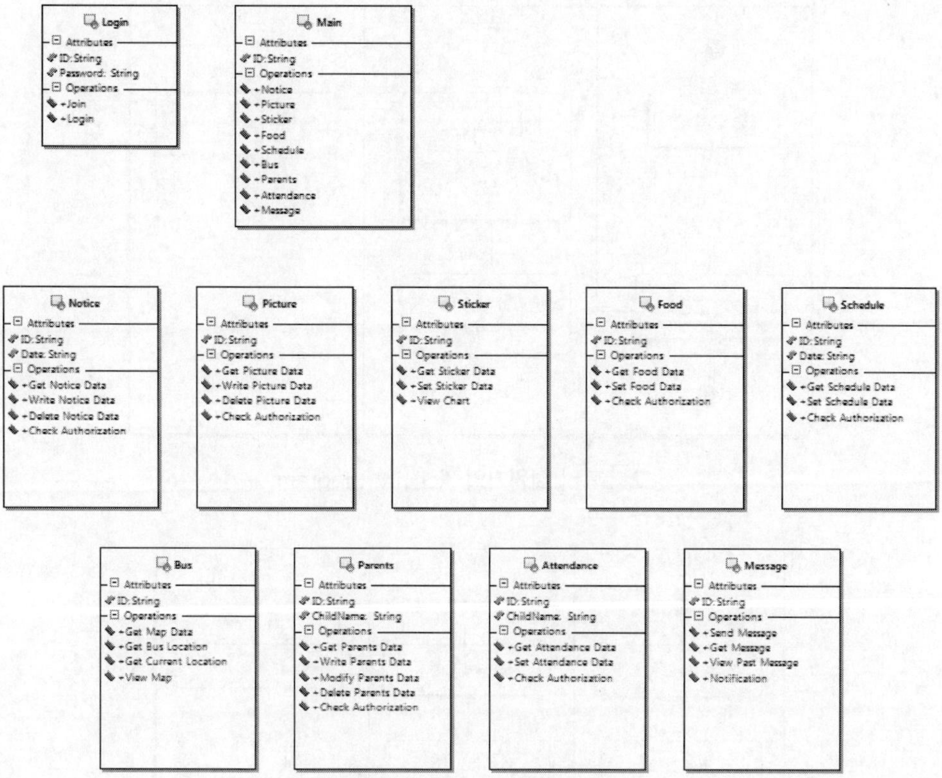

[그림 3] Class Diagram

아직 구현 전 단계이기에 대략적인 Class Diagram을 표현하였다. Class별로 필요한 Attribute와 Operator를 설계하였다.

3.3.1.3 Activity Diagram

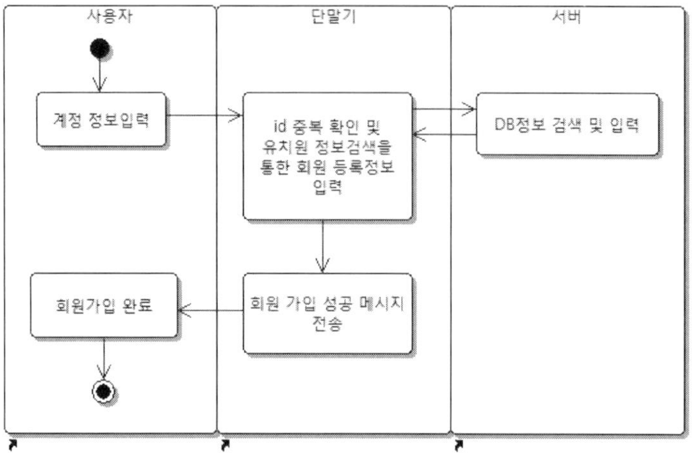

[그림 4] 회원가입 Activity Diagram

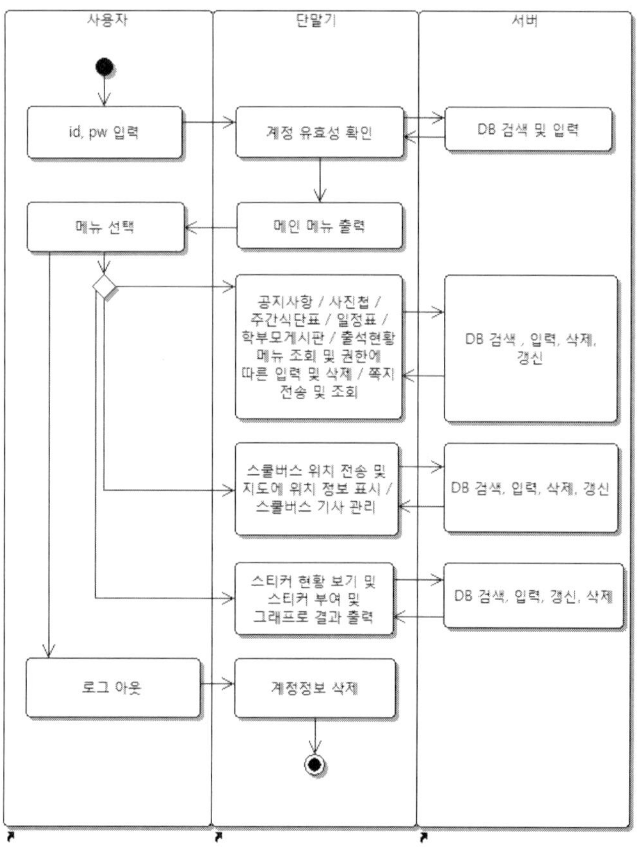

[그림 5] 로그인 이후 Activity Diagram

회원가입과 로그인 이후로 Activity Diagram을 나누어서 나타내었다.

3.3.1.4 Sequence Diagram

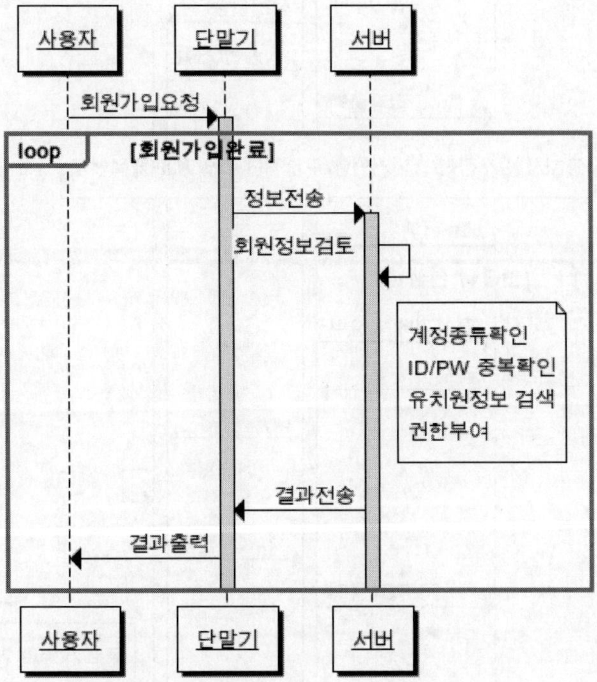

[그림 6] 회원가입 Sequence Diagram

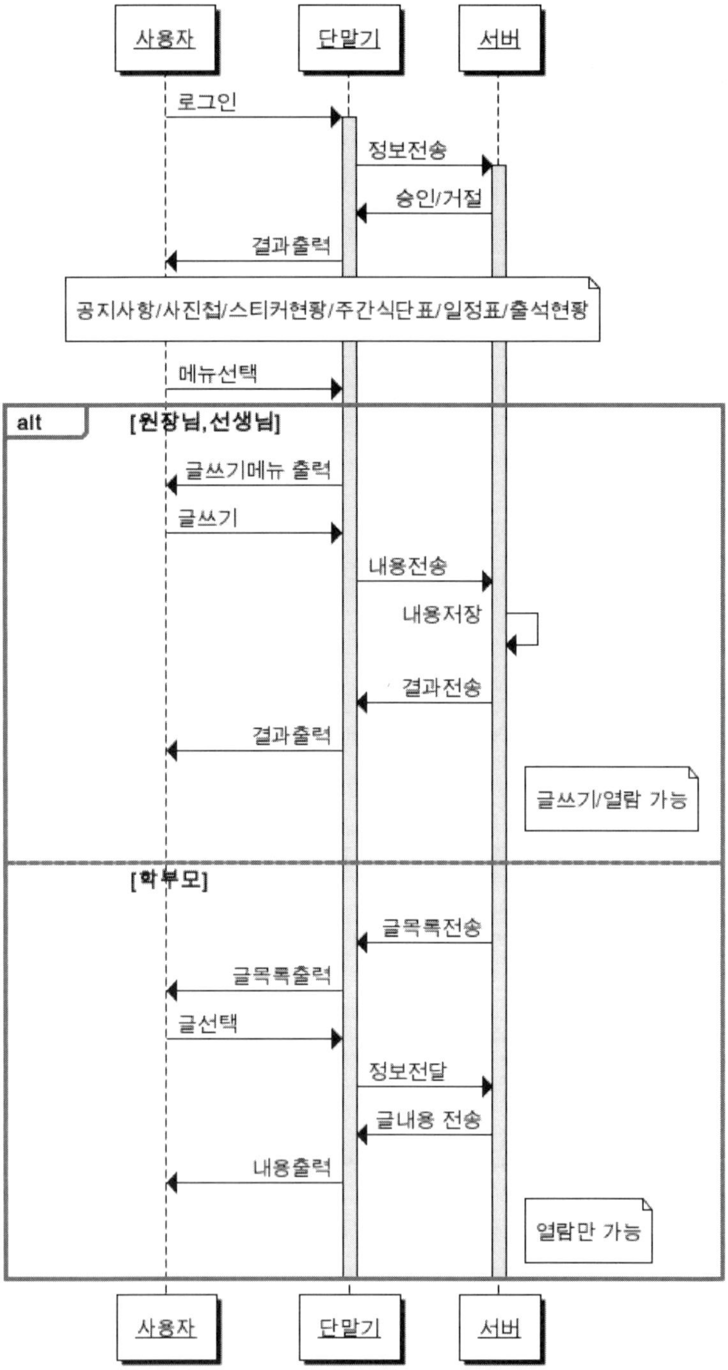

[그림 7] 로그인 이후 Sequence Diagram 1

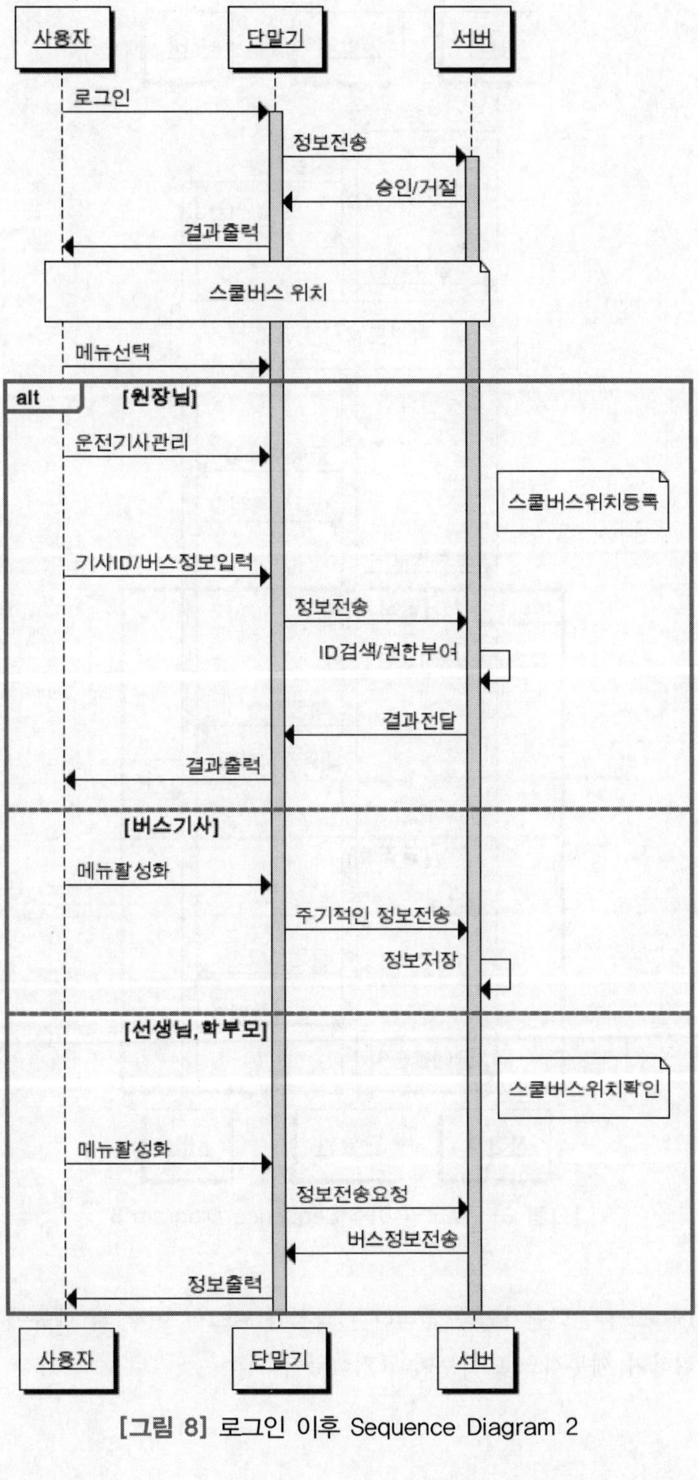

[그림 8] 로그인 이후 Sequence Diagram 2

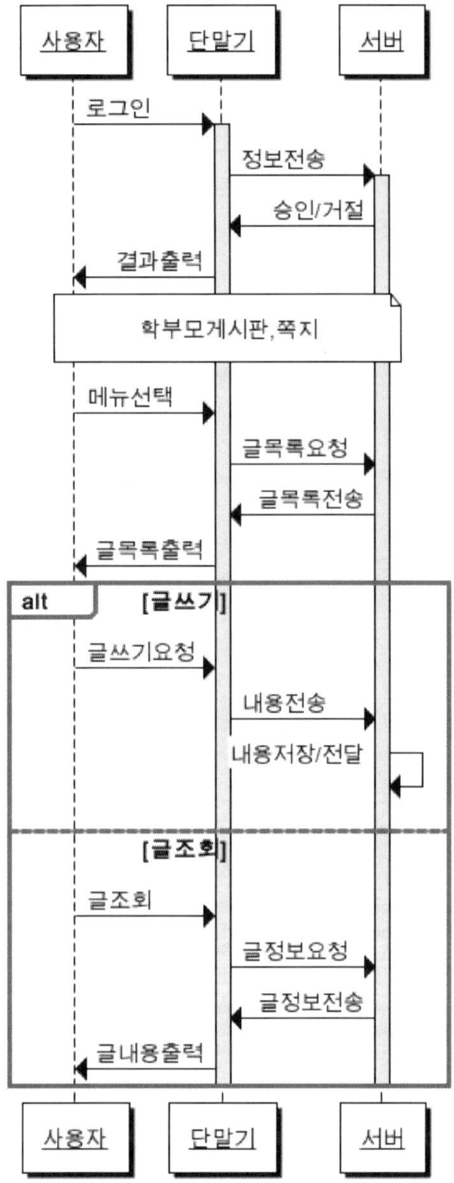

[그림 9] 로그인 이후 Sequence Diagram 3

Sequence Diagram은 회원가입을 처리하는 과정과 로그인 이후 각 메뉴에서의 권한 및 접근성을 고려하여 세부적으로 나누어 표기하였다.

3.3.1.5 Event Table

각 사용자(학부모 사용자, 유치원 교사, 유치원 원장, 버스 기사, 관리자)에 따라 발생할 수 있는 모든 이벤트를 표기하였다.

행복한 유치원 Event Table					
Event	Trigger	Source	Use Case	Response	Dest
사용자가 회원가입을 요청	ID 중복 확인	사용자	회원 가입	ID 중복인지 확인	사용자
사용자가 로그인을 요청	ID와 Password 확인	사용자	사용자 정보 탐색	사용자 정보 내용	사용자
사용자가 공지사항 메뉴 선택 요청	ID 확인	사용자	공지사항 정보 탐색	공지사항 정보 내용	사용자
사용자가 사진첩 메뉴 선택 요청	ID 확인	사용자	사진첩 정보 탐색	사진첩 정보 내용	사용자
사용자가 스티커 현황 메뉴 선택 요청	ID 확인	사용자	스티커 정보 확인	스티커 정보 내용	사용자
사용자가 주간식단표 메뉴 선택 요청	ID 확인	사용자	주간식단표 정보 확인	주간식단표 정보 내용	사용자
사용자가 일정표 메뉴 선택 요청	ID 확인	사용자	일정표 정보 확인	일정표 정보 내용	사용자
사용자가 스쿨버스 위치 메뉴 선택 요청	ID 확인, 현재 위치 확인	사용자	지도 확인 현재 위치 확인	지도 내용 현재 위치 내용	사용자
사용자가 학부모 모여라 메뉴 선택 요청	ID 확인	사용자	학부모 게시판 확인	학부모 게시판 정보 내용	사용자
사용자가 출석현황 메뉴 선택 요청	ID 확인	사용자	출석현황 정보 확인	출석현황 정보 내용	사용자
사용자가 쪽지 메뉴 선택 요청	ID 확인	사용자	쪽지 정보 탐색	쪽지 정보 내용	사용자
유치원 교사가 공지사항 읽은 학부모 확인 요청	ID 확인	유치원 교사	읽은 학부모 정보 확인	읽은 학부모 정보 내용	유치원 교사
버스기사가 스쿨버스 정보 요청	위치 확인	버스기사	버스기사의 위치 확인	버스기사의 위치 내용	버스기사
관리자가 데이터베이스 관리 요청	데이터베이스 확인	관리자	데이터베이스 확인	데이터베이스 내용	관리자
관리자가 스쿨버스 경로 설정 요청	경로 확인	관리자	지도 확인	지도에 경로 설정 내용	관리자
사용자가 쪽지 보내기 요청	ID 확인	사용자	쪽지 내용 확인	쪽지 정보 내용	사용자
사용자가 스티커 차트 확인 요청	ID 확인	사용자	스티커 차트 확인	스티커 차트 내용	사용자
데이터베이스 서버 확인 요청	관리자 확인	관리자	서버 상태 확인	서버 상태 내용	관리자

3.3.1.6 State Diagram

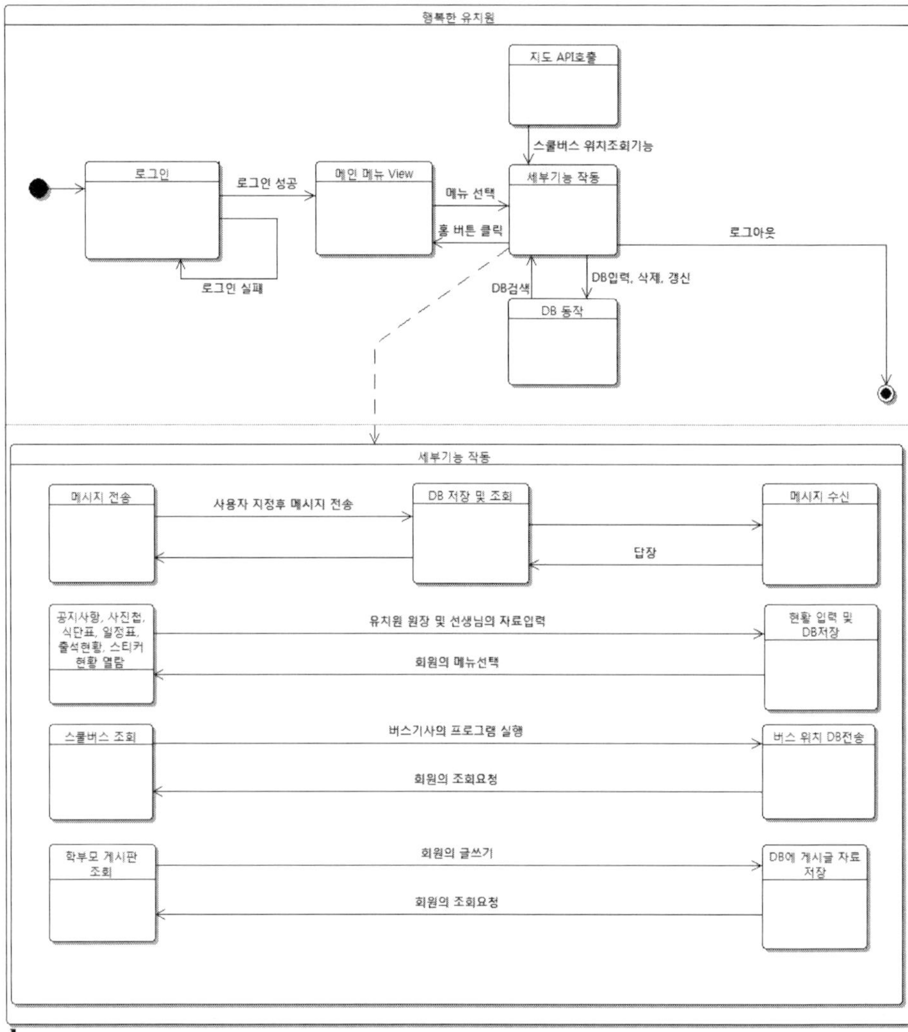

[그림 10] State Diagram

- State Diagram은 로그인을 한 뒤 로그아웃을 하는 과정에 일어나는 상태를 나타내었으며 상태가 되는 과정에 필요한 사건을 기술하였다.

3.3.1.7 Entity-Relation Diagram

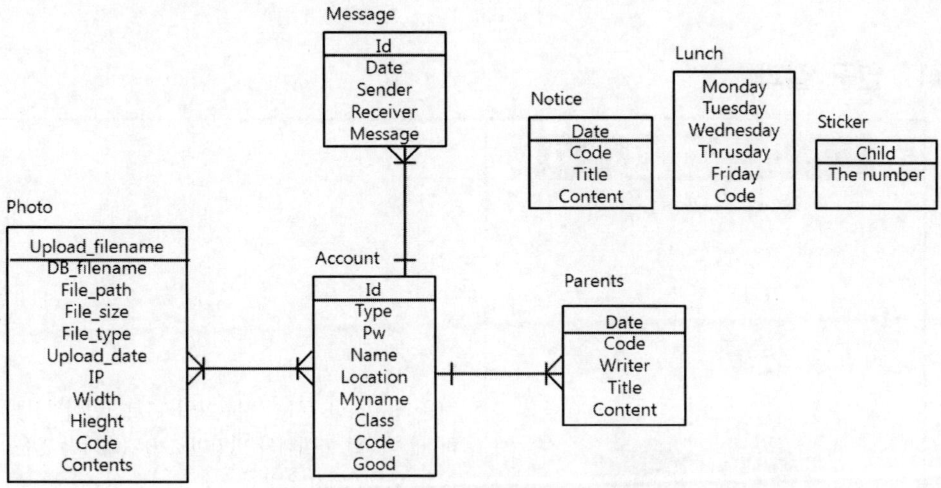

[그림 11] Entity-Relation Diagram

3.4 구현

클라우드를 통해 소스코드를 제공한다. 경로는 [uCloud]/Chapter.9/Source_code이다.

4 프로젝트 결과

4.1 연구 결과

<table>
<tr>
<td>
</td>
<td>처음 접속화면에서는 회원가입과 로그인이 가능하다. 등록된 아이디와 비밀번호가 입력되지 않은 경우 로그인되지 않는다.</td>
</tr>
<tr>
<td>
</td>
<td>아이디가 없는 경우 회원가입이 가능하다.
회원은 3가지 종류가 있으며 유치원은 유치원을 관리하는 최고 관리자이며 유치원 아이디가 해당 유치원의 회원을 하나로 모으는 코드가 된다. 유치원 관리자의 아이디가 생성되고 난 뒤 선생님과 학부모가 가입이 가능하며 해당 유치원명과 지역명이 일치할 경우에 가입이 완료된다.</td>
</tr>
</table>

로그인된 후 메인 화면의 모습이다. 상단에 지역명과 유치원명 회원종류가 표시가 되며 아래쪽에 메뉴가 표시되고 이 메뉴항목을 통해서 각각의 기능이 이용 가능하다.

공지사항 메뉴에 접속을 하면 현재 공지사항의 리스트와 날짜가 표시가 된다. 공지에서는 아이들에게 직접 전달하기 힘든 공지를 프로그램을 통해 효과적으로 전달을 할 수 있다. 유치원의 관리자와 선생님 회원만이 공지 작성이 가능하며 학부모 회원은 공지 열람만 가능하다.

	사진 메뉴의 모습이다. 유치원생들의 활동 모습을 업로드하는 부분이다. 현재까지 업로드된 사진이 썸네일 형태로 표시되며 사진을 클릭 시 사진과 함께 올린 글의 내용이 표시된다. 공지와 마찬가지로 관리자와 선생님만이 사진 업로드가 가능하다.
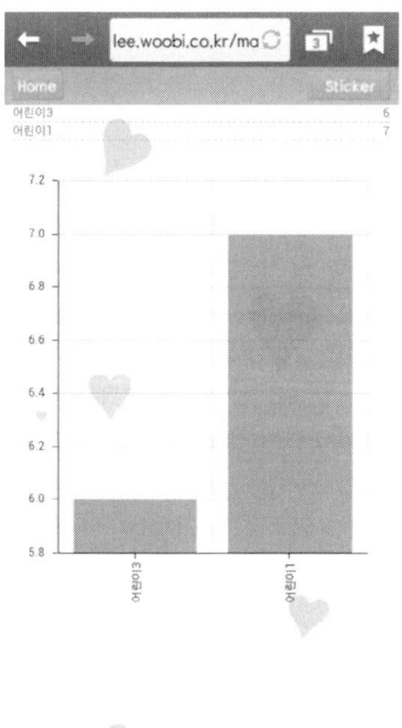	학부모 회원의 아이들의 스티커가 표시되며 그래프가 함께 표시된다. 관리자와 선생님 회원이 스티커 부여를 할 수가 있으며 학부모는 부여된 스티커를 숫자와 그래프로 확인할 수가 있다. 스티커는 유치원생이 칭찬을 받거나 잘한 일이 있을 때 부여한다. 스티커는 -숫자로는 부여하지 않는다.

<table>
<tr>
<td>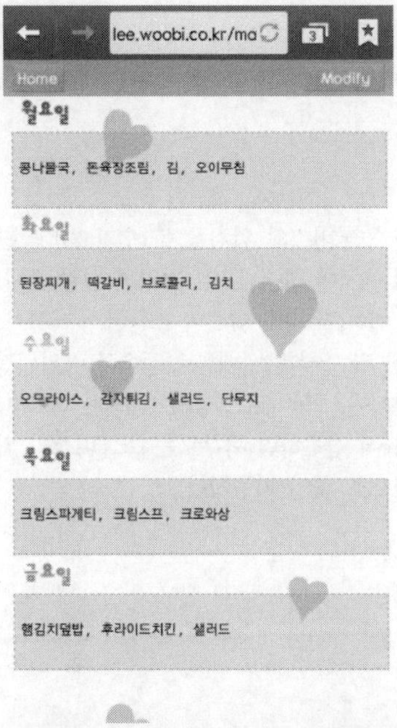
</td>
<td>식단표의 모습이다. 선생님과 관리자가 식단표를 입력할 수 있다. 식단표를 한 번도 입력하지 않은 최초의 경우 식단표 입력버튼이 뜨게 되고 한 번이라도 입력한 후 수정 메뉴를 통해 식단을 수정 가능하다.</td>
</tr>
<tr>
<td>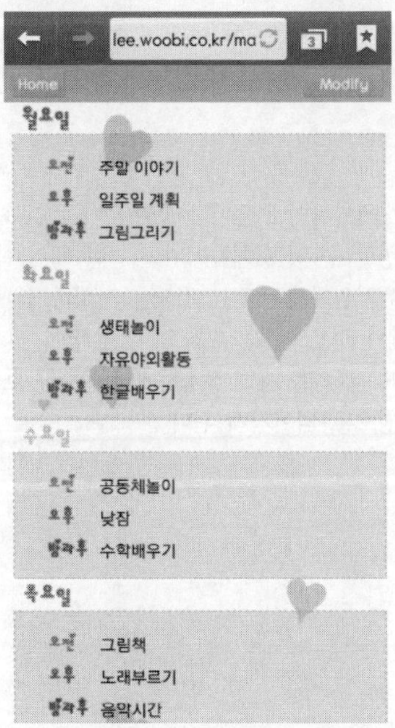
</td>
<td>주간 교육계획이 표시되는 화면이다. 일주일간의 오전과 오후 방과후의 유치원 교육 일정을 한눈에 볼 수가 있다. 유치원에서 아이들이 활동결과물을 가지고 온 경우 어떤 활동을 통한 결과물인지를 확인하며 앞으로 어떤 활동을 할지에 대해 알아볼 수 있다. 이곳 역시 관리자와 선생님만이 일정을 입력할 수 있다.</td>
</tr>
</table>

<table>
<tr>
<td>
</td>
<td>유치원 스쿨버스의 위치를 볼 수가 있다. 관리버튼에서 유치원 선생님으로 가입한 회원 중에 기사 권한을 부여할 수가 있으며 스쿨버스 기사가 로그인을 한 뒤 스쿨버스 메뉴로 접속하면 위치정보를 데이터베이스 서버로 전송하게 된다. 기사가 운전 중 메뉴에 접속하면 학부모는 스쿨버스의 위치를 실시간으로 확인 가능하다.</td>
</tr>
<tr>
<td>
</td>
<td>학부모 게시판의 모습이다. 학부모가 유일하게 글을 작성할 수 있는 메뉴이며 이 메뉴에서 학부모들이 유치원에게 바라는 것들을 작성하거나 학부모들간의 정보교류를 위한 소통의 장이 된다.
작성자를 클릭을 하면 작성자에게 쪽지를 보낼 수 있는 창으로 넘어가게 된다.</td>
</tr>
</table>

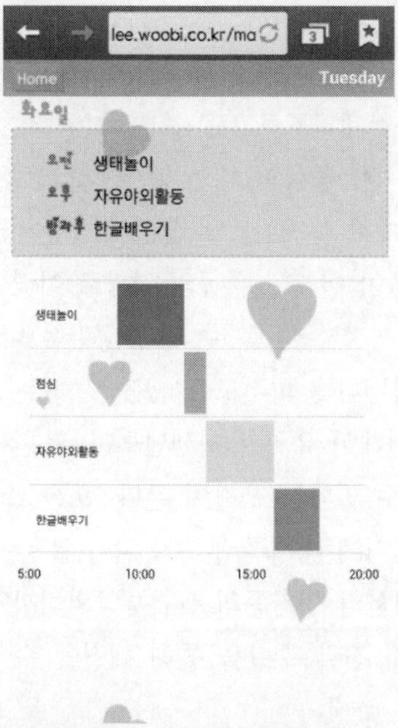	주간 교육일정을 오늘 날짜에 따라 오늘의 교육계획만을 볼 수 있는 메뉴이다. 그래프를 통해 점심 전과 후의 일정을 확실하게 볼 수 있으며 해당 요일에 아이들이 무엇을 했는지를 정확하게 보여주는 메뉴이다.
	회원들 간의 쪽지를 주고 받을 수 있는 메뉴이다. 메시지 버튼을 통해 아이디를 입력하고 메시지를 입력하면 해당 회원에게 메시지가 전송되고 현재 보이는 화면에서 확인이 가능하다.

4.2 성능평가

기존 연구에서 Kidsnote라는 프로그램을 보여 주었다. 해당 프로그램이 단순한 알림장 기능만을 제공하였다면 이번 프로젝트를 통해서 주간계획프로그램, 스쿨버스위치, 스티커 부여 메뉴 등의 특화된 메뉴를 통해서 유치원에서 하는 활동에 대한 학부모들의 궁금증해소가 더욱 편리해졌다는 생각이 든다. 기존 유치원에서 이러한 프로그램 없이는 아이들이 그림을 그려오거나 무언가를 만들어 왔을 때 아이들이 어떠한 활동의 결과로 이러한 결과물을 얻었는지 알기가 어려웠으나 프로그램을 통해서 한눈에 볼 수 있는 공간을 마련하였고 스티커 부여를 통해 아이들이 얼마나 잘하고 있는지를 학부모들이 볼 수 있는 공간이 마련되었다고 생각한다. 이러한 메뉴가 있음으로 인해서 유치원 선생님들이 잘 한 부분에 대해 칭찬을 챙겨서라도 해줄 수 있는 계기가 될 수 있다는 생각이 든다. 또한 스쿨버스 메뉴를 통해 아이들이 어떻게 어디쯤 귀가하고 있는지에 대해 학부모가 알아 볼 수 있다는 점 또한 장점으로 생각이 된다. 기존의 프로그램에서의 귀가동의서나 투약의뢰서와 같은 세세한 부분은 메시지 전송이라는 종합적인 메시지 전달 수단을 통해 해결할 수 있다.

5 결론

다양한 플랫폼을 통해 접근할 수 있는 웹 애플리케이션 제작을 통해 유치원과 학부모의 원활한 커뮤니케이션이 가능하도록 하는 것을 1차 목표로 두고 이를 통해 학부모가 안심하고 유치원에 자녀를 맡길 수 있도록 한다. 더불어 학부모는 자녀의 생활 모습, 태도, 유치원에서의 계획 등을 프로그램을 통해 볼 수 있도록 한다. 또한 기존의 있던 애플리케이션의 불편한 사항들을 보완하여 유치원 측과 학부모 측 모두의 편의를 도모할 수 있는 애플리케이션을 구현하는 것이 이번 연구를 통한 기대효과이다.

참고문헌

[1] 야무, 만들면서 배우는 HTML5 + CSS3 + JQuery, 한빛미디어
[2] 노규남, 안드로이드 프로그래밍 개발자노트, 웰북
[3] 김승현, 열혈강의 JavaProgramming, 프리렉
[4] 린 베일리, Head First SQL, O' REILLY
[5] http://yeols.com, IT ESPRESSO, 열쓰
[6] https://www.kidsnote.com, 키즈노트, 최장욱, 김준용

CHAPTER 10

소셜 네트워크 서비스를 제공하는 캠퍼스 애플리케이션

갤럭시 탭을 활용하여 학교 내의 정보와 소셜 네트워크 서비스를 제공하는 경희대학교 커뮤니티 애플리케이션을 구현한다. 주요 기능으로는 친구들의 시간표 정보를 통해 공강 시간을 제공하여 점심시간을 효율적으로 관리하는 기능, 친구들의 위치정보 제공, 친구들과의 메시지 전송, 학교 내 친구 추천 기능 등이 있다. 좀 더 편리하게 학교 내 친구들과 커뮤니케이션을 하는 것에 목적이 있다.

1 서론

1.1 연구배경

취업난과 더불어 1994년 도입된 대학 학부제 때문에 '외톨이 대학생' 들이 늘고 있다는 분석이 대학가에서 나오고 있다. 전공에 관계없이 다양한 학과 지망생들이 모여 지내는 1, 2년간은 '반' 에서, 전공이 정해진 뒤에는 뿔뿔이 흩어져 2, 3년간 '과' 에서 지내기 때문에 함께 지내는 시간과 공간이 크게 줄어들었다는 것이다.

"학부 때 친했던 애들 모두 다른 과"

대학생 A씨는 1년 동안 사회과학대학에서 경제 반 소속으로 생활했다. 다음 해에 원하던 전공(외교 학과)을 꿰차는 데는 일단 성공했으나 고민이 생겼다. A씨와 함께 외교학과를 지망했던 같은 반 소속 친한 친구가 불합격해 사회학과로 가게 된 것이다. 의지할 친구가 사라진 A씨는 전학 온 학생의 심정으로 첫 학기 시간표를 누구의 도움도 받지 않고 혼자 짜야 했다.

A씨는 혼자 수업을 듣고 도서관에서도 혼자 공부했다. 외로웠다. 외톨이가 된 것 같아 우울했지만 다른 학생들도 사정은 비슷했다. A씨를 비롯한 2학년생들은 너나 할 것 없이 1학년 때 반에서 친하게 지내던 친구를 찾아 나섰다. 하지만 과가 정해진 뒤로는 각자 시간표가 달라 반 친구들 만나기란 쉽지 않았다. 그렇게 반 친구들과는 자연스럽게 멀어졌다.

"친구보단 학점"

언론정보학과 05학번 K씨(22·여·4학년)는 "A씨의 고민은 모든 2학년한테 해당되는 것" 이라고 말한다. K씨도 2학년 때 전공을 선택하면서 새로운 친구들을 만날 수 있다는 기대에 가득 찼었다고 한다. 하지만 그는 지금까지도 같은 과 친구들의 얼굴을 잘 모른다. 그는 "학창 시절 내내 친구를 많이 만들어야겠다고 생각했지만 학부에서 학과로 넘어오는 시기에 뿔뿔이 흩어지고, 2학년부터는 전공과 취업준비에 몰두하느라 실천에 옮기지 못했다" 고 말했다. 그렇게 2, 3학년을 보내고 4학년이 된 뒤에는 과에서 인간관계 만들기를 아예 포기했다는 것이 P씨의 얘기이다.

위의 기사 내용을 통해 학부제를 경험한 졸업생 및 현재 재학생 사이에서 '외톨이 대학생' 문제의 심각성을 알 수 있었고 실제로 우리 조원들 모두 학부제를 경험하였다.

1.2 연구목적

현대 사회에서는 대학생들이 인간관계를 넓히기가 구조적으로 쉽지 않다. '외톨이 대학생' 의 수가 점점 늘어나는 것은 사회적으로 커다란 문제일 뿐만 아니라 해결하기도 어렵다. 이러한 문제를 어느 정도 해결할 수 있는 방법을 연구한다.

보통 친구들끼리 함께 시간표를 짠 사이가 아닌 이상 많은 친구들의 시간표를 전부 외우지 못한다. 만약 친구로 등록된 학생들끼리 서로의 시간표를 공유할 수 있고, 더 나아가 공강 시간이 같은 친구들의 목록을 알려주며, 서로 채팅할 수 있도록 해주는 기능이 있다면 '외톨이 대학생' 들의 인간관계 형성에 도움이 된다. 특히, 시간표 공유 기능을 점심 시간에 적용한다면, 점심 시간에 공강 시간이 겹치는 친구들을 요일별로 알 수 있다. 따라서 혼자서 점심을 먹는 개개인의 시간표에 맞게 요일별로 같이 식사할 친구들을 알려준다. 만약 자신이 알고 있는 학생들이 모두 점심을 같이 먹을 수 없을 경우, 추가적으로 점심을 같이 먹을 친구를 추천 받을 수 있는 있는 기능 또한 첨부할 것이다. 더불어 학생들의 소통에 도움이 될 수 있는 자유 게시판 형식의 게시판도 설계하였다.

2 관련연구

2.1 기존 기타에 관련된 애플리케이션 연구

캠퍼스 관련 애플리케이션은 기존에 이미 많이 존재하고 있다. 그 중에서 가장 많은 사용자들이 사용하는 애플리케이션 몇 가지를 조사해보면, 아이러브캠퍼스와 스마트 캠퍼스 애플리케이션이다.

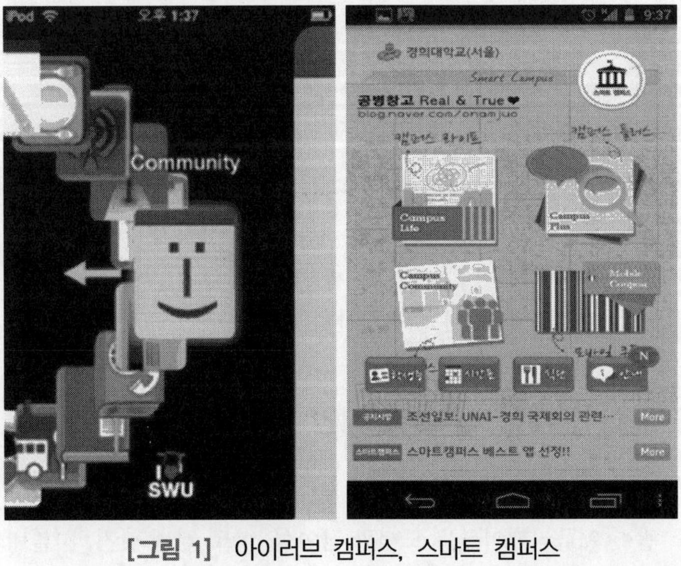

[그림 1] 아이러브 캠퍼스, 스마트 캠퍼스

아이러브캠퍼스 애플리케이션은 전국 202개의 대학의 서비스를 제공하기 때문에 전국적으로 많은 사용자들이 이용하고 있는 애플리케이션이다. '취업을 위한 금쪽같은 필수 앱 Best 5' 중 하나로 인터넷 신문에도 소개되었고, 스마트폰을 사용하는 대학생이라면 꼭 받아야 할 필수 어플로 불릴 만큼 인지도가 높은 애플리케이션이다.

두 애플리케이션 모두 사용자들이 이용하기 편리하게 깔끔한 UI로 구성되어 있고, 일정관리, 시간표, 학교별 공지사항, 도서관 잔여석, 학교건물 찾기, 상점정보, 셔틀버스의 정보 등을 제공하고 있다.

[그림 2] 아이러브 캠퍼스, 스마트 캠퍼스

애플리케이션의 메뉴 중 커뮤니티 기능에 대해 살펴보면, 아이러브 캠퍼스 애플리케이션의 경우는 여러 대학에게 서비스를 제공하고 있기 때문에 사용자가 속한 대학의 게시판과 모든 대학의 게시판, 그리고 모든 사용자가 이용 가능한 핫이슈 관련 게시판이 존재한다. 반면 스마트 캠퍼스 애플리케이션의 경우에는 모든 대학 사용자가 볼 수 있는 캠 톡 게시판과 지도에서 벽보 형식으로 보여주는 맵 톡 게시판으로 구성되어 있어 두 애플리케이션의 커뮤니티 메뉴는 조금 다르게 구성되어 있다.

2.2 기존 연구의 문제점 및 해결 방안

2.2.1 문제점

기존 캠퍼스 관련 애플리케이션은 도서관 잔여석, 학교 건물 찾기, 셔틀버스, 상점 정보 등의 많은 정보를 제공해주기는 하지만, 대부분 거의 볼 수 있는 정보만을 제공한다.

위에서 보았던 아이러브 캠퍼스와 스마트 캠퍼스 애플리케이션도 커뮤니티 기능이 존재하기는 하지만, 두 가지 게시판을 제공해주는 정도로 애플리케이션 내에서 커뮤니케이션을 하기에는 많이 부족하다.

본 캠퍼스 애플리케이션에서는 정보 제공뿐만 아니라 캠퍼스 내에서 사용자들이 서로 원활한 커뮤니케이션을 하여 더 많은 정보를 제공받을 수 있도록 해야 한다.

2.2.2 해결방안

본 캠퍼스 애플리케이션 내에서 더 원활한 커뮤니케이션을 하기 위해서 페이스북과 카카오톡과 같은 친구라는 개념을 두고, 친구끼리 채팅을 통해 커뮤니케이션할 수 있게 제공한다. 친구끼리 할 수 있는 1:1 채팅뿐만 아니라 사용자가 설정한 동아리나 수업 과제 조의 그룹끼리 채팅기능도 추가한다.

본 애플리케이션의 목적이 서로 공강 시간인 친구를 찾아 점심을 함께 먹을 수 있는 것이기 때문에 상대방의 시간표 정보와 함께 공강 시간인 친구의 정보도 출력함으로써 더 많은 정보를 제공한다.

3 프로젝트 내용

3.1 시나리오

3.1.1 Application 최초 실행 시에 회원 가입창이 나타나며 각 정보를 서버에 저장한다.

- 이때 사용자는 ID, PW, 이름, 학과, 전화번호, 시간표 정보를 입력한다.
- 저장된 사용자의 정보들은 '내 정보 수정' 메뉴에서 수정이 가능하다(미지원).

3.1.2 사용자가 친구의 아이디를 이용하여 자신의 친구들을 등록한다.

- 친구를 등록할 때에는 그룹을 등록할 수 있다(그룹 미지원).

3.1.3 내 정보 메뉴를 선택하면 초기에 등록한 나의 프로필 정보(혹은 시간표 정보 등)를 보여준다. 또한 등록했던 정보를 수정할 수 있도록 한다(미지원).

- 초기에 사용자가 등록한 정보를 바탕으로 생성된 DB 정보를 출력한다.
- 사용자가 정보 수정을 원한다면 정보를 새로 입력 받고 DB 정보를 갱신한다.

3.1.4 친구 목록 메뉴를 선택하면 이미 등록되어 있는 친구들의 리스트를 출력한다.

- 현재 자신이 등록한 친구들의 리스트가 출력된다.

3.1.5 공강 시간 찾기 메뉴를 선택하면 이미 등록되어 있는 친구 중에서 공강 시간이 겹치는 친구 목록을 띄워준다.

- 등록되어 있는 친구들에 대해 사용자가 검색할 대상을 정한다(전체 혹은 그룹, 그룹 미지원).
- 현재 시간과 비교하여 공강인 친구들의 목록과 친구들의 공강 시간 정보도 함께 출력한다.

3.1.6 친구 추천 메뉴를 선택하면 등록되어 있지 않은 친구 중에서 공강 시간이 겹치는 친구를 추천해준다.

- 친구가 아닌 회원 중 점심 시간이 겹치는 친구들을 추천한다.
- 추천된 친구를 등록하면 그 친구의 시간표를 공유할 수 있고 채팅이 가능하다(미지원).

3.1.7 게시판 메뉴를 선택하면 어플 사용자들을 위한 학교 자유 게시판, 수업 정보, 맛집 추천 등의 항목을 가진다(미지원).

- 게시판에 학교 관련 글을 등록할 수 있다.
- 게시판 내용이 업데이트된다.
- 작성된 글에 대해 다른 사용자들은 댓글 추가가 가능하다.

3.1.8 채팅 메뉴를 선택하면 사용자가 등록한 친구들과 메시지를 주고받을 수 있다(미지원).

- 사용자가 원하는 친구 또는 그룹을 선택한 후 대화하기 버튼을 누르면 대화창이 열리고 대화가 가능하다.

3.1.9 사용자가 등록한 친구들의 위치를 보고 싶을 경우 지도에 위치가 표시되며 해당 친구 위치를 클릭했을 때 사용자의 위치를 기준으로 방향을 나침반으로 표시해준다.

- 지도로 친구의 위치 정보를 나타낼 경우 서버에서 최신 친구의 위치정보를 가져와 출력한다. 이때 애플리케이션을 킬 때마다 서버에 사용자의 위치정보를 전송한다(정보 업데이트 미지원).
- 해당 친구의 위치를 클릭하면 사용자의 위치를 기준으로 해당 친구가 어느 방향에 존재하는지 나침반으로 방향을 표시해준다(미지원).

3.1.10 지도에서 학교 시설을 클릭하면 지도에 위치가 표시되며 해당 건물 클릭 시 방향을 나침반으로 표시해준다(미지원).

3.2 요구사항

3.2.1 하드웨어 요구사항

- Server : Java 기반의 응용프로그램
- 갤럭시 탭 10.1 : Android(3.2 honeycomb) 기반 Application

3.2.2 기능 요구사항

3.2.2.1 시스템 구조도

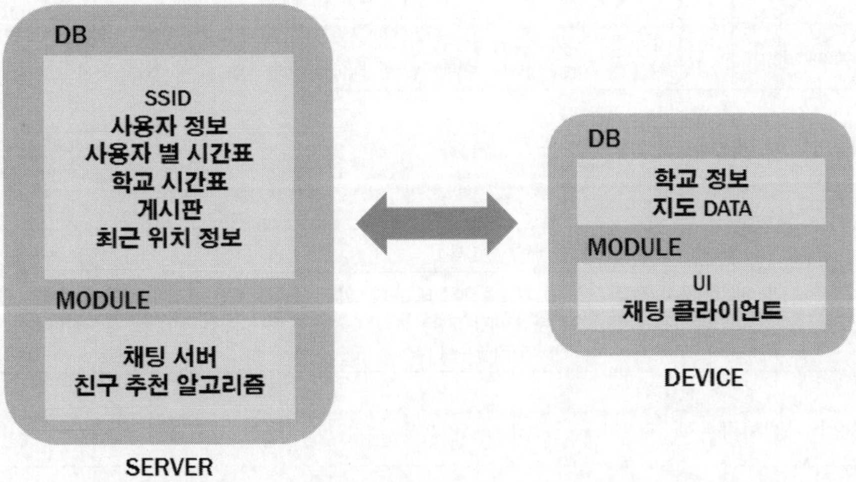

[그림 3] 시스템 구조도

3.2.2.1.1 SERVER

- 서버 DB에는 SSID, 사용자 정보, 사용자별 시간표, 학교 시간표, 게시판, 최근 위치 정보를 가지고 있으며 DEVICE에서 요청할 때 정보를 전송해준다.
- 서버 MODULE에는 사용자가 메시지를 전송할 때 수신자에게 메시지를 전달하는 역할을 하며, 친구 추천 알고리즘은 사용자 DB를 분석하여 DEVICE에게 추천할 친구의 리스트를 제공한다.

3.2.2.1.2 DEVICE

- DEVICE DB에는 거의 변하지 않는 정보인 학교 정보, 지도 DATA를 저장하여 사용한다.
- DEVICE MODULE는 UI, 채팅 클라이언트로 구성되며 채팅 클라이언트는 채팅 서버와 통신하여 보낸 메시지를 다른 DEVICE에 전송하는 역할을 한다.

3.2.2.2 내 정보

Pre	초기 프로필 정보가 저장되어 있다.
Post	프로필 정보가 수정된다.
Function	화면상에 내 정보를 확인할 수 있는 메뉴가 생성된다. 메뉴 버튼을 누르면 내 프로필 정보, 시간표 정보 확인 및 수정이 가능하다.

3.2.2.3 공강 시간 찾기 기능

Pre	서버에 사용자의 시간표가 저장되어 있다.
Post	시간대에 맞게, 공강 시간인 친구들의 목록을 띄워준다.
Function	초기 입력 정보를 바탕으로 작성된 시간표 관련 DB를 검색하여 원하는 시간대 별로 친구들의 공강 시간 정보를 출력한다. 이때 검색할 대상을 전체 혹은 특정 그룹으로 제한할 수 있다.

3.3.2.4 친구 추천

Pre	-
Post	새로운 친구가 어플에 등록된다.
Function	이용자가 알 수 있는 친구를 추천해 준다. 이때 자신이 포함된 그룹 내부의 멤버와 동시에 알고 있는 친구가 있다면 해당 그룹으로 친구 추천이 된다. 추천된 친구를 등록하면 그 친구와의 시간표 공유, 채팅이 가능하다.

3.3.2.5 게시판

Pre	-
Post	게시판 내용이 업데이트된다.
Function	게시판에 학교 관련 내용의 글이 추가 및 관리된다. 사용자들은 자신의 글을 포함한 모든 글에 댓글을 달 수 있다. 게시판의 내용은 실시간으로 업데이트된다.

3.3.2.6 친구들의 위치 서비스 제공(LBS)

- 지도에 친구들의 위치를 마커로 표시(SSID 미지원)

Pre	친구들의 최신 위치가 서버에 저장되어 있다.
Post	친구들의 위치를 전송하여 지도에 마커를 표시한다.
Function	친구들의 위치정보는 기존 GPS로 위치를 제공해주는 일반적인 위치제공 기능에 확장하여 각 건물에 존재하는 수신기의 SSID를 수집한 DB를 통하여 일반적인 위치 정보보다 세분화된 위치를 제공한다. 예를 들어, 현재 전자정보대학에 있는 친구1, 친구2, 친구3이 있다고 가정하자. 친구1은 B09 강의실, 친구2는 매점, 친구3은 3층 연구실에 있다고 한다면, 각자 자신의 위치에서 가장 가까운 수신기의 SSID를 SSID DB에서 읽어와 친구1은 "B09강의실 주변", 친구2는 "매점 주변", 친구3은 "3층 ○○○호 연구실 주변"이라고 출력한다. SSID를 조사할 때 가장 가까운 강의실이나 위치 정보 주변으로 이름을 정하여 나중에 출력할 때 사용한다. 이때 친구들의 위치를 클릭할 때 나침반으로 사용자의 위치를 중심으로 친구의 위치 방향을 표시한다.

3.3.2.7 학교 내의 시설 정보 제공

Pre	-
Post	학교 내의 시설 정보를 출력한다.
Function	학교 지도에 해당하는 건물 클릭 시 건물의 방향을 나침반으로 표시하고 건물에 대한 정보에 대한 링크를 제공한다.

3.3.2.8 채팅 메시지 전송(Server)

Pre	친구가 1명 이상 등록되어 있다.
Post	친구(들)에게 메시지를 전달한다.
Function	Server와 Client는 TCP/IP 프로토콜을 이용한 소켓 통신을 한다. Server는 Client가 접속을 할 수 있도록 항상 대기 상태를 유지한다. Client A가 Client B(or B, C, D, E..)와 대화를 하기 위해 대화방을 만들고 메시지를 전송할 경우 Server에 Client A, B(C, D, E..)가 연결 요청이 되고, Server와 연결이 완료되면, Server는 Client A가 받은 메시지를 수신한다. Server는 받은 메시지는 Server와 연결이 되어 있는 모든 Client에게 메시지를 전송한다.

3.3.2.9 채팅 메시지 전송(Client)

Pre	친구가 1명 이상 등록되어 있다.
Post	친구(들)에게 메시지를 전송/수신한다.
Function	Client A가 다른 Client B (or B, C, D, E..) 에게 메시지를 전달하기 위해 애플리케이션 내부에서 원하는 상대 또는 그룹과 대화하기 버튼을 누른 후 발생하는 대화창에서 Client B(or B, C, D, E..)에게 전달할 메시지를 입력 후 전송 버튼을 누른다. 입력된 메시지는 Server의 IP 주소와 port 번호를 이용하여 Server로 전달된 후, Server에서 Client A가 메시지를 보내기를 원하는 Client B(or B, C, D, E..)들을 식별 후 메시지를 전송한다. Client B가 다른 Client 메시지를 보낼 때도 같은 방법으로 동작한다.

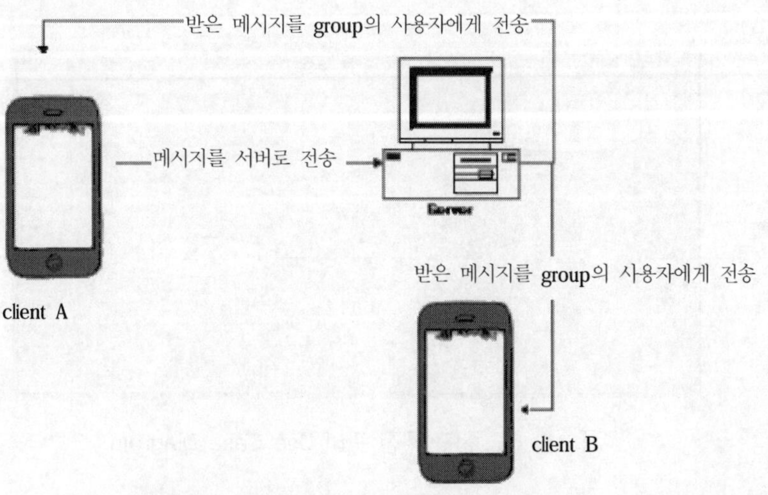

[그림 4] 채팅 메시지 전송/수신 구조도

3.3 시스템 설계

3.3.1 Use Case Diagram

3.3.1.1 내 정보 관리

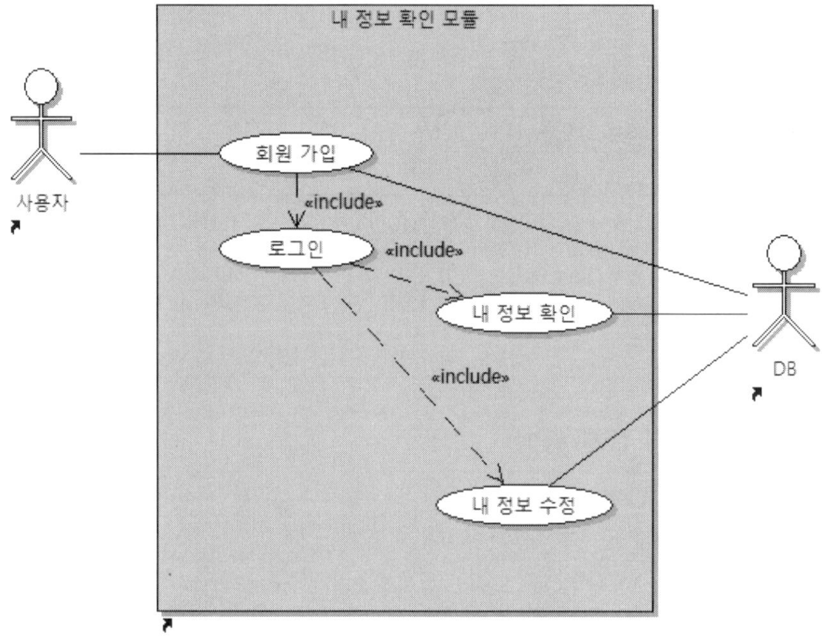

[그림 5] 내 정보 관리 Use Case Diagram

3.3.1.2 친구 추천 관리

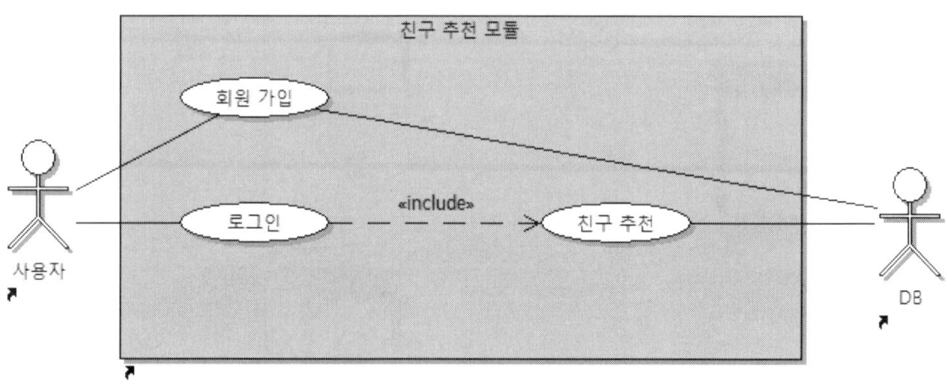

[그림 6] 친구 추천 관리 Use Case Diagram

3.3.1.3 게시판 관리

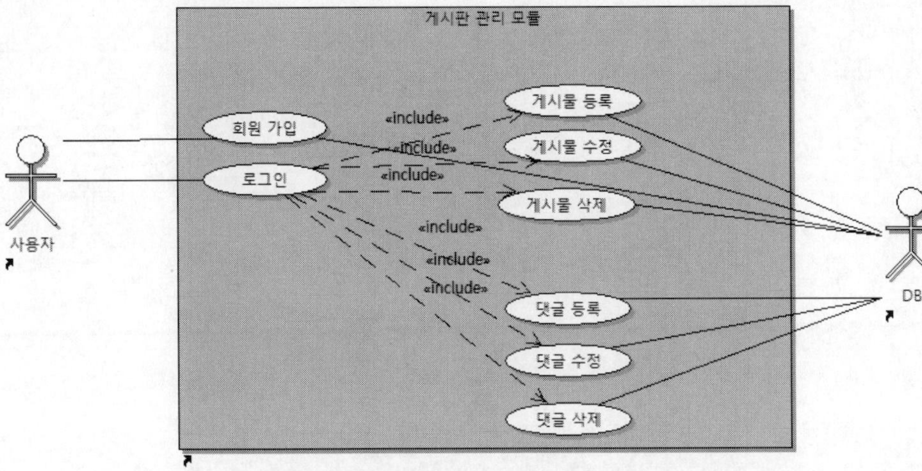

[그림 7] 게시판 관리 Use Case Diagram

3.3.1.4 공강 시간 관리

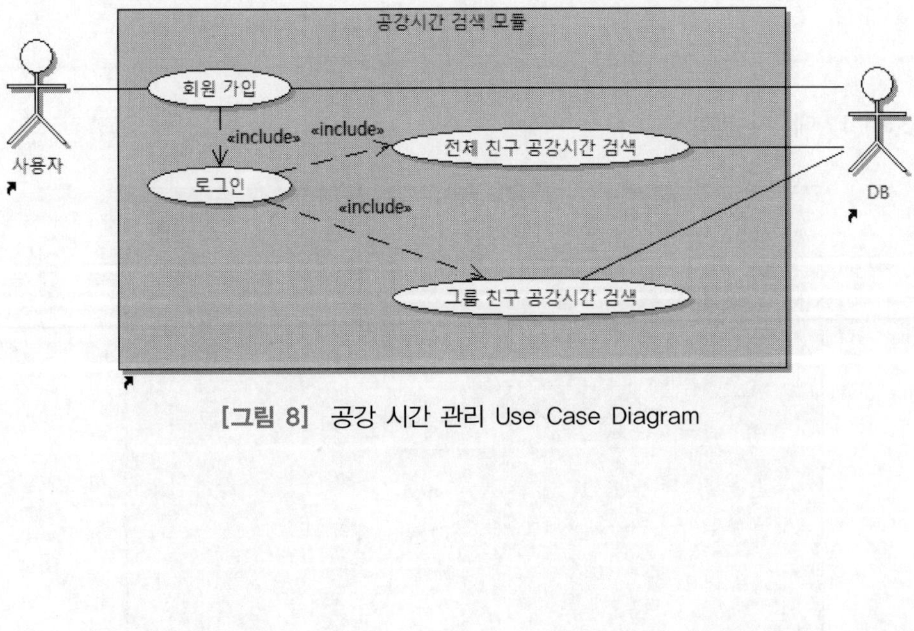

[그림 8] 공강 시간 관리 Use Case Diagram

3.3.1.5 위치 정보 관리

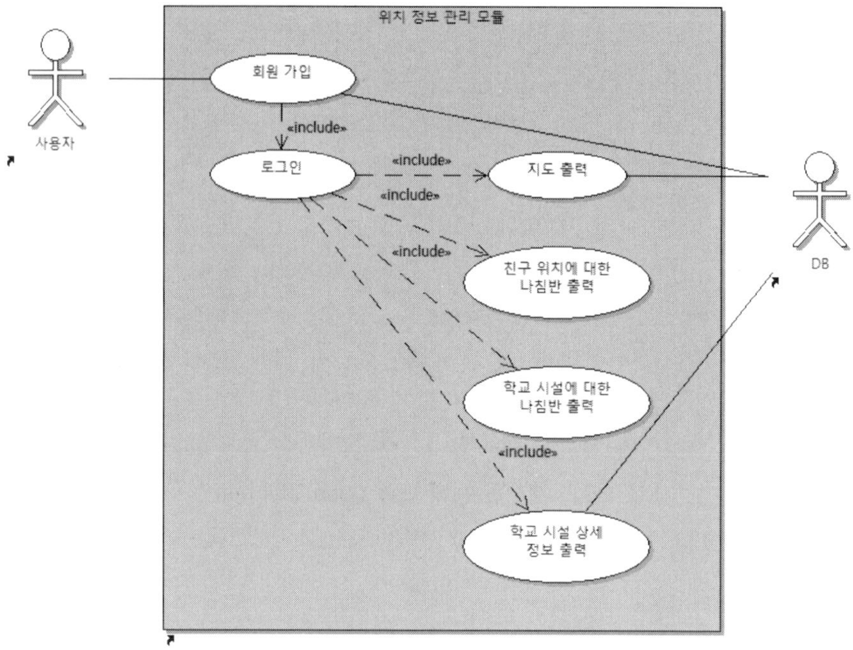

[그림 9] 위치 정보 관리 Use Case Diagram

3.3.1.6 메시지 관리

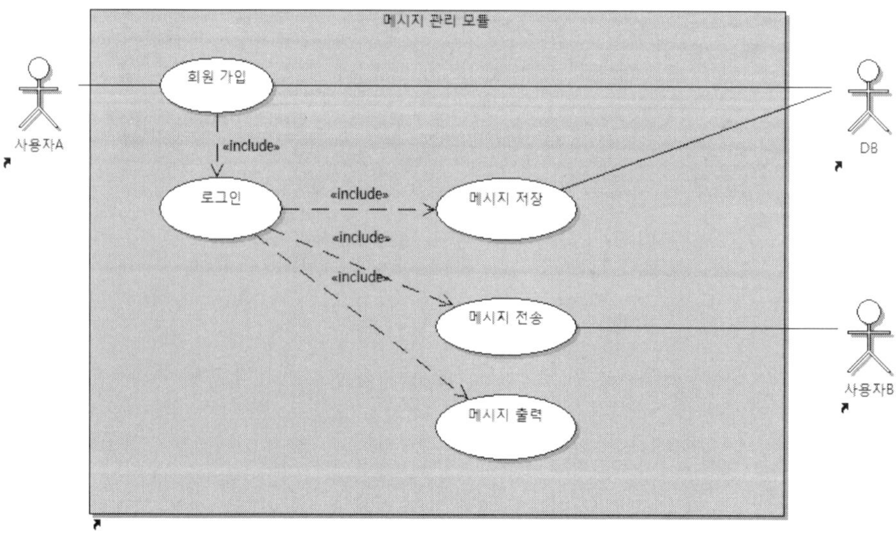

[그림 10] 메시지 관리 Use Case Diagram

3.3.2 Sequence Diagram

3.3.2.1 내 정보 관리

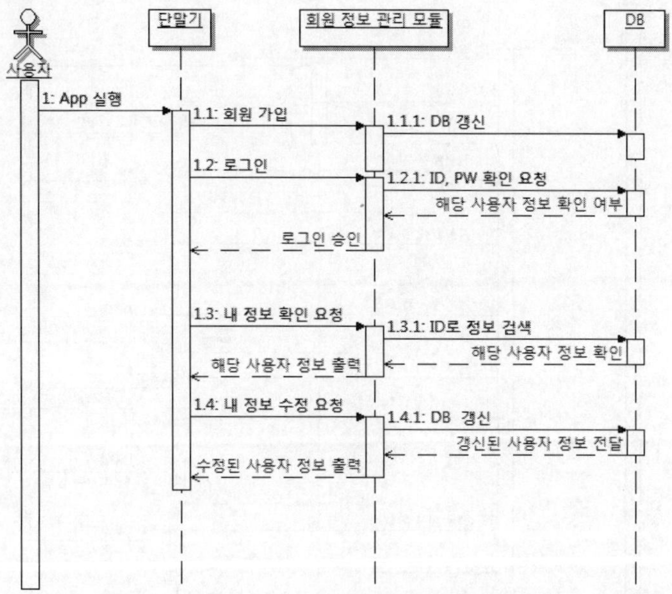

[그림 11] 내 정보 관리 Sequence Diagram

3.3.2.2 친구 추천 관리

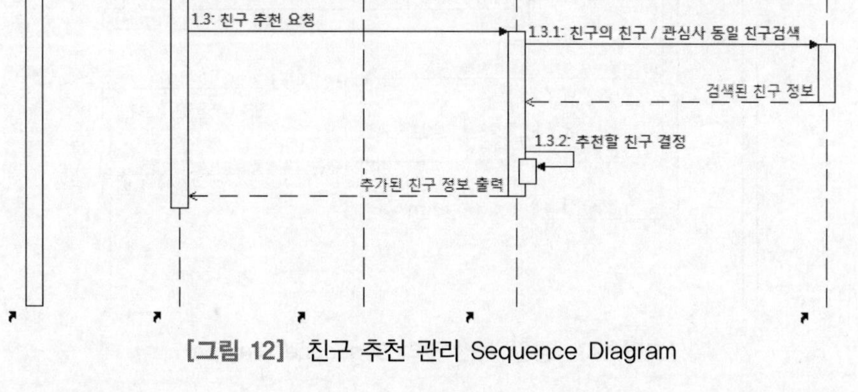

[그림 12] 친구 추천 관리 Sequence Diagram

3.3.2.3 게시판 관리

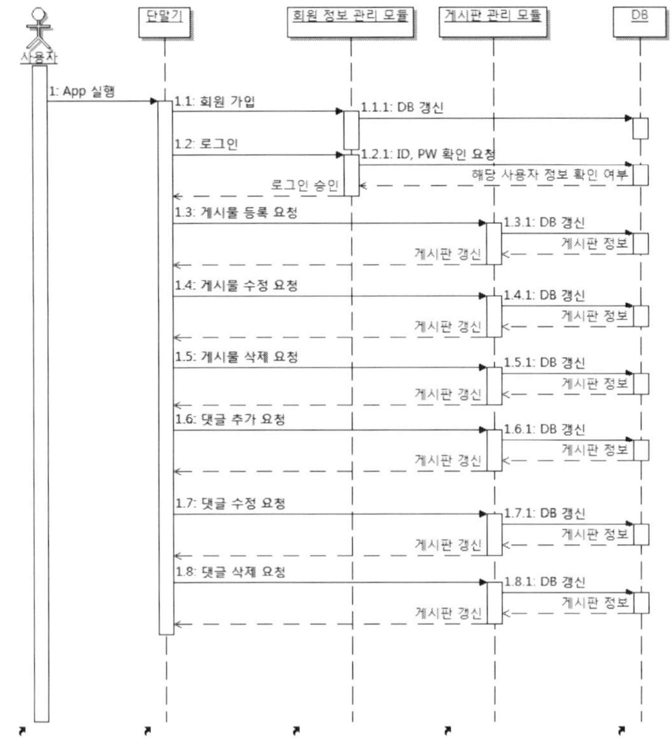

[그림 13] 게시판 관리 Sequence Diagram

3.3.2.4 공강 시간 관리

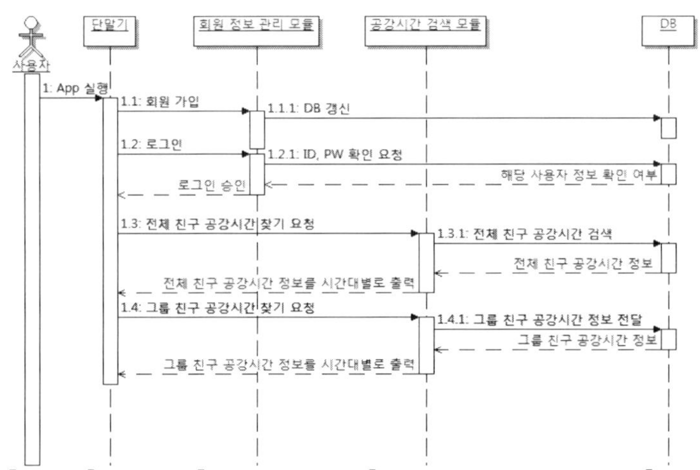

[그림 14] 공강 시간 관리 Sequence Diagram

3.3.2.5 위치 정보 관리

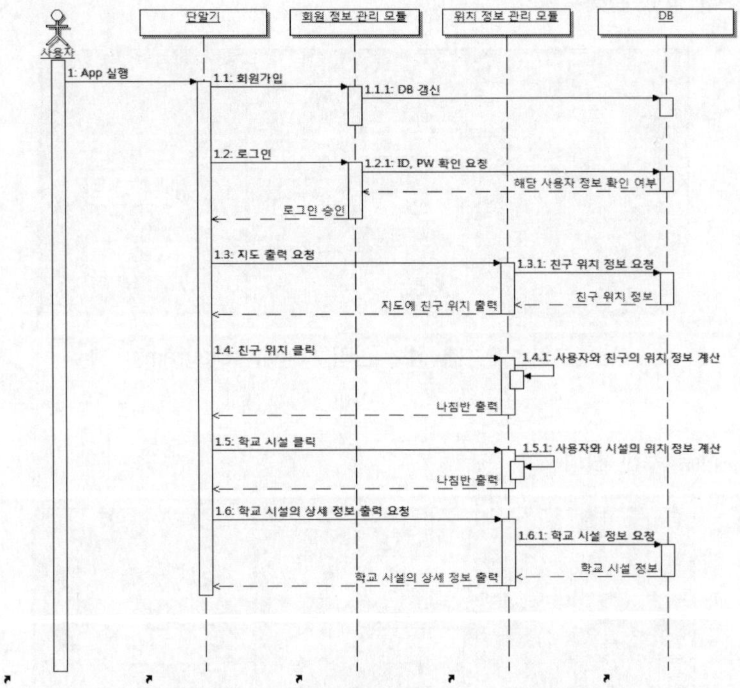

[그림 15] 위치 정보 관리 Sequence Diagram

3.3.2.6 메시지 관리

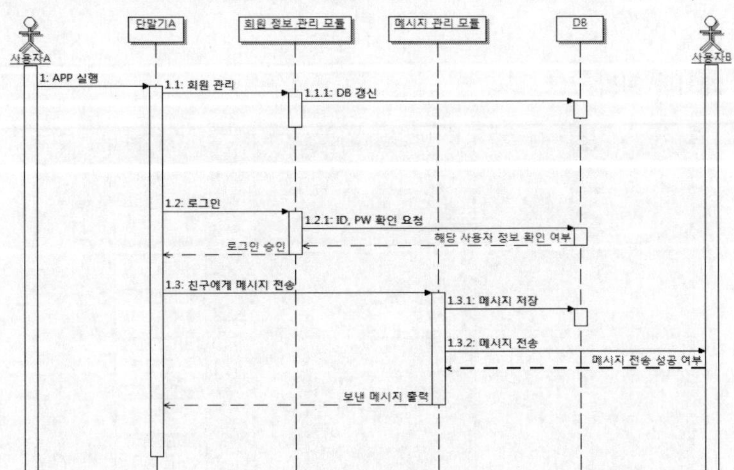

[그림 16] 메시지 관리 Sequence Diagram

3.3.3 Activity Diagram

3.3.3.1 내 정보 관리

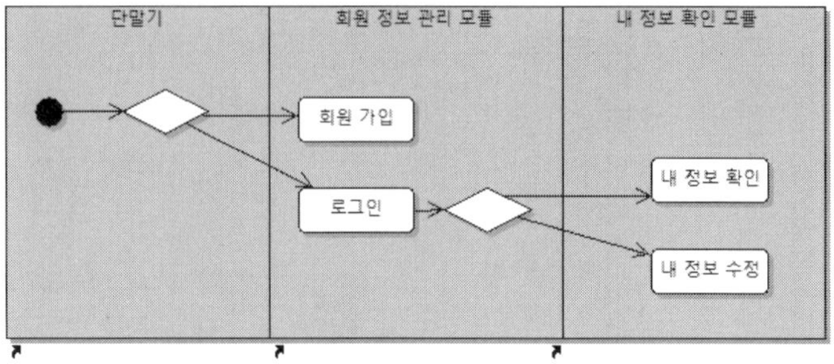

[그림 17] 내 정보 관리 Activity Diagram

3.3.3.2 친구 추천 관리

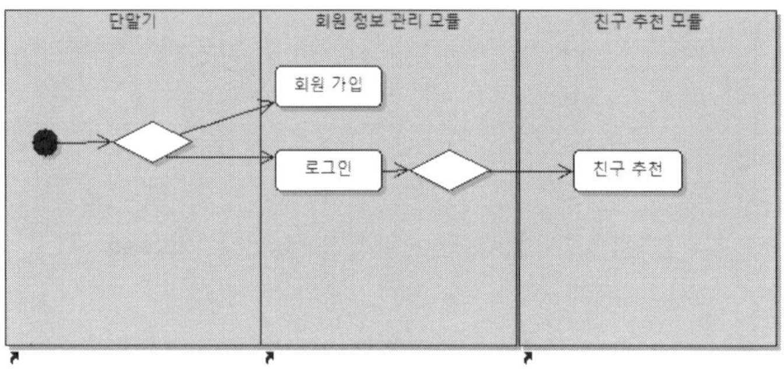

[그림 18] 친구 추천 관리 Activity Diagram

3.3.3.3 게시판 관리

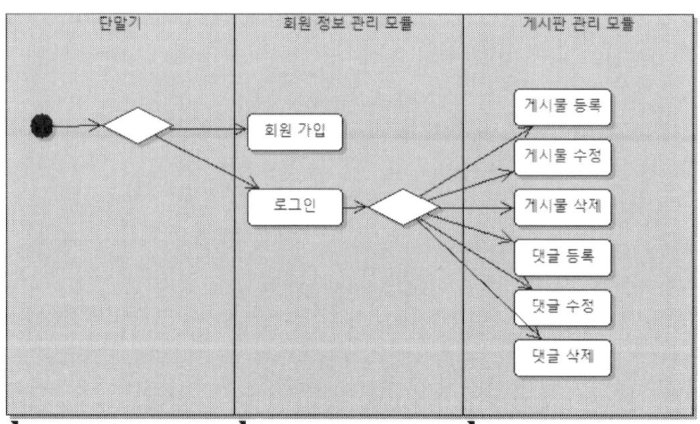

[그림 19] 게시판 관리 Activity Diagram

3.3.3.4 공강 시간 관리

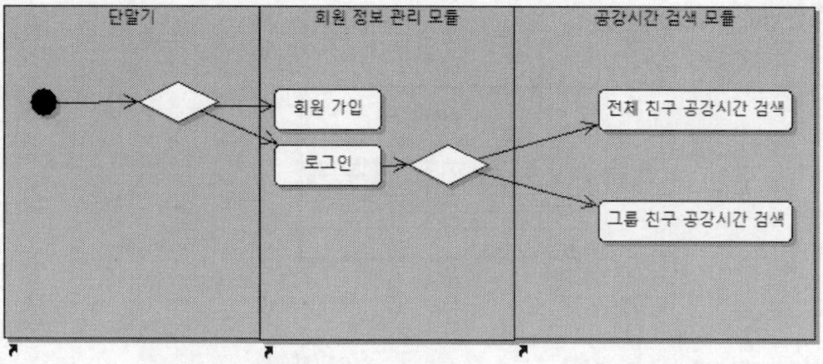

[그림 20] 공강 시간 관리 Activity Diagram

3.3.3.5 위치 정보 관리

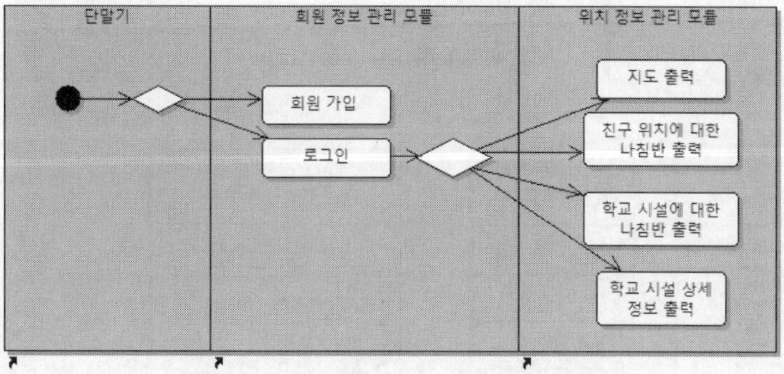

[그림 21] 위치 정보 관리 Activity Diagram

3.3.3.6 메시지 관리

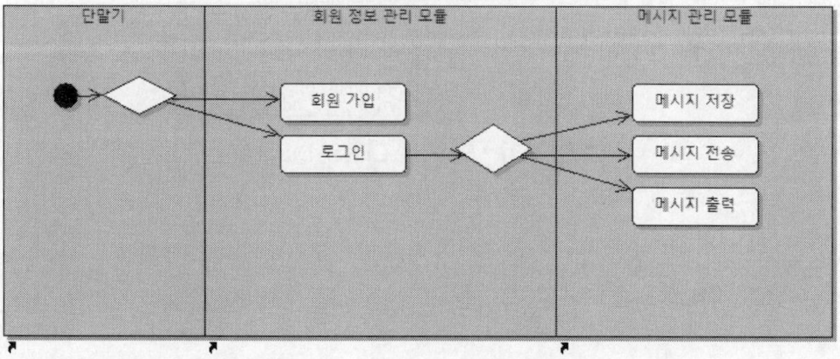

[그림 22] 메시지 관리 Activity Diagram

3.3.4 Class Diagram

3.3.4.1 Server

[그림 23] Server Class Diagram

3.3.4.2 Device

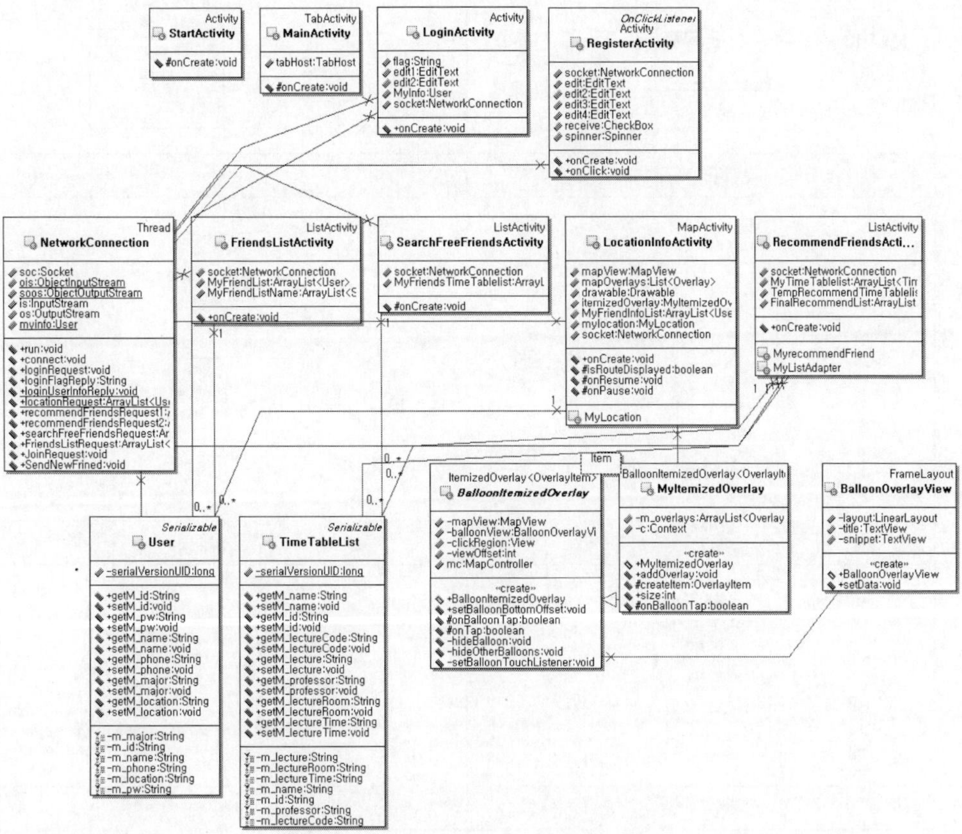

[그림 24] Device Class Diagram

3.3.5 ER Diagram

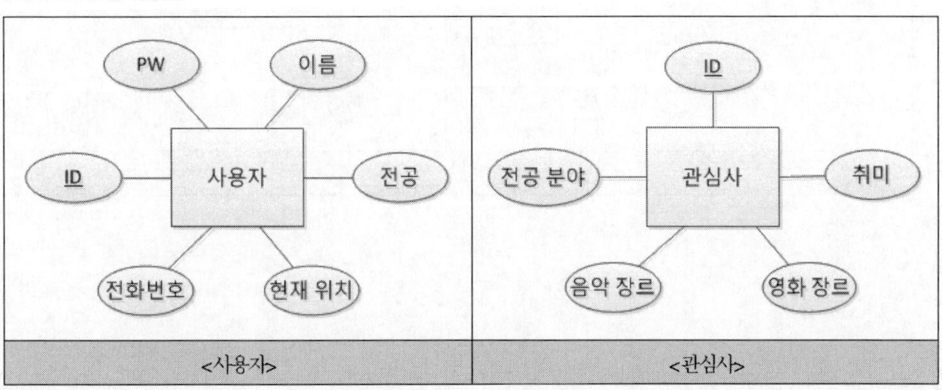

<친구 목록>

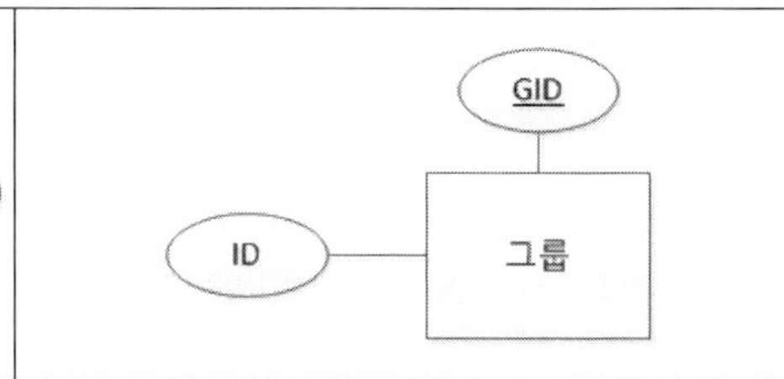

<그룹>

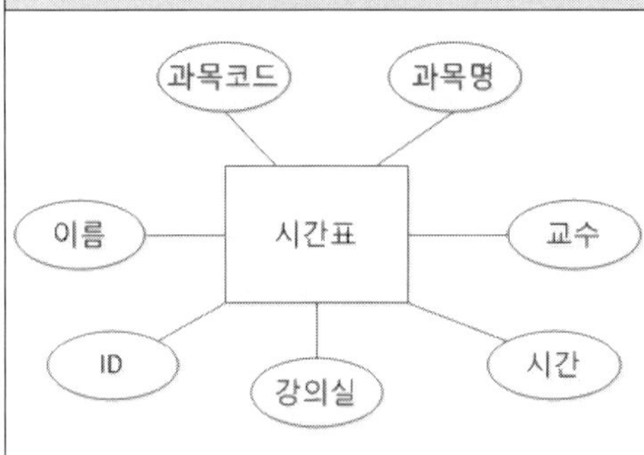

<시간표>

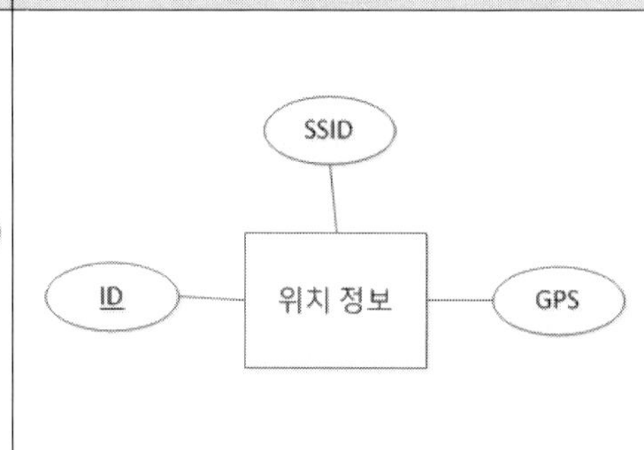

<위치정보>

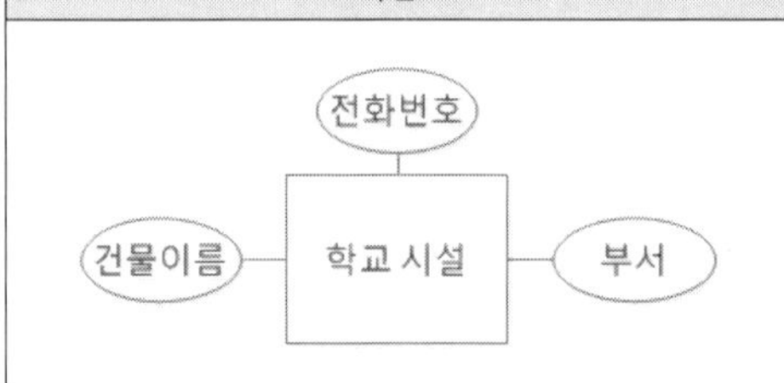

<학교시설>

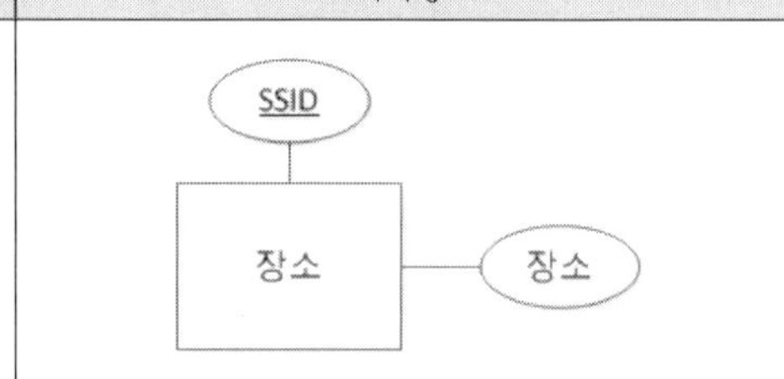

<장소>

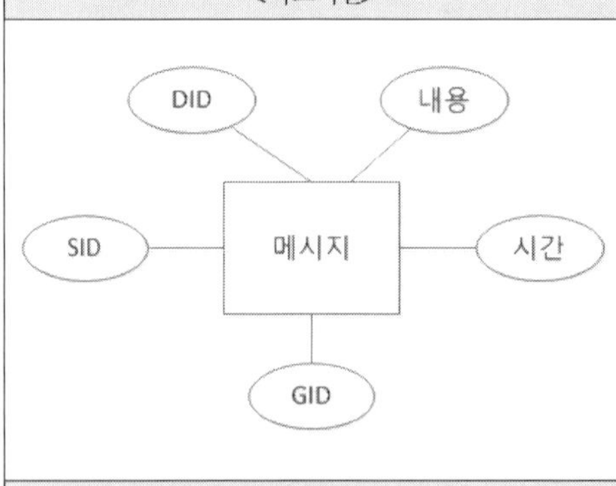

<메시지>

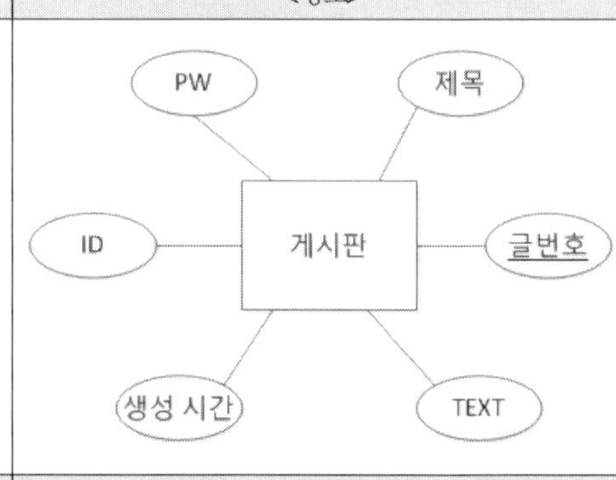

<게시판>

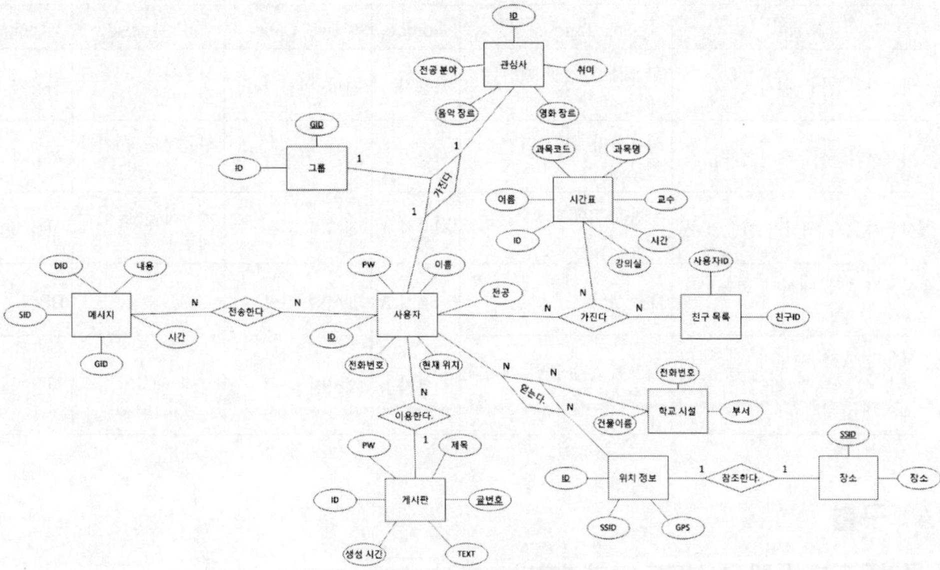

[그림 25] ER Diagram

3.3.6 Event Table

Event	Trigger	Source	Use Case	Response	Dest
사용자 신규 회원가입	DB 갱신	사용자	회원가입	-	DB
사용자 로그인	사용자 정보 인증 요청	사용자	로그인	로그인 인증 여부	사용자
사용자가 내 정보 확인 요청	사용자 정보 요청	사용자	내 정보 확인	사용자 정보	사용자
사용자가 내 정보 수청 요청	DB 갱신	사용자	내 정보 수정	-	사용자
사용자가 친구 공강 시간 검색 요청	친구 공강 시간 정보 요청	사용자	전체 친구 공강 시간 검색	친구의 공강 시간 정보	사용자
사용자가 친구 추천 요청	친구 추천 요청	사용자	친구추천	추가된 친구 정보	사용자
사용자가 게시물 등록 요청	게시물 등록 요청	사용자	게시물 등록	게시판 정보	사용자
사용자가 게시물 수정 요청	게시물 수정 요청	사용자	게시물 수정	게시판 정보	사용자
사용자가 게시물 삭제 요청	게시물 삭제 요청	사용자	게시물 삭제	게시판 정보	사용자
사용자가 댓글 등록 요청	댓글 등록 요청	사용자	댓글 등록	게시판 정보	사용자
사용자가 댓글 수정 요청	댓글 수정 요청	사용자	댓글 수정	게시판 정보	사용자
사용자가 댓글 삭제 요청	댓글 삭제 요청	사용자	댓글 삭제	게시판 정보	사용자
사용자의 친구 목록 요청	사용자의 친구 정보 요청	사용자	친구 정보 출력	사용자의 친구들에 대한 정보	사용자
사용자의 지도 출력 요청	친구 위치 정보 요청	사용자	지도 출력	친구 위치 정보	사용자

Event	Trigger	Source	Use Case	Response	Dest
사용자의 친구 위치 클릭	사용자의 현재 위치 정보 요청	사용자	친구 위치 클릭	사용자와 친구간의 방향 정보	사용자
사용자의 시설 위치 클릭	사용자의 현재 위치 정보 요청	사용자	시설 위치 클릭	사용자와 시설간의 방향 정보	사용자
사용자 A가 메시지 전송 요청	사용자 B에게 메시지 전송 요청	사용자 A	메시지 전송	메시지 전송 성공 여부	사용자B
사용자 A가 메시지 전송 시 저장 요청	DB 갱신	사용자 A	메시지 저장	-	DB
사용자 A가 메시지 전송 시 전송 성공 여부 확인 후 출력 메시지 요청	사용자 A가 출력 메시지 요청	사용자 A	메시지 출력	보낸 메시지	사용자A

3.4 구현

클라우드를 통해 소스코드를 제공한다. 경로는 [uCloud]/Chapter.10/Source_code이다.

4 프로젝트 결과

4.1 연구 결과

4.1.1 초기 화면 및 로그인

[그림 26] 초기 화면 및 로그인

- 최초의 애플리케이션을 실행하면 로딩화면이 실행된다.

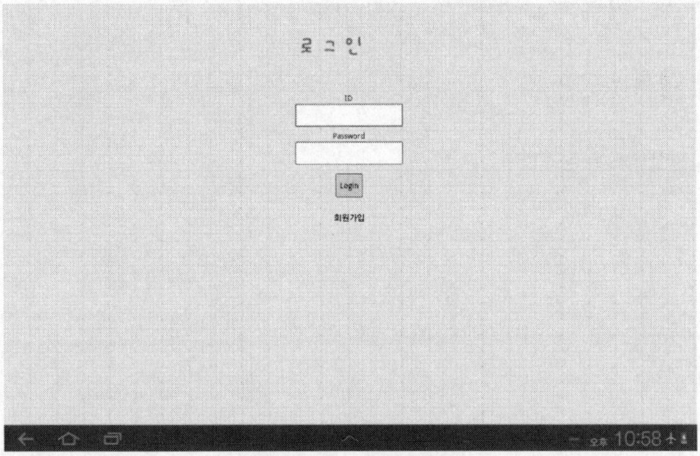

[그림 27] 로딩화면

- 약 3초간 로딩화면이 실행된 후 로그인 화면으로 전환된다.

4.1.2 회원가입

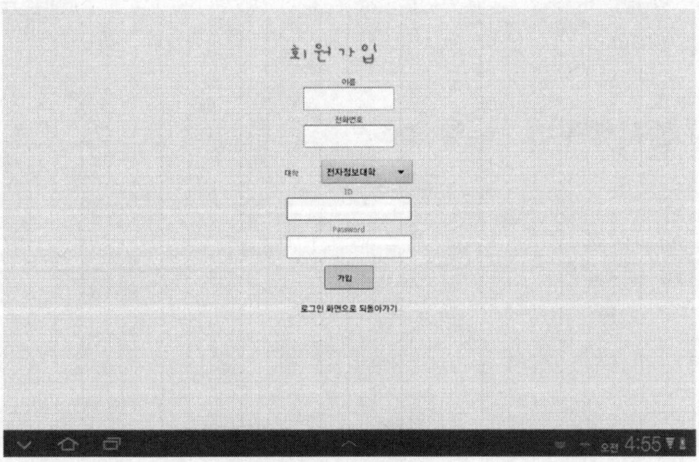

[그림 28] 회원가입

- 로그인 화면에서 사용자가 애플리케이션의 ID가 없다면 회원가입 버튼을 눌러 회원가입을 할 수 있다.
- 회원 가입 시에는 사용자의 이름, 아이디, 핸드폰 번호, 비밀번호, 학과를 입력 받는다.

- 모든 필드의 입력이 끝난 후 가입 버튼을 누르면 서버에 사용자의 정보가 전송되고, 다시 로그인 화면으로 전환된다.

4.1.3 친구 목록

[그림 29] 친구 목록

- 친구 목록 메뉴를 누르면 로그인한 사용자의 친구들의 리스트를 서버로부터 전송 받아 화면에 출력해준다.

4.1.4 공강 친구 찾기

[그림 30] 회원가입

이 연구에서 가장 중요하게 생각했던 기능으로 현재 사용자의 친구들 중 공강인 친구들의 공강 시간을 출력해주는 기능이다. 이 기능을 사용함으로써 친구들과의 원활한 소통을 할 수 있을 것이라고 기대한다. 이때 사용한 알고리즘은 다음과 같다.

- 사용자가 메뉴클릭 시 현재 사용자의 친구들의 시간표 정보가 Device로 전송된다.
- 친구들의 시간표의 시간, 분을 숫자로 변환하여 리스트로 정렬해 현재 시간과 가장 가까운 범위를 찾아낸다.

4.1.5 친구 위치 찾기

로그인한 사용자가 친구 위치 검색 메뉴를 클릭 시 구글 맵과 연동된 현재 사용자의 위치가 출력된다. 그리고 사용자와 친구인 친구들의 목록을 서버로부터 전송받아 지도에 오렌지색 마커로 표시된다. 이때 해당 마커를 클릭 시 친구의 이름, 아이디, 전화번호를 확인할 수 있다. 또한 사용자의 위치는 파란원의 마커로 표시되며 사용자의 위치가 이동함에 따라 마커도 움직이게 된다. 현재 사용자의 방향에 따른 나침반도 같이 출력된다.

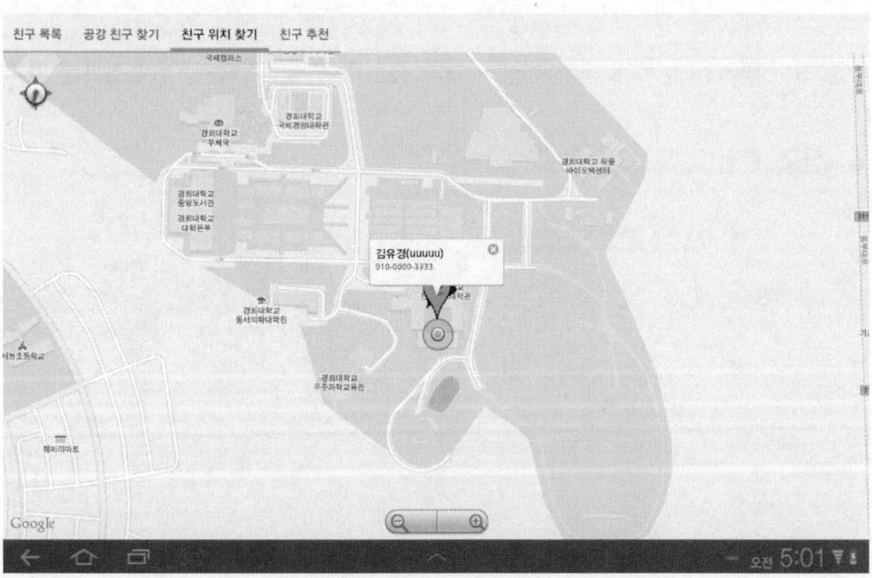

[그림 31] 친구 위치 찾기 1

- 현재 위치는 파란 원 마커로 표시되고 있다.
- 그리고 친구의 마커를 클릭시 위의 그림과 같이 친구의 이름, 아이디, 전화번호를 출력한다.

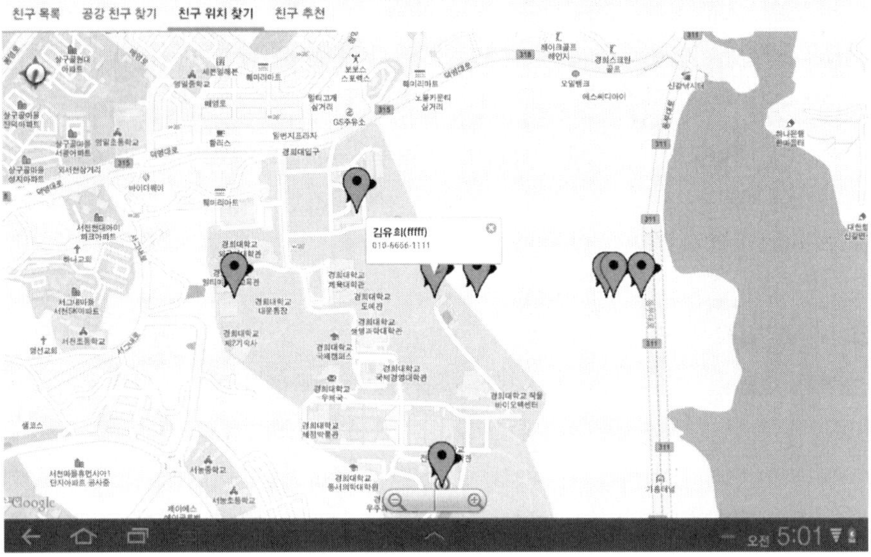

[그림 32] 친구 위치 찾기 2

- 다른 친구 마커를 누르게 되면 해당 마커가 중심으로 지도가 움직이며 정보를 출력한다.

4.1.6 친구 추천

[그림 33] 친구 추천

✎ 사용자와 점심 시간이 겹치는 친구가 아닌 회원을 추천한다. 점심 시간이 겹치는 친구들을 추천받음으로써 점심 같이 먹을 친구를 찾는 애플리케이션 목적에 좀 더 가까워 질

수 있을 것이다.

4.2 성능평가

현재 기존에 계획했던 애플리케이션의 기능들은 모두 구현되지 않았다. 그러나 현재 애플리케이션에서 기존에 목적으로 했던 점심 시간에 점심을 같이 먹기 위한 친구를 검색하는 기능은 구현되었다. 이 기능을 좀 더 활성화하기 위해서는 친구 간의 메시지를 송수신하는 기능이 추가되어야 한다. 따라서 SSID DB로 친구의 위치 정보를 출력하는 것, 위치 업데이트, 채팅이 완벽하게 구현된다면 본 프로젝트의 목표를 완벽하게 달성할 수 있을 것이다.

- 타 애플리케이션과의 비교

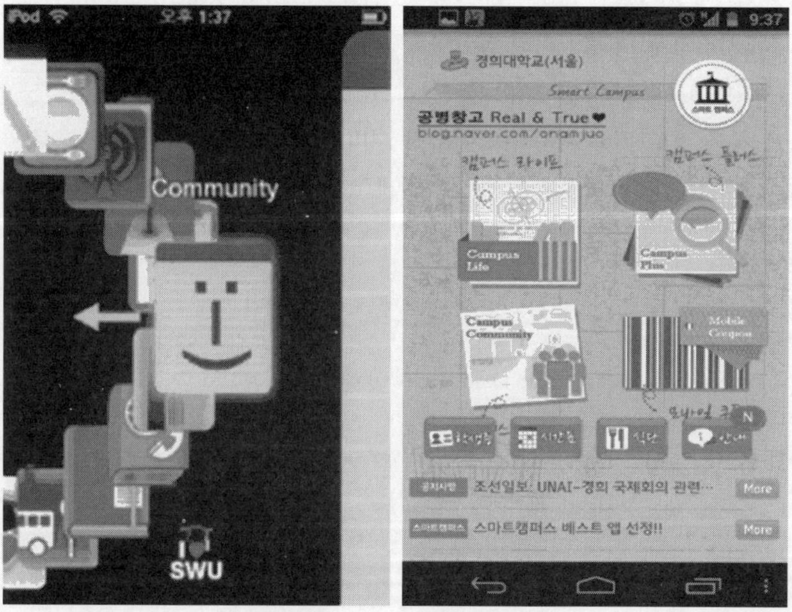

[그림 34] 기존의 애플리케이션

기존 애플리케이션들은 주로 정보 제공만을 목적으로 하며, 사용자들이 실시간으로 소통하는 기능이 없었다.

이 연구에서는 실시간으로 친구의 위치를 알 수 있고, 현재 공강 시간인 친구의 정보를 알 수 있어서 사용자들에게 정보 제공에서 더 나아가 서로 소통할 수 있는 소셜 네트워크 기능을 제공한다. 조금 아쉬운 점은 채팅기능을 구현하지 못한 것이다. 채팅 기능이 구현이 된다면 이 연구의 목적인 공강 시간에 밥 먹을 친구 찾기를 본 애플리케이션 하나만 이용해도 가능했을 것이다.

5 결론

대학생활을 하면서 친구들이 언제 수업을 듣는지, 지금 밥을 먹을 수 있는지, 언제 어떤 수업을 듣는지 물어보기 위해 연락하는 경우가 많다. 하지만 모든 친구들에게 매번 직접 물어보기가 힘들 경우도 있다. 혹은 상대방이 연락을 못하는 상황일 수도 있다. 제작한 애플리케이션을 사용하면 굳이 친구들에게 물어보지 않아도 친구들이 지금 어디 있는지, 공강 시간인지 편하게 알 수 있을 것이다. 이러한 서비스를 제공하는 것이 1차 목표이다. 조금 더 나아가 친구들의 현재 상태를 알게 된 후에는 연락할 수 있어야 할 것이다. 개별 또는 해당 그룹마다 채팅 서비스를 지원한다. 또한, 현재 등록된 친구 이외에도 현재 사용자가 모르는 대학교 내 친구들을 다양하게 사귈 수 있도록 개인의 성향을 고려한 친구추천 기능까지 완성된다면 학교 내에서 인맥 관리에 유용한 소셜 네트워크를 구성할 수 있을 것이다. 그 외에도 익명게시판을 만들어 우리 학교만의 정보를 주고받고 실시간 이슈를 파악하는 기능, 학교 시설 정보 등을 제공하여 종합적 서비스를 제공하는 애플리케이션을 완성하여 사용자들에게 편한 대학교 생활을 할 수 있게 하는 것이 목표이며 기대효과이다.

참고문헌

[1] 고현철, 유형목, 안드로이드의 모든 것 분석과 포팅, 한빛미디어

[2] 기차타고 MT는 옛말 … '외톨이 대학생' 이 느는 이유 [박보람 동아일보 인턴기자] 중에서. http://news.naver.com/main/read.nhn?mode=LS2D&mid=sec&sid1=102&sid2=250&oid=020&aid=0000451529&iid=

[3] 캠퍼스 어플 비교분석. http://blog.naver.com/lebora1029?Redirect=Log&logNo=70142428921

[4] 안드로이드 사이드. http://www.androidside.com/

CHAPTER 11

프로젝터-카메라 기반 피아노 교육용 증강현실 시스템

최근 이슈가 되고 있는 증강현실 인터페이스와 악보해석 기술을 접목하여 기존 피아노 교육 시스템의 문제점을 보완한 효율적인 피아노 교육 시스템을 제안한다. 본 시스템은 프로젝터-카메라를 기반으로 구현된 인터페이스와 악보 해석 시스템을 결합한 구조로, 분석된 음계에 대한 정보를 카메라를 통해 얻어진 위치정보에 맞게 프로젝터로 투영함으로써 별도의 악보 이해없이 피아노 연습이 가능한 시스템을 제안한다. 악보 이해를 위한 지식을 요구하지 않고 피아노 연습이 가능하다는 특징을 가지고 있다.

1 서론

1.1 연구배경

현대 사회에서 피아노는 친근한 매체이다. 피아노는 TV 등 많은 매체에서 등장하며, 어디에서든 흔히 볼 수 있는 생활 속의 악기로 자리 잡았다. 이에 따라 많은 사람들이 피아노 연주에 대해 관심을 가지게 되었으며 피아노 학원 및 과외 성행 등이 이를 반영하고 있다. 또한 피아노 교육은 감수성, 논리력 등을 키워 주는 데에 큰 도움이 된다는 연구 결과도 있어 폭넓은 연령대의 많은 사람들이 피아노를 배우려 하고 있다.

하지만 피아노 교육은 다른 교육들에 비해 비교적 긴 교육기간과 높은 난이도를 요구하며, 교육비용 또한 적지 않기 때문에 높은 진입 장벽을 보인다. 이러한 이유로 피아노 교육을 얼마나 더 쉽고 재미있게 만들지에 관한 연구는 지속적으로 진행 중에 있다.

하지만 위와 같은 연구들은 대부분 가상현실을 벗어나지 못하고 있다는 한계가 있으며, 피아노 연주를 위한 교육적인 측면에서 효과가 떨어진다는 문제가 있다. 이러한 단점은 사용자들이 실제 피아노 교육을 위해서 사교육 등의 다른 교육 방법들의 비중을 높이고 있으며, 이 연구에서는 이러한 기존 연구의 한계점을 개선하고 더 좋은 방법을 모색하고자 한다.

1.2 연구목표

기존의 스마트폰이나 PC를 사용한 피아노 교육 프로그램들은 실제 피아노 연주 환경이 아닌 가상환경을 기반으로 진행된다. 이러한 방법은 실제 연주 환경과는 상당히 다르다는 점에서 피아노 연주 실력에는 직접적으로 많은 도움을 주지 못한다는 한계가 있다. 이러한 문제점을 개선하기 위한 방법으로 이 연구는 프로젝터와 카메라를 통해 구성하는 증강현실 환경을 활용하여 실제 연주 환경에서 초보자들이 특별한 교육 없이도 피아노를 쉽게 배울 수 있는 인터페이스를 구현하고자 한다. 악보 파일을 읽고 그에 맞는 가이드를 증강현실 인터페이스로 제공하여 악보를 전혀 모르는 초보자들이 쉽게 이용이 가능하고 중·상급자들 또한 악보를 빠르게 외울 수 있는 연습 환경을 제공한다.

따라서 이 연구는 초보자에서부터 중·상급자에 이르기까지 실제 피아노 연주 환경에서 보다 효율적이고 재미있게 연습할 수 있는 환경을 제공하는 시스템을 구축하는 것을 최종 목적으로 한다.

2 관련연구

2.1 기존 애플리케이션 연구

관련연구는 기존 피아노 교육 시스템과 프로젝터-카메라 기반 증강현실 환경 구현, 표준 미디 파일(Standard MIDI File) 및 MusicXML 파일의 시각화를 바탕으로 한다.

기존 피아노 교육 애플리케이션의 경우 [그림 1]의 '미디키보드를 사용한 지능형 피아노 교습 시스템의 설계' (김희성 외 2인, 2008) 및 [그림 2]의 '교육용 3D 피아노 게임 솔루션에 관한 연구' (이지훈 외 1인, 2009)와 같은 연구가 존재한다.

카메라로 인식한 건반의 위치에 프로젝터로 원하는 영상을 출력하는 시스템의 구현은 '다평면-디스플레이를 위한 프로젝터-카메라 시스템' (이아림, 2011)의 논문을 참고할 예정이다. 각 건반의 외곽선을 검출하여 구분하고 건반과 프로젝터 사이의 변환 행렬을 계산하여 알맞은 투영 영상을 만들 수 있도록 한다.

이렇게 구성된 증강현실 환경을 바탕으로 실제 건반 위에서 유저가 원하는 연주곡의 표준 미디 파일(Standard MIDI File) 및 MusicXML의 악보 데이터를 연주하며 실시간으로 시각화 한다. SMF 데이터의 3D 시각화를 제공하는 MIDI 플레이어인 WADA Masashi의 오픈소스 프로젝트 MIDITrail과 유사하다고 할 수 있다.

[그림 1] 3D 피아노 게임

[그림 2] 미디키보드 교육

2.2 기존 연구의 문제점 및 해결 방안

2.2.1 연구의 문제점

기존 교육용 프로그램은 PC 또는 특정 단말기 화면을 통한 출력을 기반으로 한다.

(a) 가상현실 속은 실제 연주 환경과는 다르기 때문에 피아노 교육의 교육적 효과가 현저히 떨어짐

(b) 기본적으로 악보를 빠르게 보며 연주할 수 있는 일정 수준 이상의 연주 실력을 요구함
(c) 실제 연주 연습 시에 필요한 여러 기능들이 포함되어 있지 않음

2.2.2 해결 방안

카메라-프로젝터 기반의 증강현실 환경 활용으로 가상현실보다 실제 연주 교육에서의 활용도를 극대화시킨다. (b), (c)의 경우 악보 파일을 읽어 직접 건반에 표시해주며 구간 반복, 저배속 연습 등 실제 연습 시 도움이 되는 다양한 기능들을 추가하여 문제를 보완한다.

3 프로젝트 내용

3.1 시나리오

- 카메라 입력을 받아서 현재 건반의 위치 파악 및 변환 행렬 생성
- 입력된 곡을 변환 행렬에 따라 투영 영상으로 시각화
- 파악된 건반 위에 프로젝터로 연주 가이드(투영 영상) 출력
- 연주 가이드를 따라 입력된 곡을 손쉽게 연주
- 템포 조절, 반복 재생 등의 편의 기능 제공

3.2 요구사항

- 구현 기반 : MFC 기반의 Application 및 OpenCV 라이브러리 기반 실시간 이미지 프로세싱
- 프로젝터-카메라 증강현실 환경 구축에 필요한 기반
  OpenCV 라이브러리를 사용한 입·출력 인터페이스
- 연주곡 입·출력 모듈에 필요한 기반
  SMF 및 MusicXML 파일 입력 모듈
- 연주 가이드 컨트롤 UI
  MFC를 기반으로 한 UI 구현

3.3 시스템 설계

3.3.1 시스템 구성도

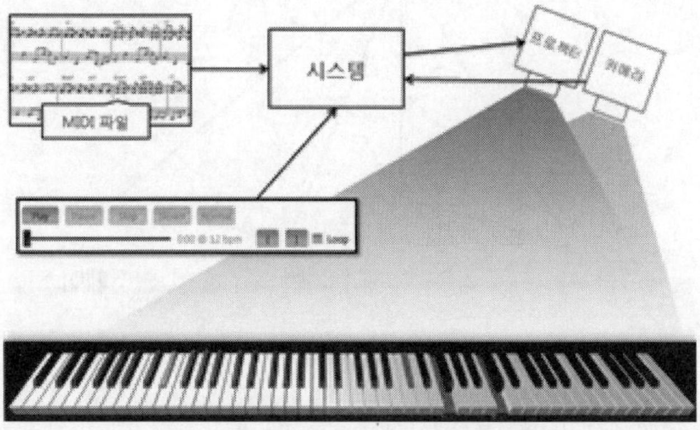

[그림 3] 피아노 교육용 증강현실 시스템

최종 시스템은 [그림 3]과 같이 프로젝터-카메라 입출력을 기반으로 한 피아노 건반 위의 증강현실 인터페이스(Augmented Reality Interface), 악보 파일 해석(Music File Translation) 시스템, 사용자 조작(User Control) 처리, 예상 가능 디스플레이(Expectable Display)로 구성된다. 시스템은 카메라 입력으로부터 받은 영상을 토대로 악보를 해석하여 건반 위에 처리된 값을 프로젝터로 출력하고, 사용자 조작에 따라 여러 기능을 수행한다. 따라서 사용자는 자신이 원하는 설정대로 피아노 건반 위에서 연주곡에 대한 가이드를 제공받을 수 있게 된다.

3.3.2 프로젝터–카메라 기반 증강현실 인터페이스(Augmented Reality Interface)

- 프로젝터-카메라 인터페이스 제공 모듈 구현

  프로젝터와 카메라를 최대한 동일한 축을 가지도록 구성한다. 증강현실 인터페이스는 [그림 4]에서와 같이 프로젝터와 카메라를 통해 실제 연주 환경에 구현하도록 한다. 프로젝터와 카메라의 광학축이 달라서 생기는 좌표 오차의 문제점은 소프트웨어적으로 일련의 보정 작업을 거쳐서 진행한다.

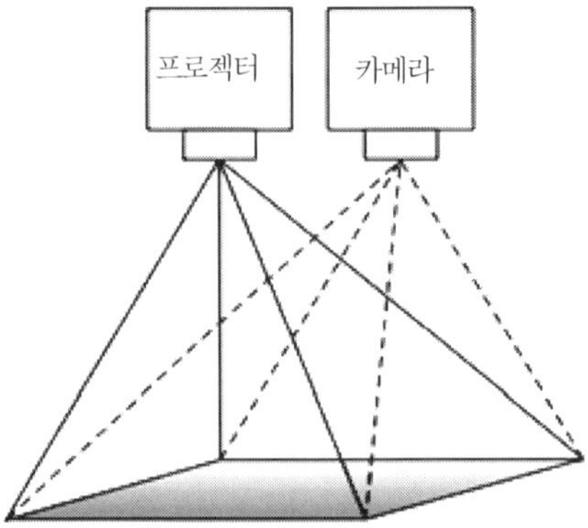

[그림 4] 프로젝트-카메라 기반 증강현실 인터페이스

- OpenCV 기반 카메라의 입력을 제어하는 모듈 구현
  카메라 입력을 세부적으로 조정할 수 있는 모듈로 입력 영상을 제어한다.

- 프로젝터의 출력을 제어하는 모듈 구현
  프로젝터 출력 제어를 통해 오차를 정정할 수 있다.

- 변환 행렬을 통해 실제 건반 위에 정확히 투영할 수 있는 영상을 제작하는 모듈 구현
  카메라를 통해 촬영한 입체적인 이미지에서 투영할 영상에 대한 변환 행렬을 추출한다. 추출된 행렬을 통해서 각 건반의 위치에 맞는 프로젝터 이미지를 만들어 출력한다.

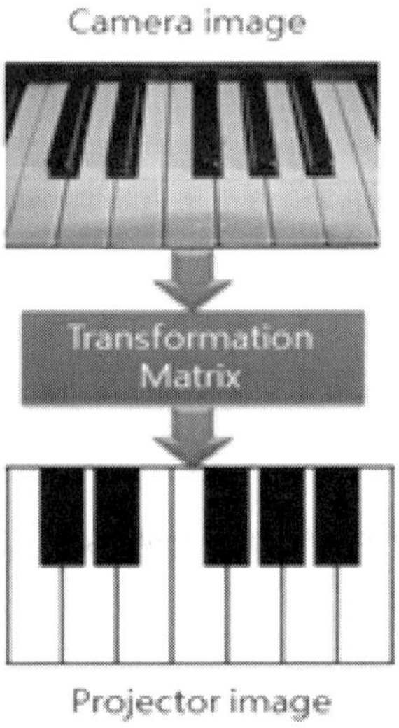

[그림 5] 변환행렬을 활용한 이미지 변환

3.3.3 연주곡 악보 파일 해석(Music File Translation)

- MIDI 파일 입력 및 분석

0	0	0	60	0	0	0	0	0	음 시작
144	144	144	144	144	144	144	144	144	
67	64	60	60	60	60	60	60	60	
100	100	100	100	100	100	100	100	100	
120	120	60	60	120	120	120	120	120	음 종료
67	64	60	60	60	60	60	60	60	
0	0	0	0	0	0	0	0	0	
0	0	0	0	0	0	0	0	0	Track
255	255	255	255	255	255	255	255	255	종료
47	47	47	47	47	47	47	47	47	명령
0	0	0	0	0	0	0	0	0	
솔	미	도	도	도	도	도	도	도	

[그림 6] MIDI 파일 분석 예시

악보 파일을 컴퓨터 파일 시스템 상에 저장할 수 있는 방법으로 표준 미디 파일(Standard MIDI File, SMF)이 있다. 이는 타이밍 정보를 포함하여 전자악기끼리 디지털 신호를 주고받기 위해 규칙화한 미디 메시지들을 포함하고 있다. [그림 6]은 미디 파일에서의 데이터 추출을 통해 모든 미디 정보를 숫자 데이터로 변환한 것이다. 악보에 대한 모든 정보가 숫자 데이터로 변환되므로 시스템에서 악보에 대한 분석 및 처리를 할 수 있다.

- MusicXML 파일 입력 및 분석

```
                    ⋮
<score-partwise version="2.0">
  <part-list>
    <score-part id="P1">
      <part-name>Music</part-name>
    </score-part>
  </part-list>
  <part id="P1">
    <measure number="1">
      <attributes>
        <divisions>1</divisions>
        <key>
          <fifths>0</fifths>
        </key>

          <beats>4</beats>
          <beat-type>4</beat-type>

        <clef>
          <sign>G</sign>
          <line>2</line>
        </clef>
      </attributes>
      <note>
        <pitch>
          <step>C</step>
          <octave>4</octave>
        </pitch>
        <duration>4</duration>
        <type>whole</type>
      </note>
    </measure>
  </part>
</score-partwise>
```

[그림 7] MusicXML 파일 분석 예시

악보를 XML 형태로 저장할 수 있는 방법으로 [그림 7]과 같은 MusicXML 형태의 파일이 있다. MusicXML 파일은 마디 구분을 위한 〈part〉 태그, 박자 장조 등의 정보를 포함한 〈attribute〉 태그, 각 음계에 대한 정보를 가진 〈note〉 태그 등으로 구성되어 있다. 따라서 악보에 대한 여러 정보들은 MusicXML의 태그 정보를 분석하여 추출할 수 있다.

3.3.4 사용자 조작 인터페이스(User Control Interface)

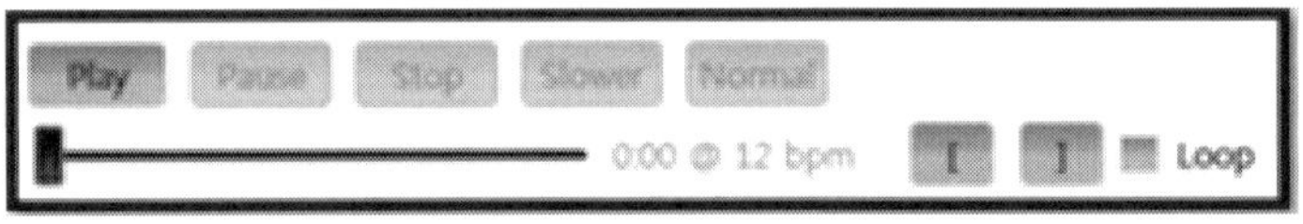

[그림 8] 사용자 조작 인터페이스

사용자는 편의에 따라 연주 가이드를 재생, 정지, 일시정지 기능을 수행할 수 있다. 또한 구간 집중 연습을 위한 반복 기능을 제공한다. 빠른 곡의 연주가 어려운 사용자들을 위한 저배속 연습 기능도 제공한다. 이는 [그림 8]과 같은 형태로 MFC 기반의 Windows Application으로 구현한다.

3.3.5 예상 가능 디스플레이(Expectable Display)

[그림 9] 연주곡 파일의 시각화 투영 영상

초급 사용자들은 건반에 표시되는 가이드만을 통해 배우는 것이 다소 어려울 수 있다. 가이드 불빛은 악보에 따라 수시로 변경되므로, 이러한 환경에서 섬세하고 정확한 박자를 맞추는 것은 어려운 일이다. 정확한 박자와 연주 흐름을 맞추기 위해서는 사용자도 어느 정도 곡의 흐름을 예상할 수 있어야 하고, 연주 중에도 흐름에 맞추어 다음 건반을 누를 준비가 되어 있어야 한다. 따라서 [그림 9]에서와 같이 연주자가 건반을 예상하고 준비할 수 있도록 노트를 통해 디스플레이하는 인터페이스로 구현한다.

3.3.6 UML Diagram을 통한 시스템 모델링

3.3.6.1 Use Case Diagram

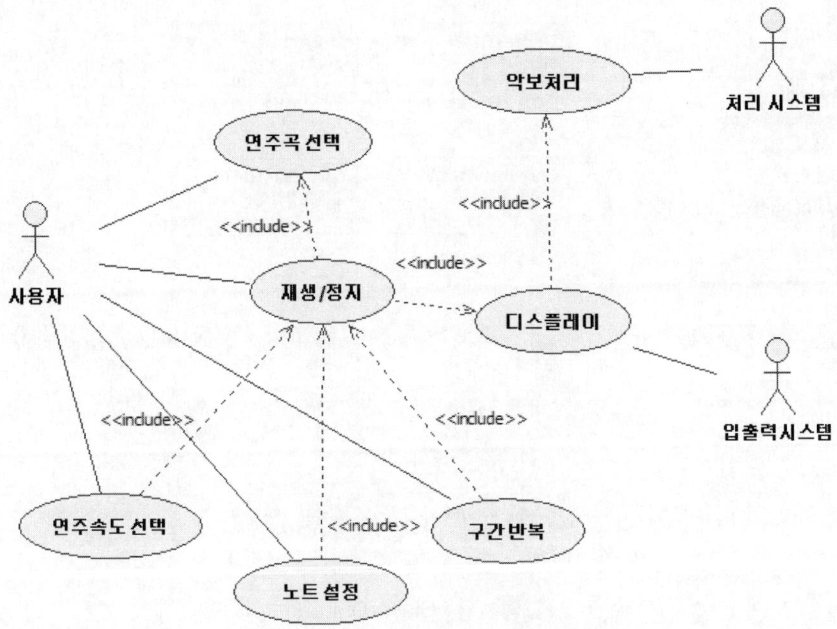

[그림 10] Use Case Diagram

사용자는 연주곡을 선택한 후 재생/정지 요청을 통해 인터페이스를 제어 가능하다. 재생/정지에 있어서 연주 속도나 노트, 구간 반복 등을 옵션으로 설정할 수 있다. 사용자가 재생/정지 요청을 하면 입·출력시스템은 악보 처리 시스템에서 처리된 악보 처리를 기반으로 디스플레이를 하여 사용자에게 제공하게 된다. 이러한 과정은 [그림 10]과 같은 Use Case Diagram으로 도식화할 수 있다.

3.3.6.2 Class Diagram

본 시스템은 사용자 인터페이스를 담당하는 PIANOEDUDlg 클래스와 음악 파일의 해석을 담당하는 Midifile 클래스를 주축으로 하여 구성되어 있다. [그림 11]에서 보는 바와 같이 2개의 클래스를 중심으로 하여 재생과 관련된 시간을 담당하는 HRTimer 클래스와 데이터 처리를 위한 기타 여러 세부 클래스들로 구성되어 있다. 또한 사용자 입력과 Dialog에서 불러온 MIDI 연주곡의 정보는 각각 PIANOEDUDlg와 Midifile 클래스가 처리한다.

[그림 11] Class Diagram

해석된 정보는 다시 UI를 담당하는 PIANOEDUDlg 클래스가 받아 온 뒤, 사용자 조작에 맞추어 화면과 곡을 재생한다. 다음 [그림 12]는 본 시스템의 세부 클래스 다이어그램이다.

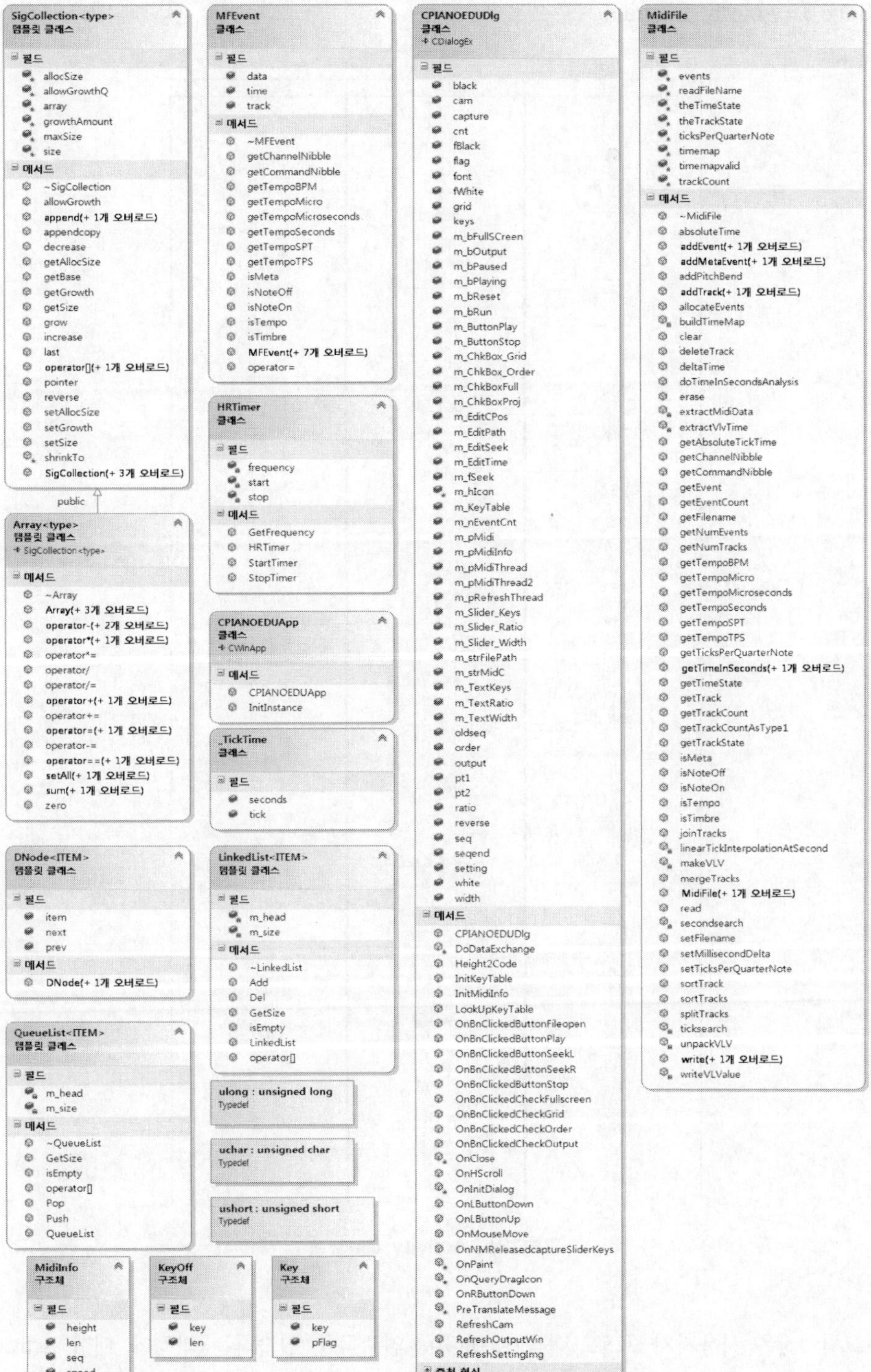

[그림 12] Detail Class Diagram

3.3.6.3 Activity Diagram

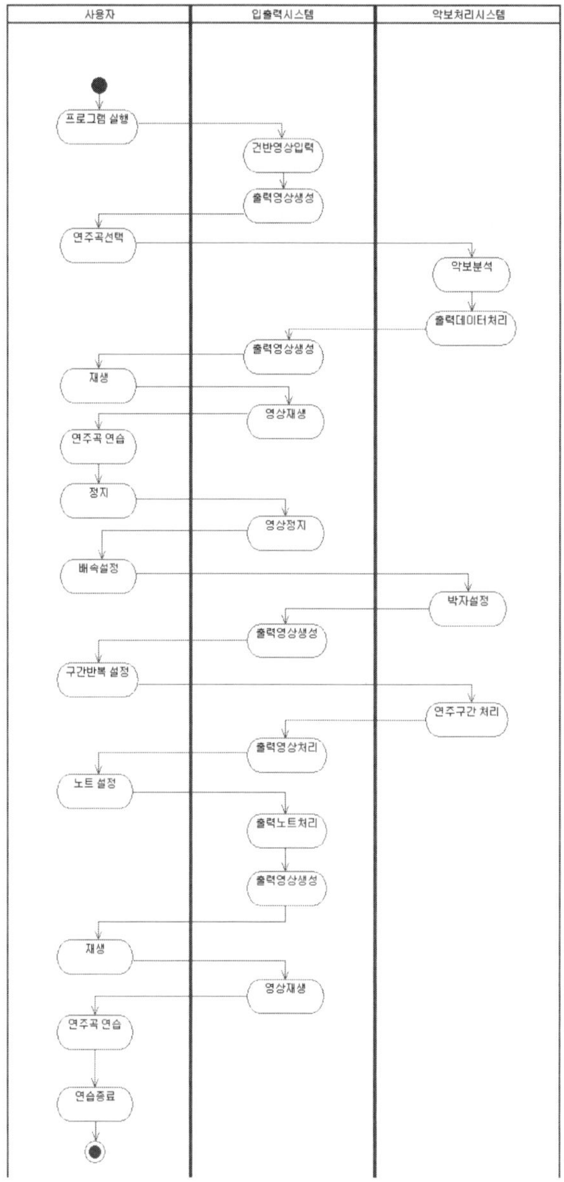

[그림13] Activity Diagram

[그림 13]은 사용자가 프로그램을 실행하여 연주곡을 연습하는 과정에 대한 Activity-Diagram이다. 사용자가 어떤 요청을 하였을 때에 영상 입·출력 부분과 악보 해석은 각각의

모듈에서 담당하여 처리한다. 사용자는 재생/정지, 배속 설정, 구간 반복 설정, 노트 설정 등을 제어할 수 있다.

3.3.6.4 Sequence Diagram

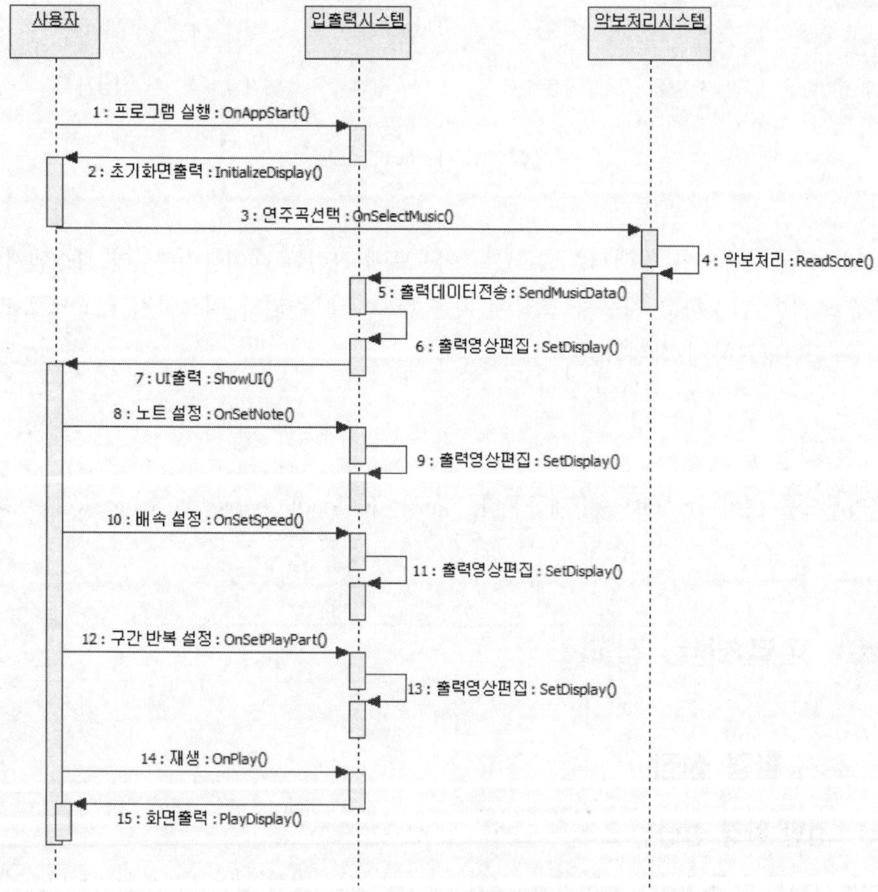

[그림 14] Sequence Diagram

[그림 14]는 Activity Diagram의 동작과정에 대한 세부적인 Sequence Diagram을 나타낸다. Activity Diagram에서는 배속 등에 관련한 내용을 악보 처리 시스템에서 데이터를 변환하는 방식으로 하였지만, 처리 효율을 높이기 위해 배속 설정, 구간 반복 등을 포함한 일부 기능 등을 입·출력 시스템에서 제어할 수 있도록 전환하였다. 구현 중에 함수 명이 다소 변동되었으나 실행 순차 흐름은 위의 내용과 동일하게 구현되었다.

3.3.6.5 Event Table

Event	Trigger	Source	UseCase	Response	Destination
재생/정지 요청	재생/정지 버튼 제어	사용자	연주 가이드 재생/정지	연주 가이드 재생/정지	사용자
구간반복 제어요청	구간설정 버튼 제어	사용자	구간 반복	반복 설정된 구간	사용자
노트 설정 요청	노트설정 버튼 제어	사용자	노트 설정	변경된 노트	사용자
재생 배속 설정 요청	배속설정 버튼 제어	사용자	배속 설정	변경된 배속	사용자

[그림 15] Event Table

[그림 15]는 사용자가 발생시킬 수 있는 이벤트에 관련한 테이블이다. 이 시스템에서는 사용자 조작이 단순하고 사용자 조작에 따른 Database 처리가 필요하지 않으므로 Event Table은 간단명료하게 작성하였다.

3.4 구현

클라우드를 통해 소스코드를 제공한다. 경로는 [uCloud]/Chapter.11/Source_code이다.

4 프로젝트 결과

4.1 초기 환경 설정

4.1.1 건반 환경 설정

연주 가이드 프로그램을 실행하면 [그림 16]에서 보는 것과 같은 UI가 실행된다. 건반의 종류마다 건반 폭과 너비, 건반 개수가 각각 다르므로 이를 사용자가 초기에 설정할 수 있도록 제작하였다. 프로그램 시작 시 사용자는 기준점이 되는 '도' 음인 '가온다' 를 지정할 수 있다. 사용자는 지정된 기본음에 맞추어 연주에 대한 옥타브도 조정이 가능하다. 사용자는 Open MIDI 버튼을 통해서 파일을 불러온 후 Play 버튼을 눌러서 재생이 가능하며, 곡의 재생 위치를 변화시킬 수 있다. 좌측 상단의 체크 박스에서 추가적인 옵션 또한 지원한다.

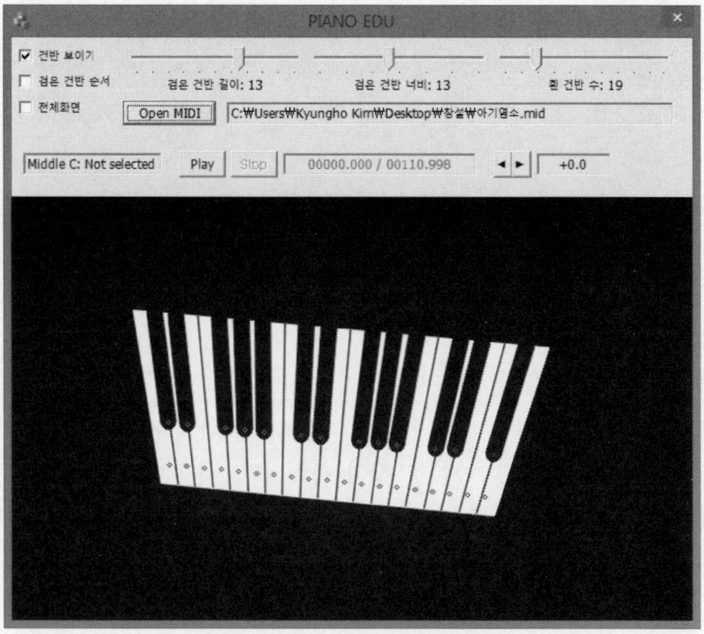

[그림 16] 초기 건반 환경 설정

4.1.2 건반 위치 설정

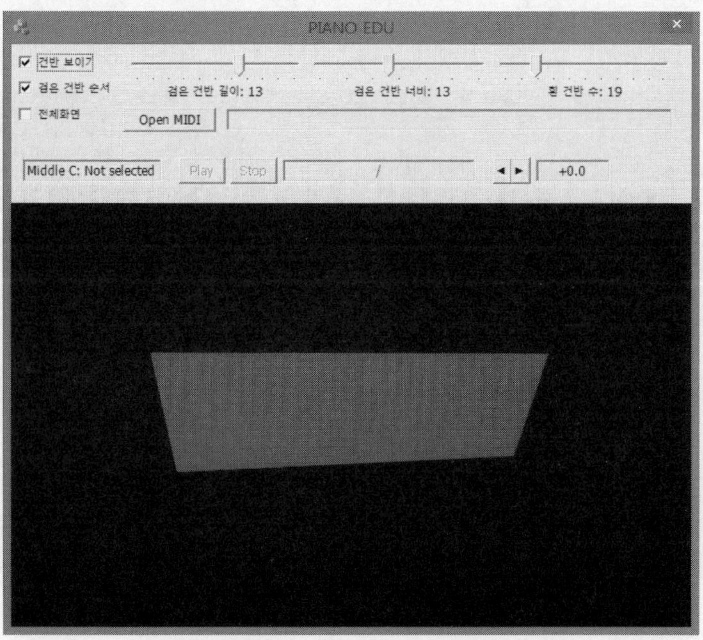

[그림 17] 건반 위치 설정

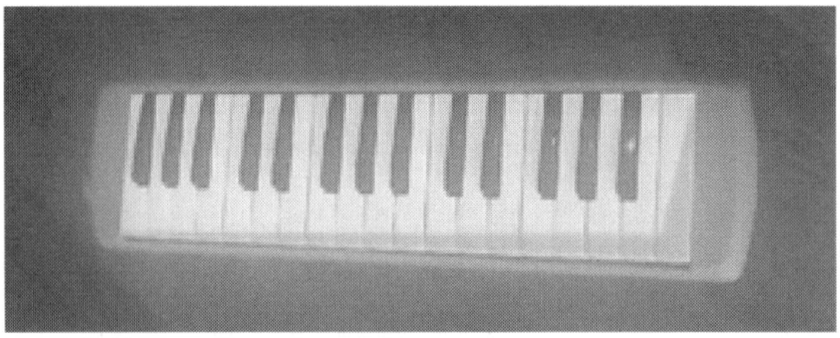

[그림 18] 건반 가이드 위치 적용

[그림 17]에서 보는 것과 같이 건반이 투영될 위치를 사용자는 설정할 수 있다. 이는 건반의 크기나 모양에 따라서 맞추어 적용한다. [그림 18]에서와 같이 건반 위치를 설정한 것에 맞추어 건반 위치에 프로젝터로 가이드 창이 출력된다. 사용자는 이를 보고 동기를 맞출 수 있다. [그림 18]에서는 소형 멜로디언을 통한 데모 시연을 보인다.

4.2 연주 환경

[그림 19] 연주 가이드 조작

[그림 20] 연주 가이드 환경

MIDI 파일을 불러오면 [그림 19]와 같이 가이드를 화면에 띄운다. 이와 동시에 실제 연주 환경에서는 [그림 20]과 같이 건반에 연주해야 할 건반에 대한 적색의 가이드가 표시된다. 연주 중에는 현재 연주 시간이 계속해서 표기되며, 사용자는 연주 가이드 조작을 통해 중간에 연주를 멈추거나 다시 재생시킬 수 있다.

5 결론

5.1 기대효과

카메라로 인식한 건반 화면과 악보 정보를 입력 받고 그에 맞는 분석을 하여 가이드 화면을 건반 위에 프로젝터로 출력해 줌으로써, 사용자는 실제 피아노 연주 환경에서 그에 맞는 연주 가이드 환경을 제공받게 된다. 이는 사용자로 하여금 악보를 따로 읽거나 공부하지 않고도 건반에서 직접적으로 연주할 수 있는 방법을 제공받을 수 있게 함으로써, 보다 쉽고 빠르게 피아노를 배울 수 있게 한다. 이는 따로 피아노 연주 교육을 받는 시간적·경제적 비용을 크게 줄여 줄 수 있다.

5.2 추후 연구방향

현재 구현된 시스템은 프로젝터만을 활용한 단계에 머물러 있다. 연주 가이드의 예상 가능한 시각화 부분 및 건반 위치에 따른 자동 투영 설정, 화음 구현은 되어 있지 않다. 이

부분에 대해서는 방학 중에 추후 진행하여 완성시킬 예정이다. 현재 시스템은 이러한 시스템의 가장 주축이 되는 건반 가이드 출력과 악보 해석 기능만을 구현하고 시연하였다.

참고문헌

[1] 이지훈 외 2인, 교육용 3D 피아노 게임 솔루션에 관한 연구, 2009
[2] 김희성 외 2인, 미디키보드를 활용한 피아노 교습 시스템 설계, 2008
[3] 김곤수 외 3인, 소실점을 이용한 프로젝터와 투영면의 각도 유추, 2011
[4] 심재원 외 1인, iProCam: 양방향 프로젝터-카메라 시스템, 2005
[5] 이아름, 다평면 디스플레이를 위한 프로젝터-카메라 시스템, 2011

CHAPTER 12

Social Network Service for Programmer

프로그래밍에 있어 IDE Tool은 효율적인 개발환경을 제공하고 있지만 프로그래밍을 입문한 사람에게는 이 환경마저 쉽지 않다. 초보자들이 프로그래밍을 하면서 생기는 오류들에 당황하기 때문이다. 그래서 전문가들에게 도움을 청하게 되는데 그 과정에서 소스코드를 복사하거나 캡처를 하는 등 번거로운 절차가 존재한다. 우리는 최근 사용자들이 거미줄처럼 엉켜 이어져 있는 Social Network Service에서의 Source Code에 대한 Project 파일 업로더를 제공하여 IDE Tool과 같이 SourceCode Viewer와 Compile Error 메시지를 보여주어 다른 사람으로 하여금 쉽게 해결방안을 답할 수 있게 하는 SNS를 제공하고자 한다.

1 서론

1.1 연구배경

애플에서 iPhone을 시장에 내놓게 되면서 소프트웨어의 새로운 혁신의 바람이 불게 되었다. 그로 인해 전 세계의 국가들뿐만 아니라 대한민국에서도 소프트웨어의 중요성을 자각하게 되었고, 실력을 갖춘 소프트웨어 엔지니어를 요구하는 시대가 도래하였다. 하지만 프로그래밍에 입문하려고 하는 사람들에겐 턱없이 높은 벽들이 존재하고, 그 벽을 넘기 위해 서적과 인터넷 사이트를 찾고 검색하지만 그 해결책은 쉽게 찾아지지 않는다. 특히 프로그래밍 언어에 특화된 사이트나 카페 등에 검색을 통해 프로그래밍 관련 질문을 해결하려 하지만 그에 대한 해답은 쉽사리 찾을 수 없으며, 질문에 대한 답마저 내가 원하는 답이 아니다. 그리고 질문을 하기 위해 코드를 올리면 그에 대한 답을 해주려는 사람도 프로젝트 파일을 컴파일하고, 실행해보고 디버깅을 해보아야 하는 복잡하고 번거로운 절차들이 동반되기 때문에 여간 마음을 먹지 않는 한 마우스를 클릭하기가 쉽지 않다.

1.2 연구목표

프로그래밍 입문단계의 사람들에게 쉽게 소스코드에 대한 질의응답을 할 수 있는 특화된 SNS 기능을 연구하고자 한다. 프로그래밍 입문단계에 있는 질문자는 SNS에서 C, C++, java에 관련한 소스코드 관련 질문을 쉽게 할 수 있도록 해당 시스템에서 제안하는 방식으로 관련 프로젝트 파일을 압축하여 업로드 하면, 해당 질문에 대해 답변하려는 사람(지정되거나 정해지지 않음)이 Visual Studio와 같은 IDE 툴과 비슷한 디자인을 통해 Project Explore, Source Code Viewer와 Compile Error Message를 통해 다운받아 컴파일해보지 않아도 질문자가 올린 프로젝트 파일을 컴파일한 결과까지 보여줄 수 있도록 제공하여 질문자와 답변자가 쉽게 질의응답을 할 수 있는 환경을 제공하고자 한다.

2 관련연구

2.1 Ajax(Asynchronous JavaScript and XML, 에이잭스)

Ajax(Asynchronous JavaScript and XML, 에이잭스)는 대화식 웹 애플리케이션의 제작을 위해 아래와 같은 조합을 이용하는 웹 개발 기법이다.

- 표현 정보를 위한 HTML(또는 XHTML)과 CSS
- 동적인 화면출력 및 표시 정보와의 상호작용을 위한 DOM, 자바스크립트
- 웹 서버와 비동기적으로 데이터를 교환하고 조작하기 위한 XML, XSLT, XMLHttpRequest (Ajax 애플리케이션은 XML/XSLT 대신 미리 정의된 HTML이나 일반 텍스트, JSON, JSON-RPC를 이용할 수 있다).

► DHTML이나 LAMP와 같이 Ajax는 자체가 하나의 특정한 기술을 말하는 것이 아니며, 함께 사용하는 기술의 묶음을 지칭하는 용어이다. 실제로 AFLAX와 같이 사실상 Ajax에 바탕을 두고 있는 유사/복합 기술들이 속속 나타나고 있다.

► Ajax 애플리케이션은 실행을 위한 플랫폼으로 위에서 열거한 기술들을 지원하는 웹 브라우저를 이용한다. 이것을 지원하는 브라우저로는 모질라 파이어폭스, 인터넷 익스플로러, 오페라, 사파리, 구글 크롬 등이 있다. 단, 오페라는 현재 XSL 포맷팅 객체와 XSLT 변환을 지원하지 않는다.

2.2 기존 시스템의 문제점

- 질문자가 직접 사진을 첨부하여 컴파일 오류에 대한 사항을 보여 주어야 한다.
- 웹페이지에 소스코드를 붙여 넣으면 소스코드가 들여쓰기 정렬이 되지 않아 코드를 보기 어려워진다.
- IDE에서 제공하는 방식의 키워드별 색상 변경이 되지 않아 키워드가 정확하게 되었는지에 대해 검증해야 하며, 익숙하지 않은 환경으로 답변에 어려움이 발생할 수 있다.
- 코드에 대해 오류를 확인하기 위해 IDE 프로그램을 실행하여 코드를 붙여 넣어 컴파일 해보아야 한다.

기존 시스템에서 발생하는 문제점에 대한 자료

► 네이버 지식인에서의 코드 관련 질문사항 1

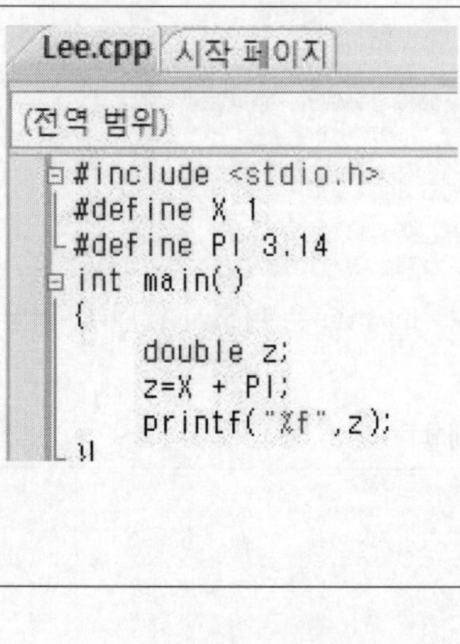

이런 파일 두개를 복사해서(밑의 사진을 보면 알 수 있습니다) 솔루션 빌드를 했더니 무리 없이 되었습니다.

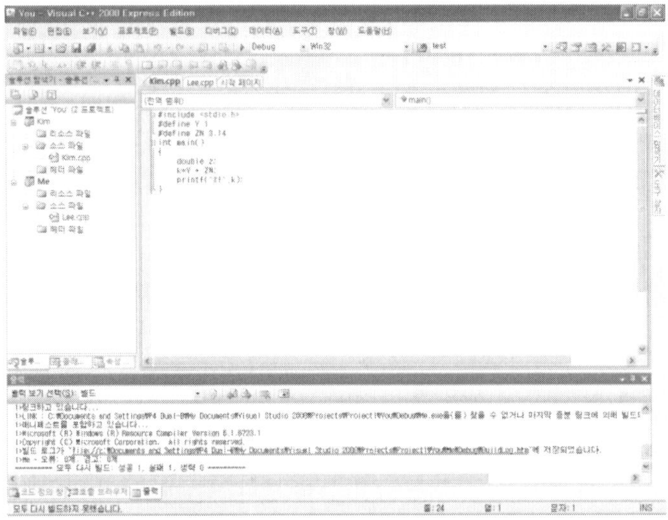

그런데 무려 상수만 바꾸었더니 이런 식으로 변하는군요.

질문 1. 이런 오류가 일어난 이유를 자세히 알려주세요.

저는 이 이유가 처음에 "하나는 int main을 붙이고 하나는 int를 붙이지 않으면 실행되지 않을까" 하는 생각에 하나를 지우고 하나는 int를 지웠더니 이런 식의 결과가 나왔습니다.

C언어 책(정확히는 300제《정보문화사》)에서는 int main은 나오지 않던데, 어떻게 된건가요?

질문 2. main과 int main의 차이점을 알려주세요.

► 네이버 지식인에서의 코드 관련 질문사항 2

```
#include <windows.h>
#include <stdio.h>
int main()
{
 FILE *fp;
 wchar_t buffer[256];
 int j = 0;
 fp = fopen("C:\\test.txt", "r");
 while( fscanf(fp, "%s", buffer) != EOF ){
 j = _wtoi(buffer);
 printf("%s %s\n", buffer, j);
 }
 getchar();
 return 0;
}
```

위처럼 했는데 왜 j에 NULL이 들어오는걸까요..
전 반드시 int형으로 변환시켜야 하는데..
읽어들이는 값은 16진수입니다. (EX : 7FF1FF2)

기존 시스템에서 발생하는 문제점에 대한 자료 설명

- 컴파일 오류에 대해 캡처하여 사진으로 올려서 질문하였다. 이 경우 소스코드를 직접 타이핑해야 되는 불편함이 발생하며, 개발환경이 같아야 한다는 문제점이 발생한다.
- 코드를 직접 올려 질문을 하였지만 소스코드를 독해하는데 어려움이 발생한다. 또한 코드에 대한 문제를 찾기 위해 직접 컴파일 해보아야 한다.

2.3 해결 방안

- 프로젝트 파일만을 압축하여 올리도록 하고, 컴파일 오류 내용을 보여준다.
- 소스코드 내용을 볼 때 키워드별 색상 구별을 통해 익숙한 환경을 제공한다.
- 소스코드 내용을 볼 때 들여쓰기에 대한 부분을 제공한다.

문제점 해결에 대한 예상 화면

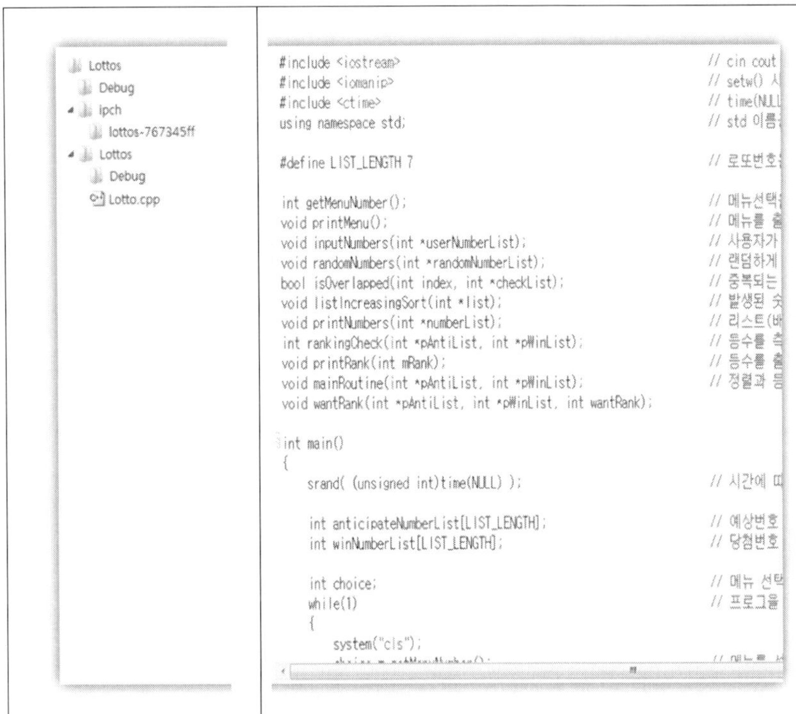

컴파일 메시지

3 프로젝트 내용

3.1 시나리오

질문자가 오류가 발생하는 소스코드에 대해 본 시스템의 SNS에 접속하여 글과 함께 프로젝트 파일을 zip 파일로 압축하여 업로드한다.

업로드된 압축 파일은 압축해제기를 통해 자동 해제되며, 프로젝트 폴더에 대해 분석하고, 폴더 구조들을 Tree 형식으로 나열하고, 소스코드 파일에 대해서도 나열한다.

폴더 및 파일 구조가 분석이 완료된 프로젝트 파일에 대해 컴파일을 실행하여 컴파일 오류에 대해 확인하고, 오류에 대한 Log를 저장한다.

답변자에게 업로드시 분석되었던 폴더 및 파일 구조에 대해 보여주고, 해당 Tree 목록에서 해당 소스코드를 클릭하면 소스코드와 컴파일 메시지를 읽을 수 있다.

답변자는 해당 문제점을 찾아 답변을 달아 줄 수 있다.

3.2 요구사항

Service를 위한 System 요구사항

- Windows Xp 32bit 운영체제를 사용하여 SNS 서비스(Java-JSP 언어)를 위해 Apache 기반의 Tomcat server를 둔다.
- 데이터 저장을 위한 Database는 Oracle 10g Express를 사용한다.
- 프로젝트 컴파일을 위해 GNU 프로젝트에서 제공하는 GCC(컴파일러)와 Microsoft 사의 Visual Studio에서 제공하는 C/C++ Compiler와 Oracle 사에서 제공하는 Java Compiler를 사용한다.
- 어떠한 웹브라우저와 시스템에서도 페이지를 동일하게 이용할 수 있도록 W3C에서 권장하는 웹 표준을 사용하여 웹페이지를 구현한다.

3.3 시스템 설계

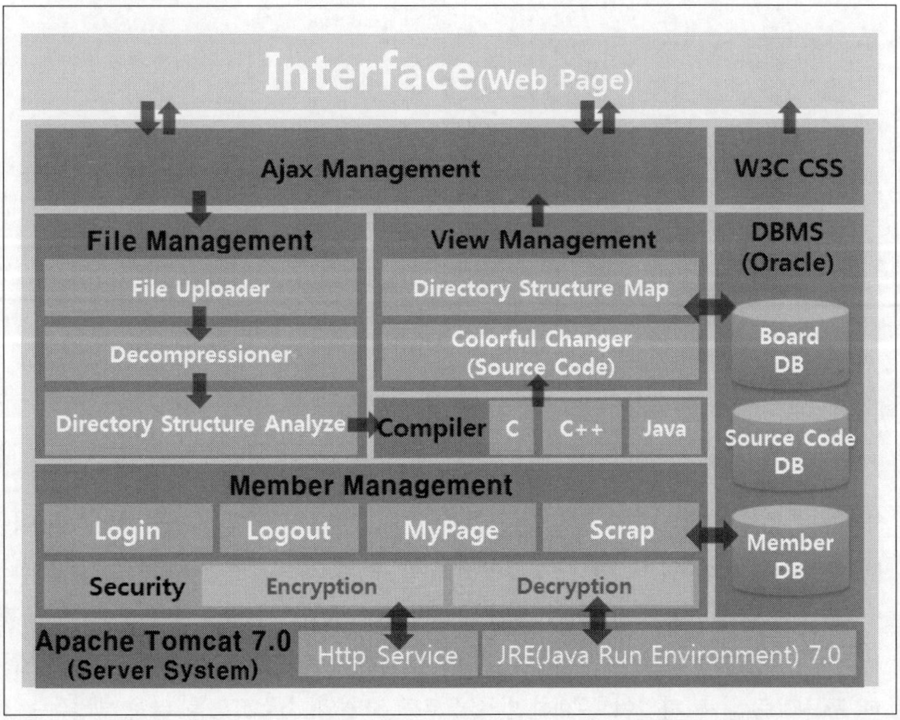

프로젝트에서 구현한 기능

- ► SNS 서비스를 위한 전체 페이지 개발
- ► 프로젝트 파일을 업로드하기 위한 업로더
- ► 압축된 프로젝트 파일을 해제하기 위한 압축해제기
- ► 쓸모없는 파일을 분석하여 삭제해주는 파일 분석기
- ► 프로젝트 파일을 컴파일해주는 컴파일 프로그램
- ► 프로젝트 파일의 소스코드를 보여주는 소스코드 뷰어와 색상 체인저
- ► 자신이 작성한 글을 볼 수 있는 페이지

UML을 통한 시스템 모델링

Use Case Diagram

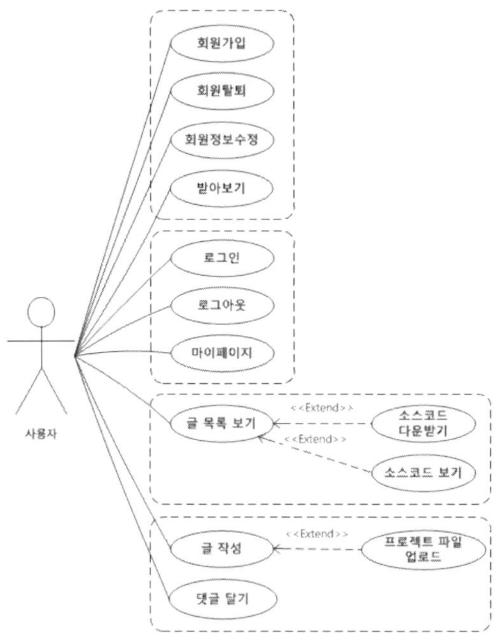

- SNS라는 특성상 액터가 사용자 밖에 존재하지 않는다. 사용자는 SNS 서비스를 이용할 때 회원 가입을 한 뒤 로그인과 로그아웃을 할 수 있고, 로그인된 사용자는 글을 작성할 수 있고 글 작성 형태가 일반 글만 있는 경우와 프로젝트를 압축하여 .zip 파일을 함께 올리는 두 가지 형태가 존재한다. 그리고 자신의 글 목록을 볼 수 있으며 글에 업로드한 프로젝트 압축 파일이 존재하면 소스코드 보기와 소스코드를 다운 받을 수 있다.

Sequence Diagram

주요 Event들에 대한 Sequence Diagram

로그인

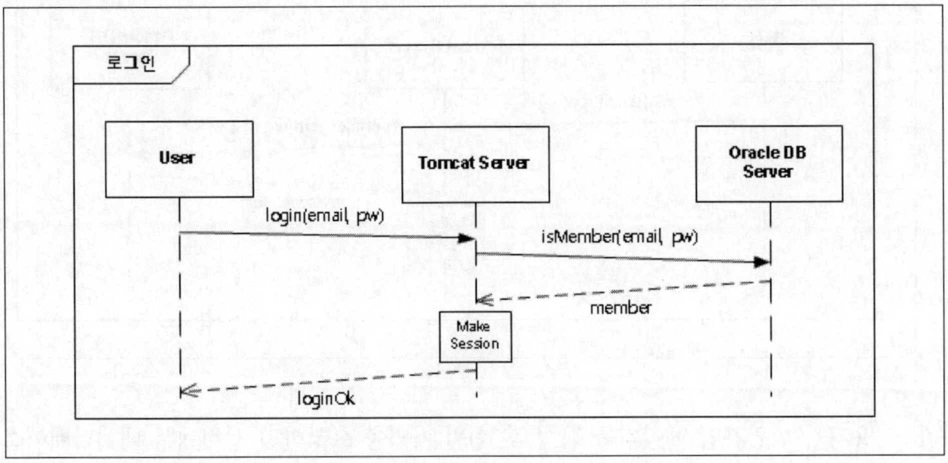

- 사용자가 로그인을 서버에 요청하면 DB에 접근하여 id와 pw를 확인 후 세션을 생성한다.

로그아웃

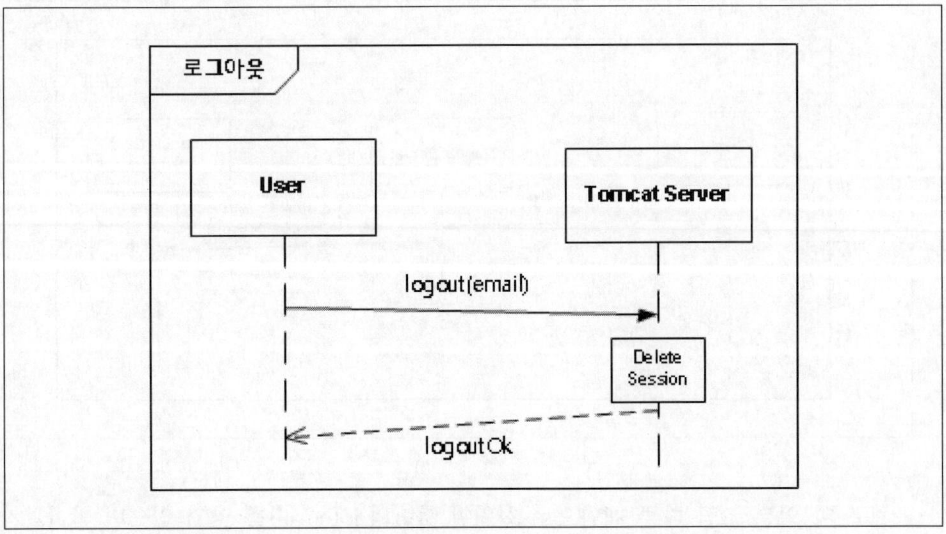

- 사용자가 로그아웃을 하면 서버에 알려 세션을 삭제하고 로그아웃을 완료한다.

회원가입

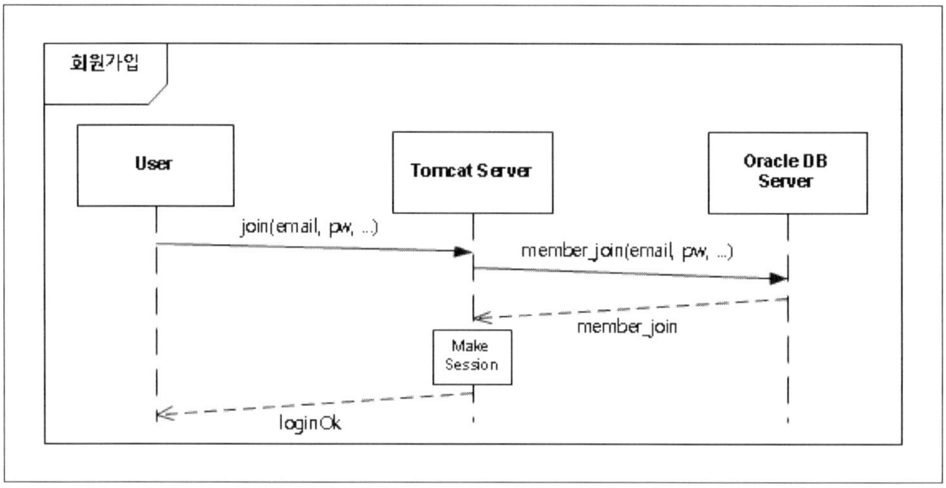

- 사용자가 회원가입 페이지를 작성 후 회원 가입을 요청하면 서버에서 데이터베이스로 쿼리를 요청하여 데이터베이스에 등록한다. 등록이 성공하면 세션을 만들고 사용자에게 회원가입 완료 메시지와 함께 로그인 상태로 웹페이지를 제공한다.

받아보기

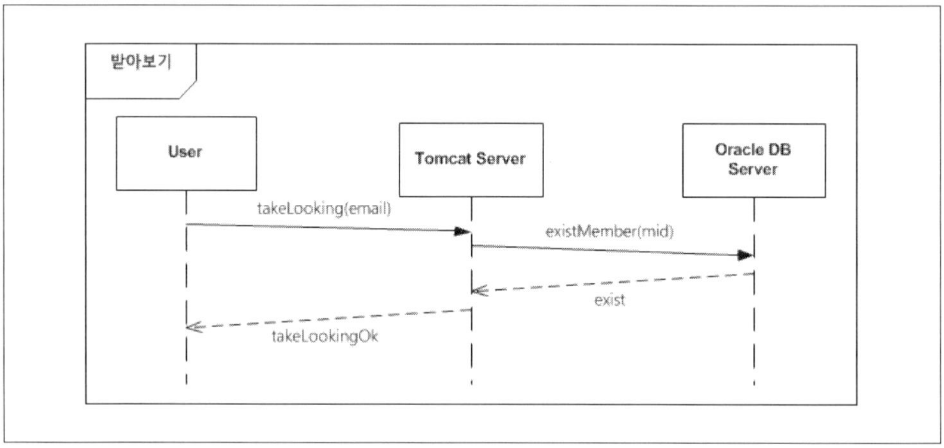

- 친구추가와는 조금 다른 개념으로 회원인 사람의 id(email)를 알고 있으면 받아보기를 추가하여 그 사람의 글들을 받아 볼 수 있게 된다. 받아보기를 수신한 사용자는 이 사실을 알 수 없지만 이러한 점이 사람들이 여러 가지 글을 더 많이 볼 수 있게끔 하여 질문을 활성화시킬 것이라 예상한다.

회원정보 수정

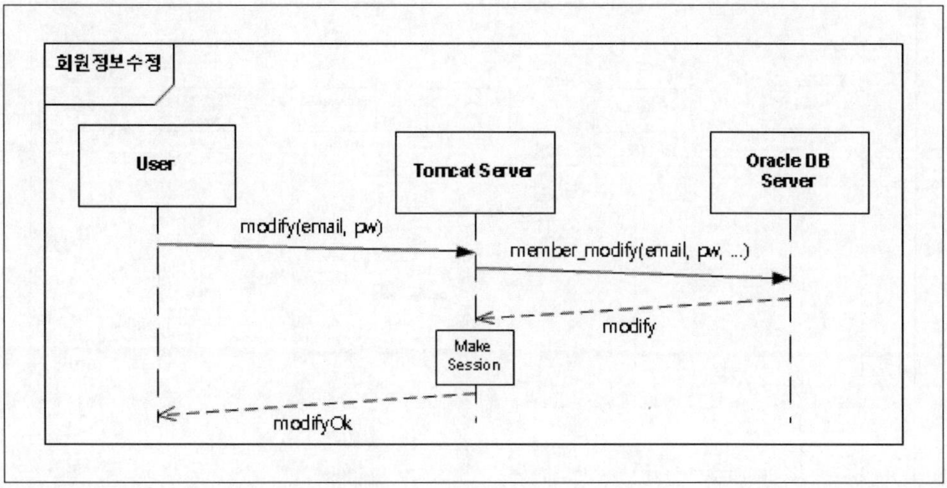

- 사용자가 회원정보를 수정하기 위해 자신의 정보를 수정하여 서버에 요청하면 데이터베이스에 저장된 회원정보를 수정하고 완료 메시지를 사용자에게 보여준다.

회원 탈퇴

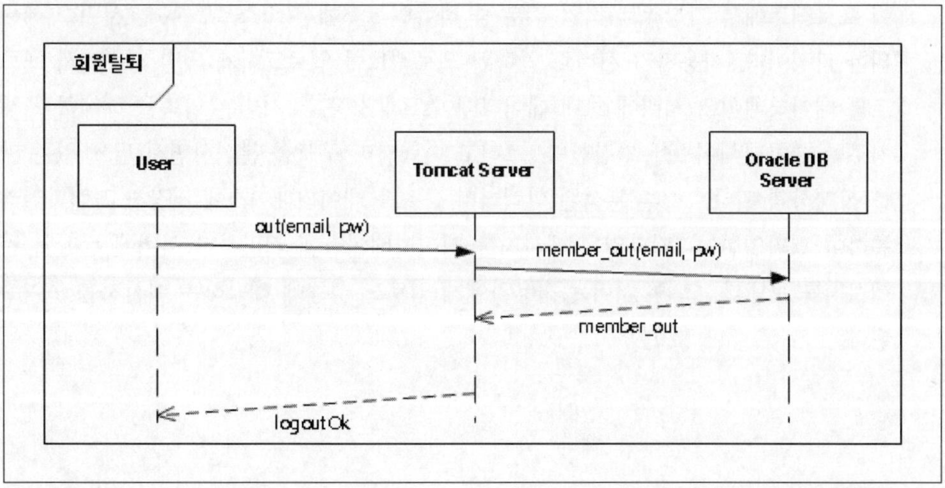

- 사용자가 탈퇴를 서버에 요청할 경우 서버는 데이터베이스 서버로 쿼리를 요청하여 해당 회원을 데이터베이스에서 삭제한다. 그리고 삭제가 완료되면 사용자에게 탈퇴 완료 메시지를 보여준다.

파일 업로드

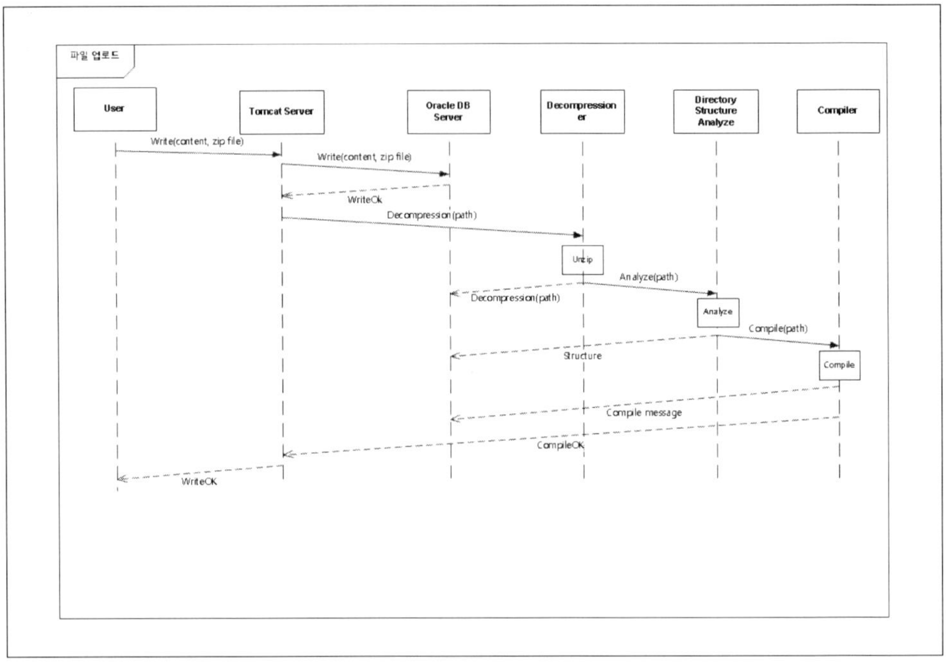

- 이 프로젝트에서 가장 핵심적인 부분 중 하나인 SNS에서 소스코드 뷰를 서비스 해주기 위한 과정이다. 사용자가 서버로 압축된 프로젝트를 업로드하게 되면 서버에서 프로젝트를 데이터베이스 서버에 보내 데이터베이스에 저장 후 서버는 압축을 해제하고 해당 경로를 데이터베이스에 저장한다. 그리고 디렉터리 구조를 분석하면서 필요 없는 파일을 삭제하게 된다. 그 후 분석된 디렉터리 구조를 데이터베이스에 저장하고 컴파일러를 통하여 컴파일한 후 컴파일된 메시지를 데이터베이스에 저장하며 서버에 컴파일 완료 메시지를 보낸다. 그 후 서버는 사용자에게 업로드 성공에 해당하는 메시지를 보여주게 된다.

소스보기

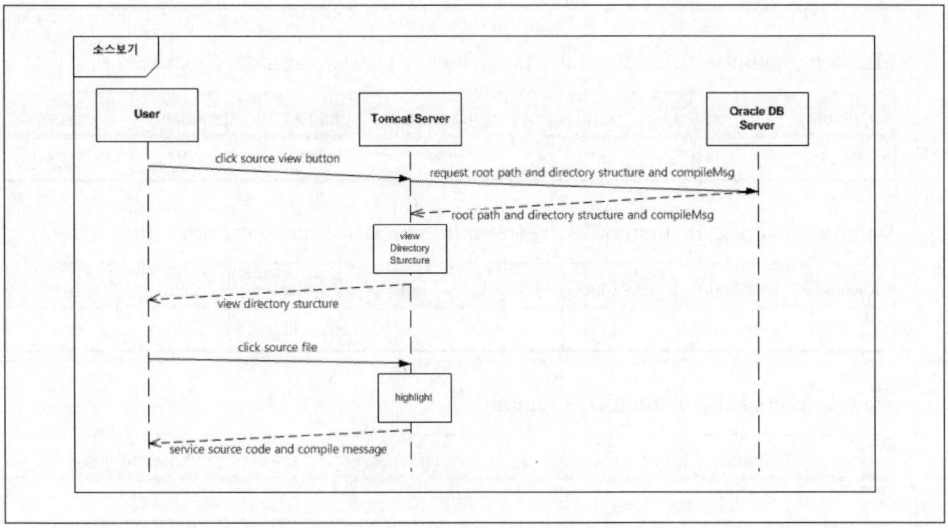

- 이 프로젝트에서 사용자에게 가장 핵심적인 부분 중 하나인 소스보기 부분이다. 사용자가 프로젝트의 압축파일이 포함된 글을 볼 때 소스코드 보기를 요청한 상황이다. 소스보기 버튼을 클릭하였을 경우 디렉터리 구조와 루트 경로를 가져와 사용자에게 디렉터리 구조를 보여준다. 그 후 사용자가 소스코드 파일을 클릭하면 서버에서 해당 파일을 highlight하여 컴파일 메시지와 함께 서비스해준다.

Entity Relation Diagram

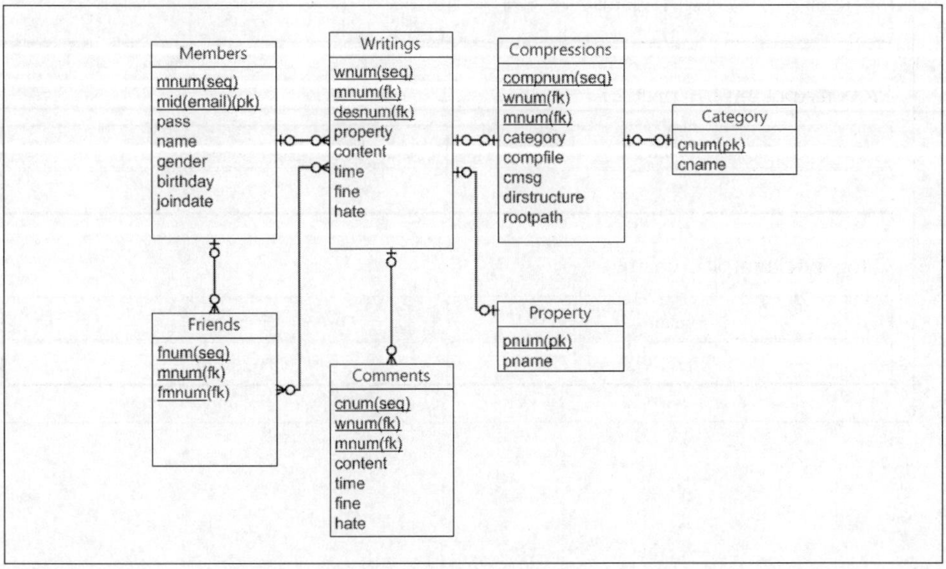

Schema

Members(mnum(seq), mid(email), pass, name, gender, birthday, joindate)

mnum	mid	pass	name	gender	birthday	joindate
멤버번호	아이디	비밀번호	이름	성별	생년월일	가입일자

Writings(wnum(seq), mnum(fk), desnum(fk), property, content, time, fine, hate)

wnum	mnum	desnum	property	content	time	fine	hate
글번호	멤버번호	대상게시판	속성	내용	시간	좋아요	싫어요

Friends(fnum(seq), mnum(fk), fmnum(fk))

fnum	mnum	fmnum
친구번호	멤버번호	친구번호

Comments(cnum(seq), wnum(fk), mnum(fk), content, time, fine, hate)

cnum	wnum	mnum	content	time	fine	hate
코멘트번호	글번호	멤버번호	내용	시간	좋아요	싫어요

Compression(compnum(seq), wnum(fk), mnum(fk), category, compfile, cmsg, dir-structure, rootpath)

compnum	wnum	mnum	category	cmsg	dirstructure	rootpath
압축번호	글번호	멤버번호	카테고리	컴파일 메시지	디렉터리 구조	컬러풀 파일의 루트 경로

Property(pnum(pk), pname)

pnum	pname
속성번호	속성이름

Category(cnum(pk), cname)

cnum	cname
카테고리번호	카테고리이름

- Oracle 데이터베이스를 기반으로 디자인될 예정이며 위 스키마와 같이 7개의 테이블이 만들어질 예정이다. SNS 서비스를 해야 되므로 특정사용자와 그 사용자의 친구들의 글만을 보여주어야 하므로 위 관계에 대해 적절한 릴레이션을 추출할 수 있고 검색하는데 리소스를 많이 소모하지 않도록 하는 쿼리문을 작성하는 것이 하나의 과제라고 할 수 있다. 그리고 데이터베이스를 설계함에 있어서 가장 중요한 무결성을 해결하기 위하여 신경을 썼다.

주요 **Query**

- registMember(양식에서 받아온 'email', 'name', 'gender', 'birthday'와 받아온 비밀번호를 암호화한 'encPass')

```
insert into members
values(members_seq.nextval, 'email', 'encPass', 'name', 'gender', 'birthday', 'sysdate')
```

- login('id': 입력받은 id)

```
select pass from members where mid=id
```

- session('id': 입력받은 id)

```
select mnum, name from members where mid='id'
```

- writings('mnum': session에 있는 혹은 받아온 mnum)

  나와 내가 받아보기하는 사람의 글을 최근 10개만 받아오기 위한 쿼리

```
select * from
(select * from writings
where mnum='mnum' or mnum in
(select fmnum from friends where mnum='mnum'
union select mnum
from friends where fmnum='mnum')
order by time desc)
sub where rownum<=10
```

Class Diagram

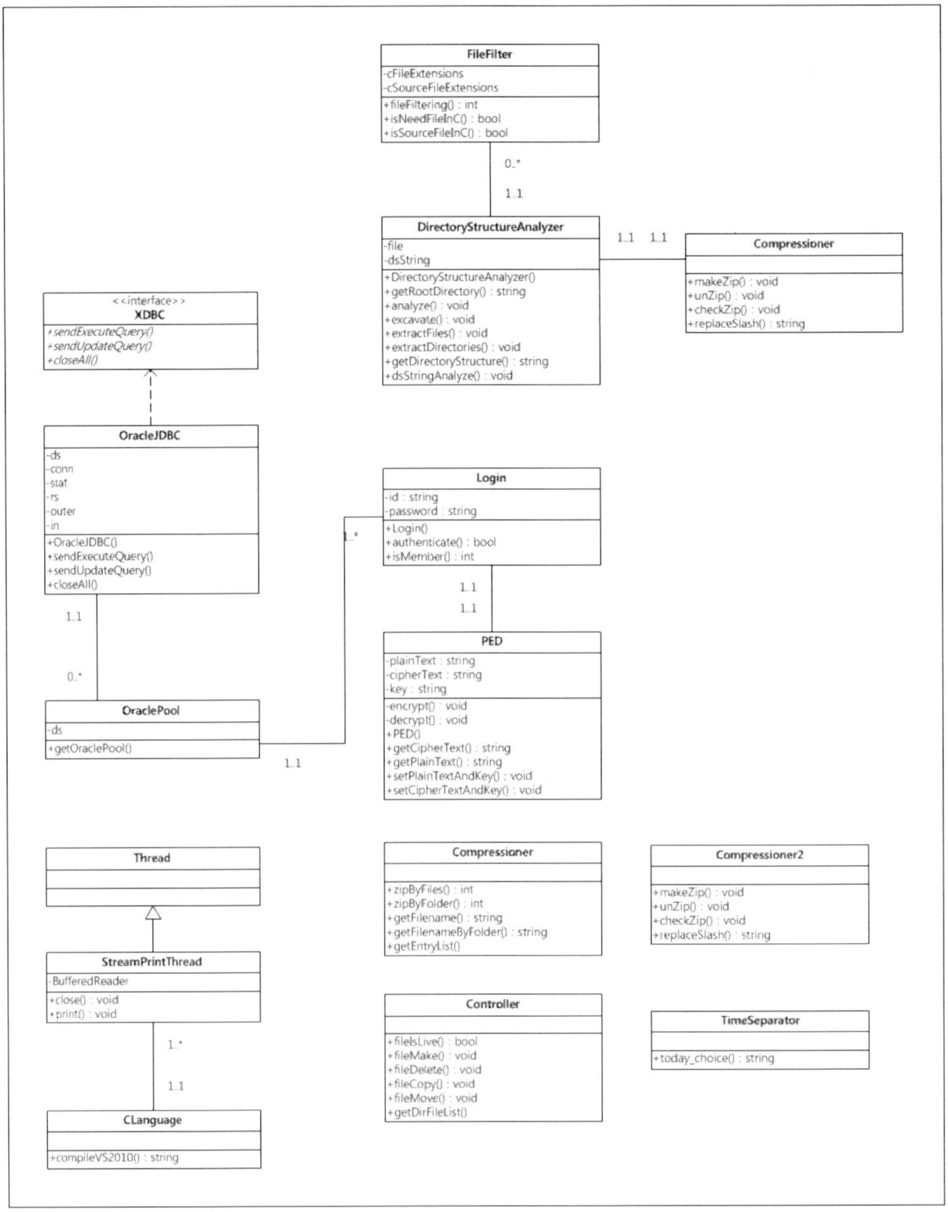

- JSP를 기반으로 동작하는 SNS 페이지로 위 클래스들은 Bean으로 사용될 클래스들이다. XDBC를 상위 클래스로 두어 이후 ODBC와 같은 다른 데이터베이스 이용에도 유연하게 대처할 수 있도록 하였다. 그리고 Pool을 이용하여 데이터베이스를 접근하고 있다.

- Login와 PED는 로그인시 암호화와 복호화를 통하여 인증을 담당하고 있으며 데이터베이스 접근은 위와 같이 Pool을 이용하여 접근하고 있다.
- Compressioner를 통하여 압축을 해제할 수 있고 해제된 디렉터리의 구조 분석을 Directory-Structure-Analyzer를 통하여 하게 되며 분석 시 프로젝트에 있어서 필요 없는 파일들은 삭제한다.
- CLanguage를 이용하여 프로젝트를 컴파일하고 이 컴파일된 메시지를 텍스트 파일화 시킨 후 데이터베이스에 넣는다.
- Compressioner2를 이용하여 최적화된 프로젝트를 다시 압축하여 데이터베이스에 저장하여 사용자가 나중에 다운로드 받을 수 있도록 해준다.

Component Diagram

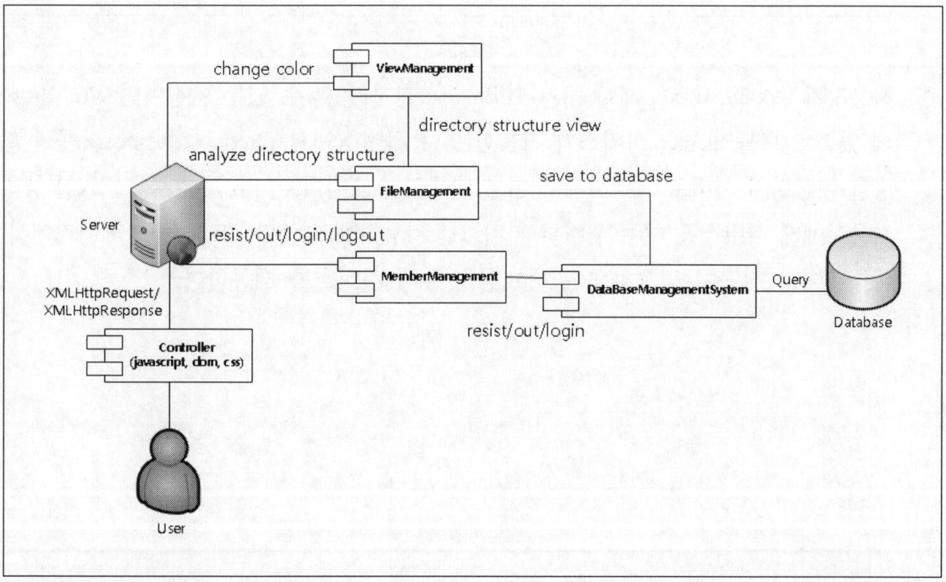

- 이 프로젝트에서 필요한 컴포넌트를 정리하고 컴포넌트 간에 어떠한 관계를 맺고 있는지 표시한 컴포넌트 다이어그램이다. 사용자가 웹 브라우저를 이용하여 서버와 통신을 하는데 서버 내부에 있는 컴포넌트들이 어떻게 동작하는지 보여주고 있다. database는 DBMS를 통하여만 접근이 가능하고 주로 멤버와 파일 관련 컴포넌트가 접근하는 것을 볼 수 있다.

Deployment Diagram

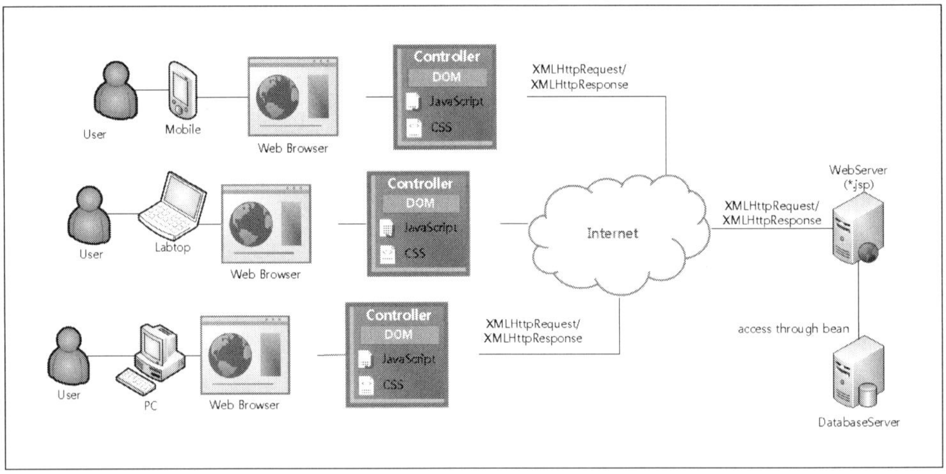

- 사용자가 Mobile, Laptop, PC 등 Web Browser를 사용할 수 있는 환경이면 Web Browser에 있는 컨트롤러(Ajax 서비스가 가능함)를 통하여 XMLHttpRequest/Response를 인터넷망을 이용하여 서버로 요청하게 되며 서버에서는 요청이 온 jsp 페이지를 Ajax를 통하여 사용자에게 서비스를 해주어 빠른 서비스를 가능하게 해준다. 또한 해당 페이지에서 데이터베이스 접근이 필요하면 쿼리요청을 통해 서비스를 제공한다.

Event Table

SNS for Programmer					
Event	Trigger	Source	Use Case	Response	Dest
회원가입	회원가입버튼 클릭	사용자	양식 확인	가입 승인	DB Server
탈퇴	탈퇴하기 버튼 클릭	사용자	비밀번호 확인	탈퇴 승인	DB Server
로그인	로그인 버튼 클릭	사용자	id, pw 확인	로그인 메시지	Web Server
로그아웃	로그아웃 버튼 클릭	사용자	재확인	로그아웃 메시지	Web Server
글쓰기	글쓰기 버튼 클릭	사용자	서버에 요청	DB에 글 등록	DB Server
글 삭제	삭제 버튼 클릭	사용자	서버에 요청	DB에서 글 삭제	DB Server
프로젝트 업로드	업로드 버튼 클릭	사용자	서버에 업로드 요청	DB에 프로젝트 등록	DB Server
프로젝트 다운로드	프로젝트 선택	사용자	서버에 다운로드 요청	DB에서 프로젝트 다운로드	DB Server
소스 뷰	소스파일 선택	사용자	color를 입힌 파일 요청	해당 페이지에 view	Web Server
새 글 확인	매 10초마다	Page	주기적으로 DB에 요청	새 글이 있을 경우 메시지 표시	DB Server
사용자 페이지	사용자 아이디 클릭	사용자	서버에 사용자 페이지 요청	DB에서 관련 글을 가져옴	DB Server
뉴스피드 페이지	뉴스피드 클릭	사용자	서버에 뉴스피드 요청	DB에서 관련 글을 가져옴	DB Server
친구 추가	친구 추가 클릭	사용자	서버에 친구 추기 요청	DB에 친구를 추가함	DB Server
친구 삭제	친구 삭제 클릭	사용자	서버에 친구 삭제 요청	DB에서 해당 친구를 삭제함	DB Server
받아보기	받아보기 버튼 클릭	사용자	서버에 받아보기 요청	DB에서 검색한 후 추가	DB Server

3.4 구현

본 프로젝트의 소스코드는 클라우드를 통해 제공하고 있으며, 경로는 [uCloud]/Chapter.12/Source_code이다.

4 프로젝트 결과

4.1 연구 결과

index 화면(로그인 화면)

main 화면(뉴스피드-나의 글과 받아보기 글)

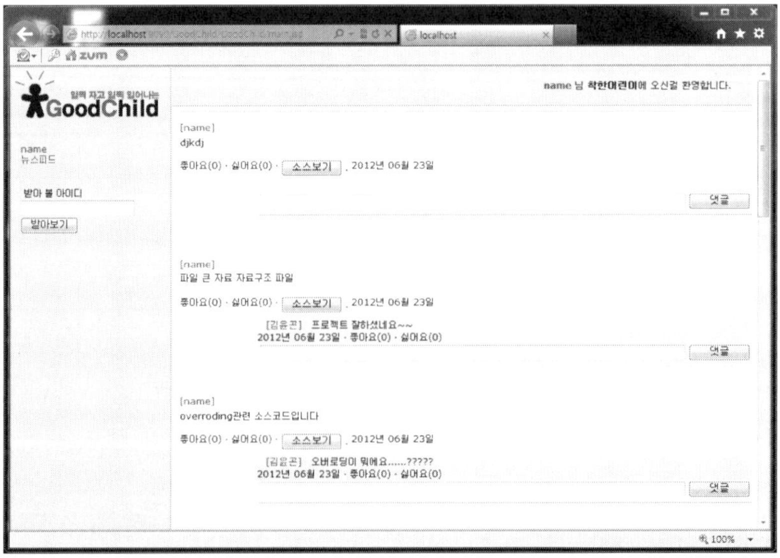

main 화면(글쓰기-프로젝트 파일 업로드)

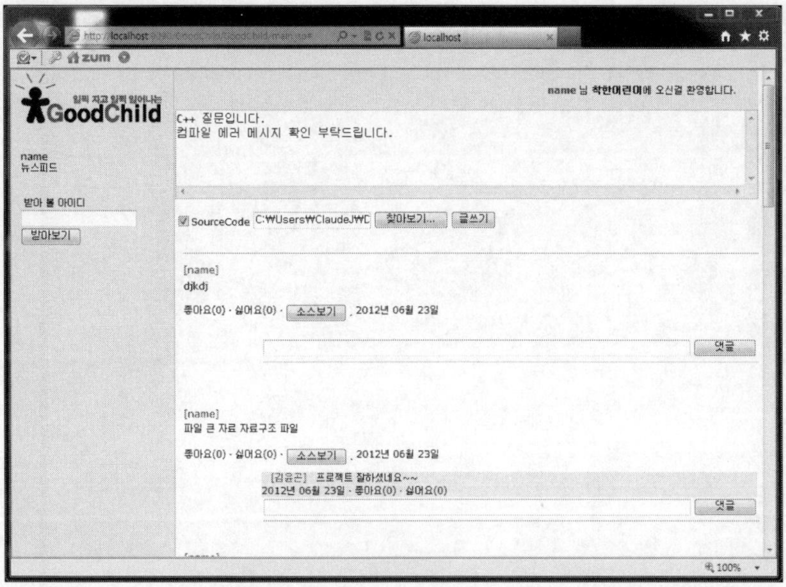

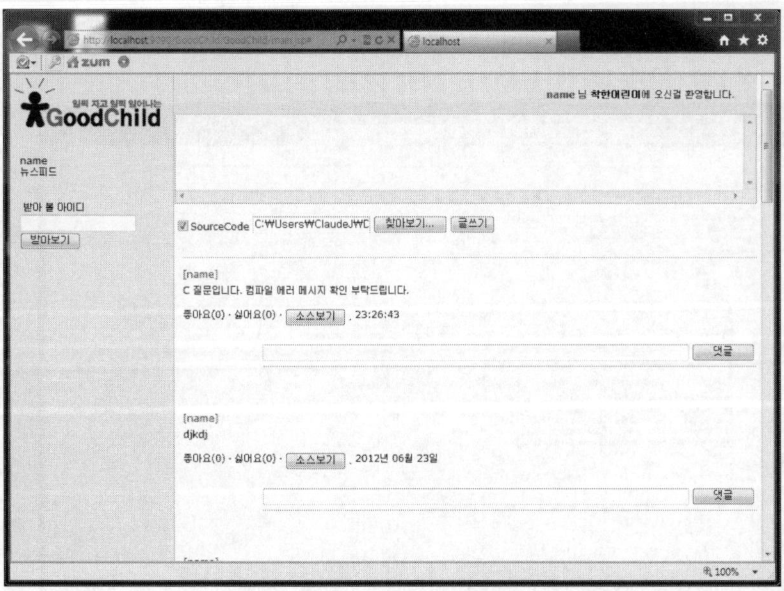

프로젝트 파일 보기(폴더 구조)

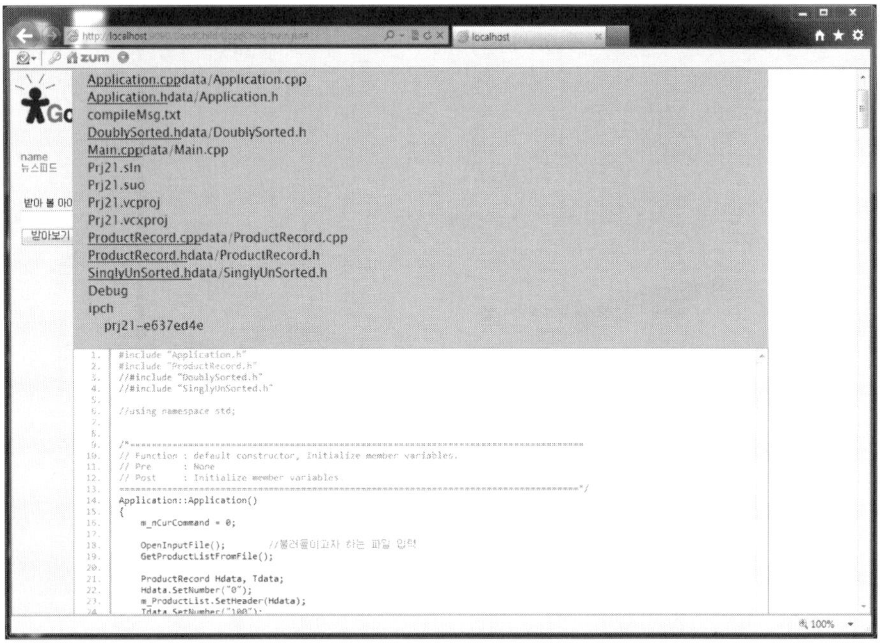

프로젝트 파일 보기(소스코드 뷰어)

프로젝트 파일 보기(컴파일 메시지)

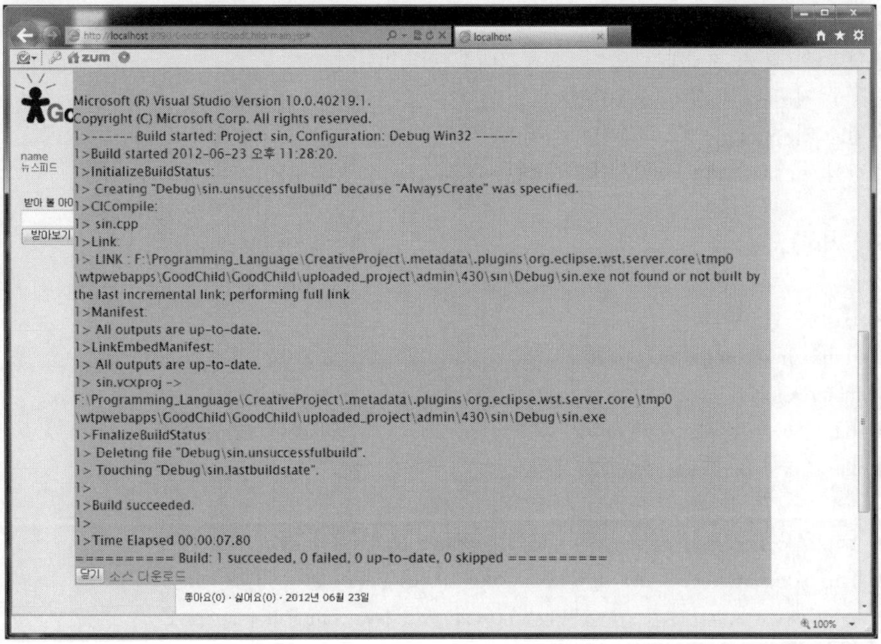

5 결론

프로그래밍 입문자에게 질의응답이 쉽게 이뤄질 수 있게 될 것으로 기대된다.
대한민국의 소프트웨어 산업의 발전이 기대된다.
컴파일러만 추가되면 어떠한 언어에 대해서도 서비스가 가능해진다.
자신이 쓴 글을 따로 볼 수 있게 되어 리뷰가 가능해진다.
모듈화 하여 어떠한 서비스에도 적용할 수 있다.

참고문헌

논문 및 관련 서적

홍형경 저, 뇌를 자극하는 오라클 프로그래밍, 한빛미디어

남궁성 저, Java의 정석, 도우출판

최범균 저, Spring 3.0프로그래밍, 가메출판사

정경희 저, JavaScript HandBook, 혜지원

인터넷 사이트

Security

- base64 인코딩 원리
  - http://huikyun.tistory.com/70

De-commpressioner

- http://www.kippler.com/xunzip/
- http://devbible.tistory.com/124

Compiler

- http://docs.oracle.com/javase/6/docs/api/javax/tools/JavaCompiler.html
- http://docs.xrath.com/java/se/6/docs/ko/technotes/guides/javac/index.html
- http://www.accordess.com/wpblog/an-overview-of-java-compilation-api-jsr-199/

colorful changer

- http://www.dreamincode.net/code/snippet986.htm
- http://www.thecomplex.plus.com/highlighter.html

database

- http://www.oracle.com/kr/index.html

web compiler

- http://codepad.org/
- http://kldp.org/node/119228
- http://blog.naver.com/empr?Redirect=Log&logNo=110003906655

HTML & Web standard

- http://www.w3schools.com

CHAPTER 13

등고선을 이용한 3D 모델링 프로그램

최근 사회가 발전함에 따라 건강에 대한 관심이 높아지고 있다. 이러한 관심 속에서 건강을 위한 여가활동을 즐기게 되었고 많은 사람들이 등산과 같은 여가활동을 선택하였다. 하지만 여러 번 다녀본 산이 아닌 새로운 산을 가게 된다면 익숙하지 않아 지형상 위험한 부분을 알기가 어렵다. 이를 위해 많은 사람들이 지도를 사용하지만 지도를 보는 것만으로는 정확한 정보를 알아내기 힘들어 이를 3D 모델로 바꾸어 주는 프로젝트를 진행하였다. 높이, 척도 등의 기본정보를 입력한 후 등고선 지도를 입력하면 이를 실제 산의 3D 모델로 출력해준다. 이를 통해 전문적인 지식이 없는 사람들도 쉽게 지형을 파악할 수 있다.

1 서론

1.1 연구배경

사회가 발전하면 할수록 우리의 관심은 건강에 많은 관심이 가고 있으며, 그러한 관심 속에서 건강에 관한 음식, 활동, 생활 패턴 등 많은 정보들이 교류되고 있다. 이러한 정보로 생활하는 것은 요즘시대에 흔히 웰빙(Well-Being)이라고 한다. 이러한 흐름으로 우리는 여가활동을 보내는데 있어서도 건강을 위한 여가활동을 찾고 있으며, 우리는 이러한 여가활동에 초점(focus)을 맞추어서 프로젝트를 계획하게 되었다.

시중에는 여가활동을 조금 더 재미있고, 안전하게 즐기기 위한 매장들이 많이 있지만, 현 시장에서 가장 많이 생겨나는 매장은 등산용품 판매점이다. 그만큼 많은 사람들이 등산을 즐기며, 등산에 많은 관심이 생겼다는 것을 직관적으로 알 수 있다. 등산을 하는 사람들에게 등산화, 스틱(stick) 등 많은 안전용품이 있지만, 산에 대한 정보는 우리가 쉽게 얻을 수 없다는 것이 현실이다.

대표적인 산들을 많은 사람들의 경험에 의해서 위험 정도를 파악할 수 있지만, 우리가 잘 알지 못하는 산들의 위험정도를 알기는 어렵다. 기본적으로 지도를 이용하여 확인할 수 있지만, 지도를 읽는 법을 모른다면, 산에 대한 윤곽을 잡기 힘들다. 이러한 사람들을 위해서 우리는 등고선을 이용하여 3D 모델링을 하는 프로젝트를 계획하게 되었다.

1.2 연구목표

위에서 언급하였듯이 등고선 3D 모델링을 계획하게 된 목적은 평면으로 도식화된 지도의 등고선을 보면서 산의 모형을 생각하는 것보다 사람들에게 시각적으로 산을 표현해줌으로써 산의 위험 정도를 파악하고, 자신에게 맞는 경로로 택하여 등산할 수 있도록 도와주며, 등산을 즐기는 사람뿐만 아니라 구조대들 또한 눈으로 산의 모형을 인식하여 사람들이 구조를 요청할 때보다 빠르게 구조할 수 있게 도와주기 위한 프로젝트이다.

2 관련연구

2.1 3D 시뮬레이션을 이용한 지형 연구

공간정보를 이용한 3D 모델링은 항공사진이나 위성영상과 같은 디지털 영상과 높이 정보를 갖고 있는 수치표고모형(DEM)을 이용하여 제작하고 있다. 영상의 종류에는 지상 약 3,000m 항공에서 항공레이저 측량을 이용한 정사영상과 대기권 밖에서 촬영하고 있는 위성영상 등이 있고, DEM에는 수치지도의 등고선을 이용한 것과 항공레이저 측량을 이용한 Lidar 등이 있다.

3D 지형모델링은 DEM에 영상을 올려 수행되며, 3D 구현 프로그램인 3D-TIME 사의 RTV, SKY Line 사의 Terra Exprorer 등 다양한 프로그램으로 3D 시뮬레이션이 구현 가능하다. 이러한 3D 시뮬레이션으로 활용한 공간분석에 대한 현재 다양하게 활용되고 있다.

2.1.1 일영 분석

- 터널의 입구부분에서 적절량의 태양이 없을시 노면에 대한 빙판 및 미끄럼으로 사고가 발생하게 된다. 이러한 부분에서 태양의 길이가 가장 짧은 동짓날을 선택하여 시간대별 그림자의 분석을 수행하고, 오후 12시를 기준으로 그림자의 길이가 짧아 분석한 결과 터널의 입구쪽에서는 그림자가 계속 존재하는 것을 알 수 있다. 따라서 터널의 입구부분에 빙판 및 미끄럼에 대한 예방으로 열선을 설치하거나 재설작업이 필요한 것으로 분석된다.

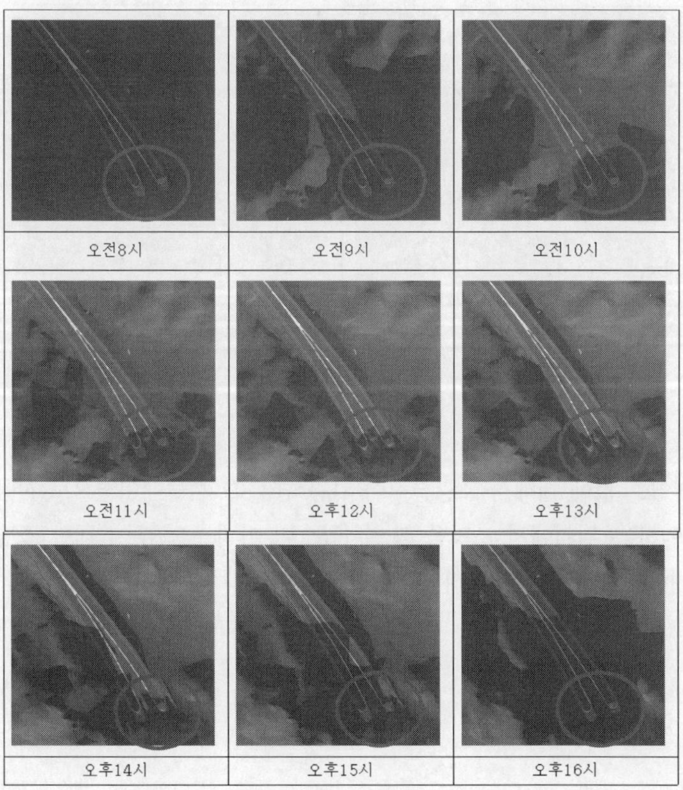

2.1.2 직광분석

- 도로의 선형이 동서로 되어 있는 구간에서는 태양의 일몰 및 일출시 운전자의 시야를 방해하게 되는데, 태양의 길이를 측정할 수 있는 기준이 되는 춘지, 하지, 추지, 동지 4절기에 대하여 태양의 고도 각을 측정하는 연구이며, 운전자가 낮은 태양으로 인하여 운전에 방해되는 태양의 고도 각은 30도 이내이다. 지형 및 터널에 대한 3D 모델링에서 직접 태양광 시뮬레이션을 통한 태양의 입사각 측정을 하면 터널의 출구 부분에서 태양의 고도 각이 모두 40도 이상이 되었으므로 운전자에 시야에 방해는 안 되지만, 날씨와 주변 환경으로 인해 눈부심은 발생할 수 있다.

1) 춘분

2) 하지

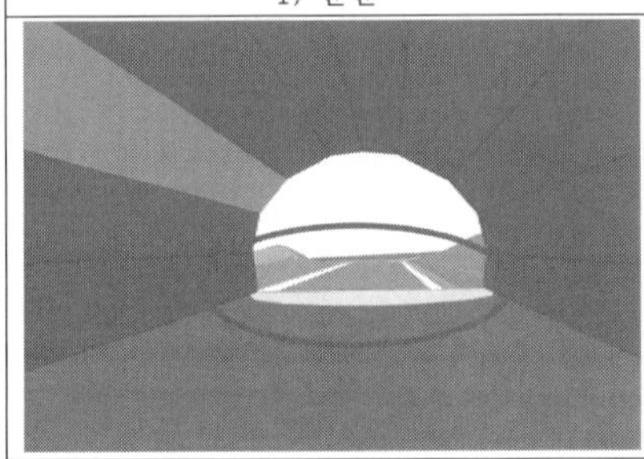
3) 추분

4) 동지

2.1.3 조망 분석

- 고정되어 있는 값에 대해서 조망분석이 가능하며 3D 시뮬레이션으로 사용자 및 주민들이 직접 원하는 위치에서 조망을 볼 수 있으며 아파트 층수에 대한 조망권, 재건축된 건물에 대한 조망권 등을 분석할 수 있다.

개발 전	개발 후

○ 기존 지형을 절토하여 터널을 굴착하였고 주변 지형이 낮아 일조에 영향이 적을 것으로 분석됨	

(개발 전 : 3D 시뮬레이션은 정사영상과 Lidar 데이터를 이용하여 제작)
(개발 후 : 3D 시뮬레이션은 편집된 정사영과 DEM을 이용하여 제작)

2.2 3D 관련 사업

2.2.1 게임 사업

우리나라에서 게임을 제한하는 제도가 많이 생겼음에도 불구하고, 게임 사업은 많은 발전을 하고 있다. 게임은 반응속도와 표현속도가 빠를수록 사람들이 장기적으로 하고, 3D로 표현하였을 때, 2D보다는 표현하는 방법 및 표현 범위가 넓어서 이러한 그래픽 효과로 인해 게임에 더 집중할 수 있고, 새로운 표현에 현혹되는 경우도 종종 발생한다.

N사의 게임의 한 종류(왼쪽 ①번 그림, 오른쪽 ②번 그림)

2.2.2 영화 사업

연속촬영으로 기록한 필름상의 화상을 스크린에 투영, 움직임 있는 영상을 보여주는 것이 영화이며, 이러한 영화는 우리에게 많은 관심을 끌며, 더 새로운 방법으로 다가오고 있다. 영화는 시각과 청각을 자극하며 주인공이 느끼는 감정을 관람객이 많이 느낄 수 있게 해주는 방법으로 시각적인 요소가 사람들에게 얼마나 자극을 주는지 알 수 있다. 시각적인 부분은 3D화 하는 영화 사업이 많이 발전을 하고 있으며 그만큼 시각적인 요소가 우리에게 얼마나 많은 효과를 주는지 알 수 있다.

영화 크리스마스 캐롤

입체안경

영화 아바타

2.2.3 건설 툴

CAD나 3D-MAX를 이용한 건축물을 3D로 모델링하여 건설업에 종사하시는 분이나, 건물을 지으려고 하는 사람들에게 한 눈에 들어오게 하여 보다 정확한 정보를 주고 있다.

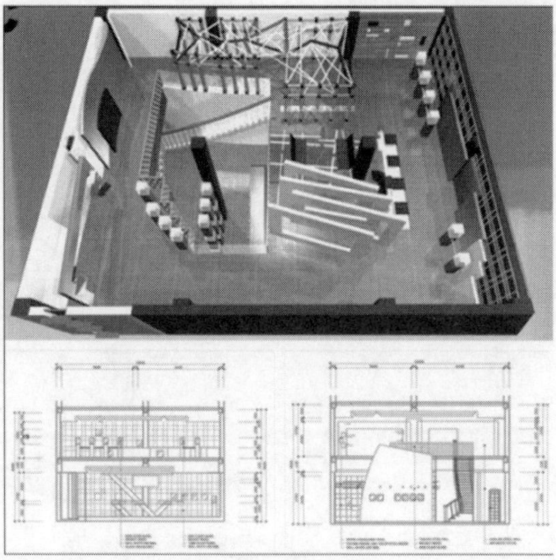

〈CAD〉

〈3D-MAX〉

위에서 본 바와 같이 3D 시뮬레이션을 이용한 부분에 대해서 많은 연구를 하고 3D에 관한 많은 기술들이 있다.

3 프로젝트 내용

3.1 시나리오

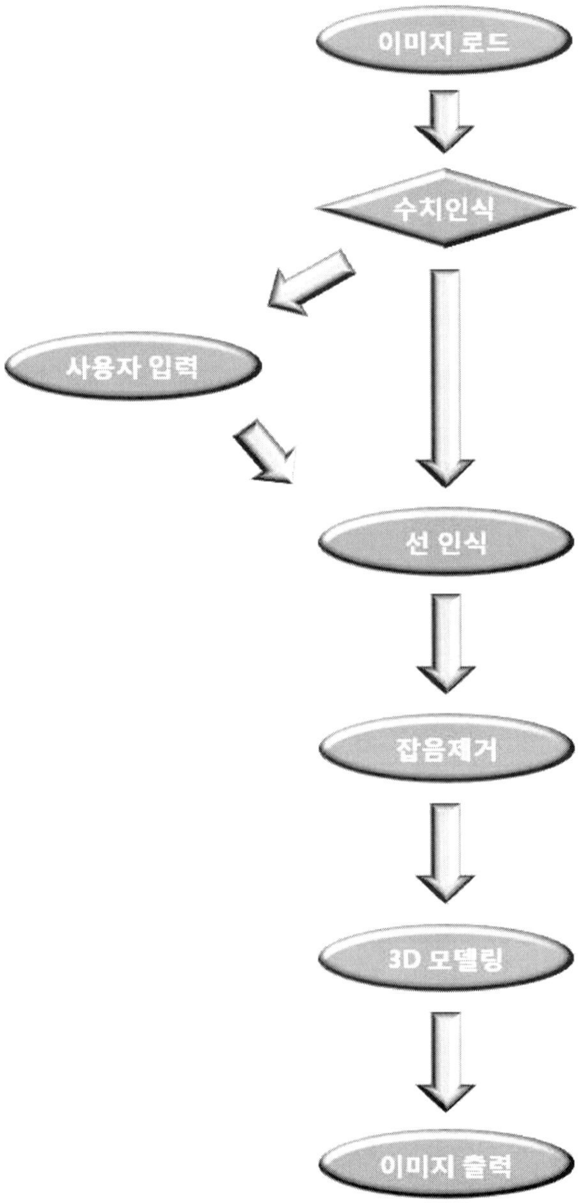

① 이미지 파일 로드

등고선 이미지 파일을 읽어오는 단계이다.

② 수치인식

- 등고선 이미지 파일 안에 있는 수치들을 인식한다.
- 이미지 가장자리에 있는 축적을 인식하는 동작한다.
- 점과 점 사이에 거리를 알 수 있는 축적을 인식, 저장을 목표로 정한다.

②-1 사용자 입력

- 프로그램이 수치, 즉 축적을 인식하지 못했을 경우 동작한다.
- 사용자에게 직접 축적을 입력하도록 한다.

③ 등고선 선 인식

- 등고선에 있는 선들을 인식하는 동작한다.

④ 잡음제거(불필요한 선을 제거)

- 선 인식 단계에서 불필요한 선들이나 끊어진 선이 있을 수 있는데 이를 처리한다.
- 프로그램이 자동적으로 걸러주는 부분이 있겠지만 경우에 따라서는 사용자가 직접 제거해야 한다.

⑤ 3D 모델링

- 프로그램에 높이 간격을 입력한다.
- 등고선에 시작부분을 선을 클릭하여 프로그램에게 알린다.
- 축적, 선 높이, 시작점을 기준하여 3D 모델링 작업을 한다.

⑥ 이미지 출력

- 사용자에게 결과 이미지를 출력한다.

3.2 프로젝트 요구사항

- 사용자 인터페이스(MFC : Microsoft Foundation Class)

  누구나 쉽게 사용하는 윈도우 프로그램을 이용하여 사용자가 불편함 없이 사용할 수 있게 윈도우 환경에서 개발하였다.

  → 마우스로 이미지를 불러오고, 클릭 한 번으로 모델링이 가능하게 구현

- 영상처리(Open CV : Open Computer Vision)

  이미지 프로세싱을 하기 위해 영상처리 기법을 이용해야 한다. 현재까지 알아본 영상처리 라이브러리는 없지만 Open CV를 이용한 영상처리를 하였다.

→ 등고선을 판별하고, 축적도를 판별하고, 모델링에 필요한 정보를 판별하기 위한 처리기법

- 3D 모델링(Open GL, DirectX)

3D모델링을 위해서 필요한 라이브러리 중에 우리가 알고 있는 것은 Open GL과 DirectX이고, 이 라이브러리 외에도 다른 라이브러리를 찾아보았다.

→ 3D 모델링을 하기 위한 그래픽 기술

3.3 시스템 설계

3.3.1 Event Table

Moutain 3D transfer Event Table					
Event	Trigger	Source	Use Case	Response	Dest
이미지 입력	열기 버튼	사용자	이미지 열기	열기 윈도우	사용자
척도 인식	수치인식 버튼	사용자	수치 인식	인식 값	사용자
☞[척도 인식]	이미지 X 버튼 클릭	사용자	입력 이미지 없이 클릭	오류 메시지	사용자
척도 확인	척도 인식	사용자	인식 값 확인	인식 값 세부 정보	사용자
☞[척도 입력]	No 버튼	사용자	척도 입력	입력 값	사용자
등고선 추출	선 인식 버튼	사용자	선 인식	경계 선	사용자
☞[등고선 추출]	이미지 X 버튼 클릭	사용자	입력 이미지 없이 클릭	오류 메시지	사용자
잡음제거	등고선 추출	사용자	선 제거	등고선	사용자
3D 모델링	3D 버튼	사용자	3D 모델링 작업	3D 모델링	사용자
☞[3D 모델링]	이미지 X 버튼 클릭	사용자	입력 이미지 없이 클릭	오류 메시지	사용자
☞[3D 모델링]	수치인식 동작 X 버튼 입력	사용자	수치인식 동작하지 않고 클릭	오류 메시지	사용자
☞[3D 모델링]	등고선 추출 동작 X 버튼 입력	사용자	등고선 추출 동작하지 않고 클릭	오류 메시지	사용자
이미지 출력	3D 모델링	사용자	결과	모니터 출력	사용자

(☞[ ] : 예외 처리 표시 항목)

3.3.2 Use Case Diagram

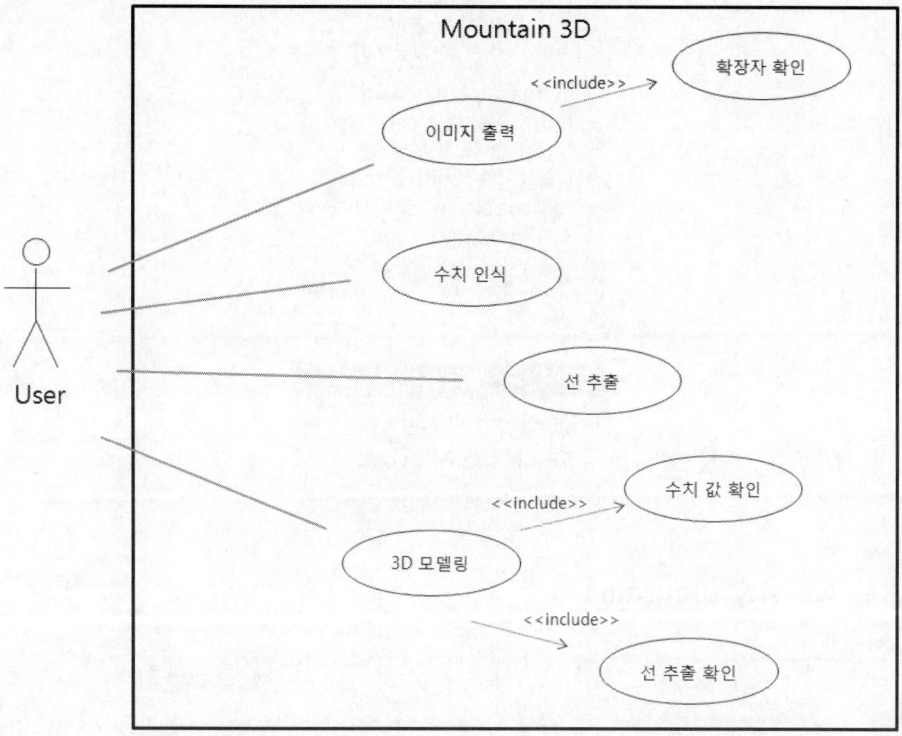

- 우리 프로그램에 시스템 설계를 Use Case Diagram에 표현해 보았다. 먼저 사용자는 프로그램에 3D 모델링을 할 이미지를 입력시켜야 하고, 이때 프로그램은 해당 파일이 열기 가능한지 확장자를 확인해 보아야 할 것이다. 그 후 사용자는 등고선 지도 안에 있는 축적에 수치를 인식하는 작업을 요청하며 결과를 사용자가 확인한다. 그 다음으로 등고선에 선들을 추출하는 동작을 확인하여 수치인식, 선 추출 작업을 선행한 뒤 3D 모델링 작업을 요청하여 본래의 목적을 달성한다.

3.3.3 Class Diagram

- 하나의 클래스는 거의 모든 동작이 이루어지기 때문에 많은 클래스들을 필요로 하지 않는다. 이미지를 입력하여 해당 이미지를 출력하여 주고 수치 인식 동작하여 수치를 저장한다. 선 추출 함수를 통하여 선을 추출하고 그 위치를 저장한다. 선과 수치를 가지고 3D 모델링을 한 뒤 그 결과 이미지를 다른 윈도우인 Result 윈도우에 출력시켜 원본과 결과를 한눈에 볼 수 있게 한다.

Mountain 3D
- Image = IplImage - figureNumber = int - line[ ] [ ] = Byte array
+ image_Open() : void + figure_Recognize() :void + figure_insert() : void + line_Extraction() : void + removeNoise() : void + 3DModeling() : void
Main operation

Result
- Image = IplImage
+ Result_show() : void
Result show

3.3.4 Activity Diagram

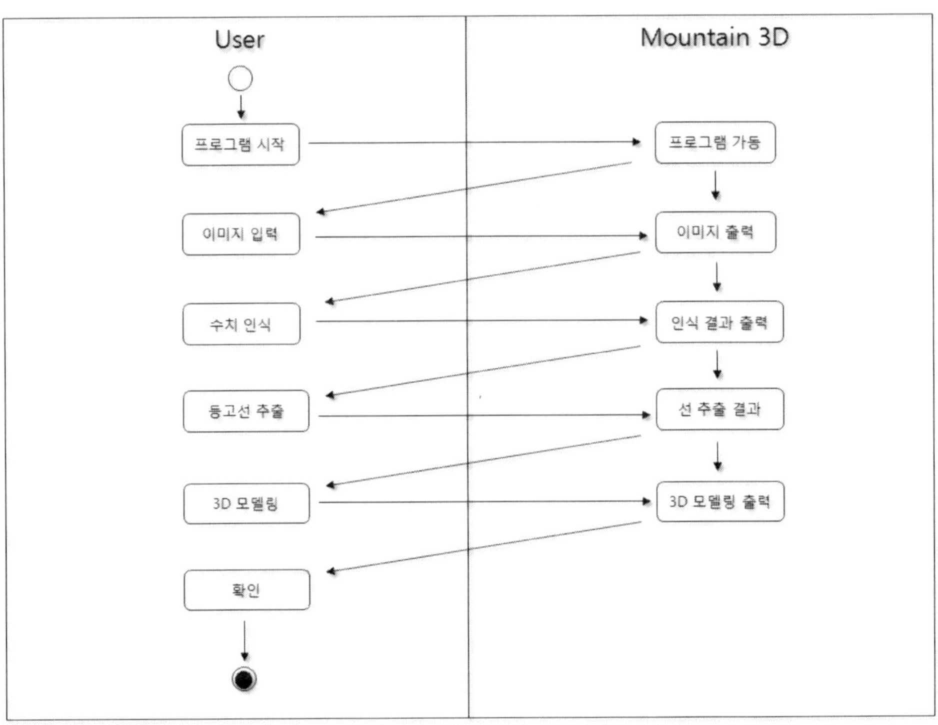

- 중요 이벤트를 바탕으로 Activity Diagram을 설계해 보았다. 사용자는 각 원하는 동작을 요청하며 그 결과값에 대해서 확인을 해주고 필요하다면 수정을 해주어야 한다. 수치가 올바르게 입력되고 등고선에 선이 올바르게 추출되었다면 사용자는 원하는 결과 영상을 확인할 수 있을 것이다.

3.3.5 Sequence Diagram

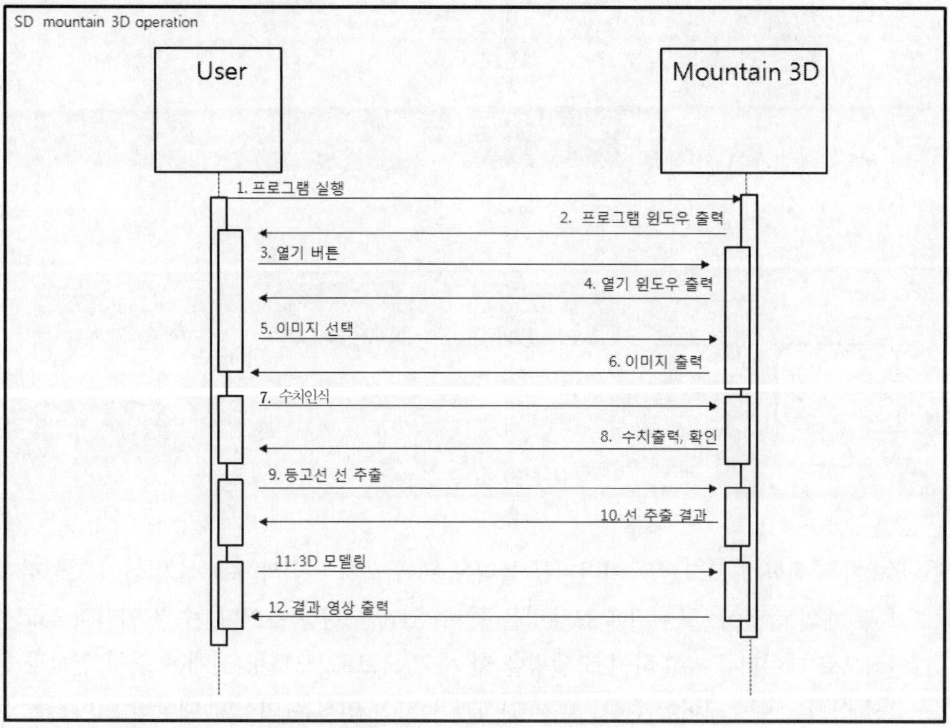

- 사용자가 순차적으로 프로그램을 작동시킨다면 원하는 결과를 얻을 수 있을 것이다. 만약 사용자가 이미지를 입력하지 않고 수치 인식, 선 추출, 3D 모델링 작업을 요청한 경우 프로그램은 사용자에게 해당되는 오류 메시지를 보여 줄 것이다. 또한 마찬가지로 수치 인식, 선 추출 동작들이 선행되지 않고 3D 모델링 요청한 경우에도 사용자에게 해당되는 오류 메시지를 보여 줄 것이다.

3.3.6 State Diagram

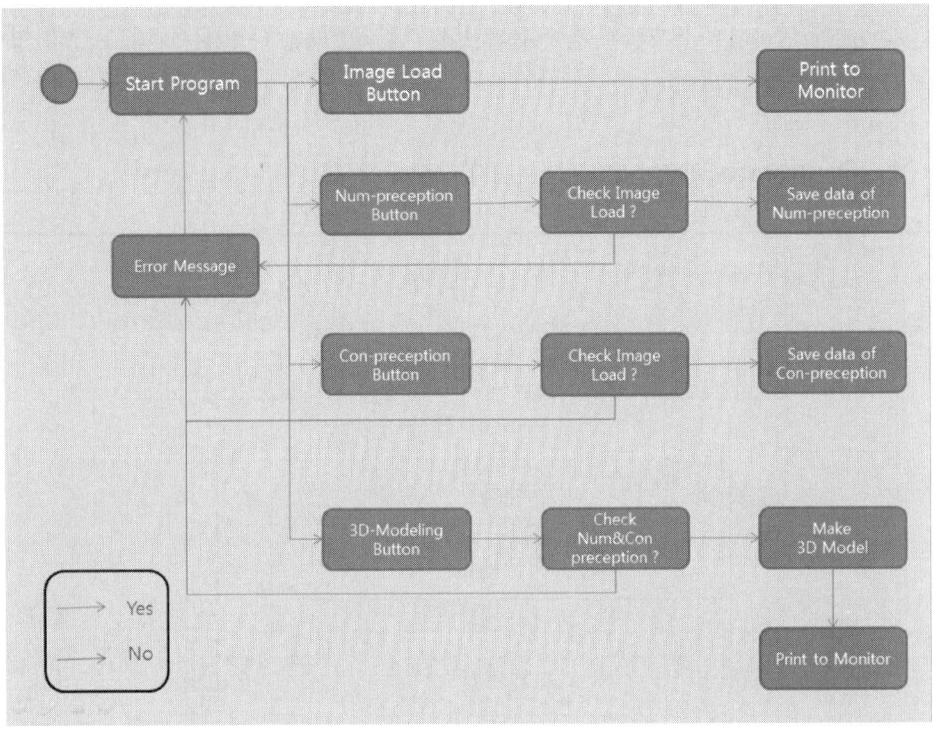

- 우리가 구현할 프로그램은 이미지를 불러온 뒤에 수치 인식과 등고선 인식이 가능하며, 그 두 개의 작업이 끝난 뒤에 모델링을 할 수 있게 구현할 것이다. 수치 인식과 등고선 인식으로 데이터를 추출하여 모델링을 할 수 있으므로, 모델링 전에는 수치 인식과 등고선 인식이 종료되어야 하고, 수치 인식과 등고선 인식은 인식할 대상인 이미지를 불러와야 한다. 이러한 작업이 안 끝났으면, 그대로 종료되면 많은 불편함이 있어서 오류 메시지를 사용자에게 알려 준 다음에 다시 메인메뉴로 돌아가게 구현하였다.

3.3.7 Deployment Diagram

- 현재 구현하려는 프로그램은 컴퓨터 1대로 가능하기 때문에 다른 장치가 필요 없다. 그래서 Deployment Diagram은 컴퓨터가 가지는 장치로 나누어 보았다. mouse와 keyboard로 입력을 받게 된다. mouse는 이미지 선택과 버튼 클릭의 입력을, keyboard는 예외적으로 템플링 매치가 이루어지지 않았을 때 수치를 입력하는 기능이다. 거기에 모니터는 컴퓨터에서 연산된 결과를 사용자에게 보여주는 출력장치로 구현된다.

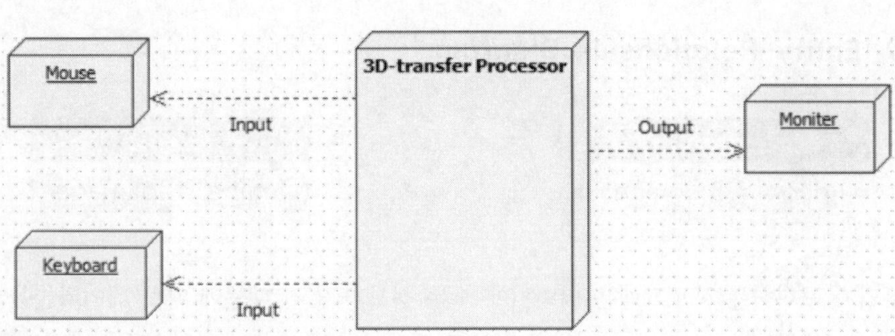

3.3.8 Component Diagram

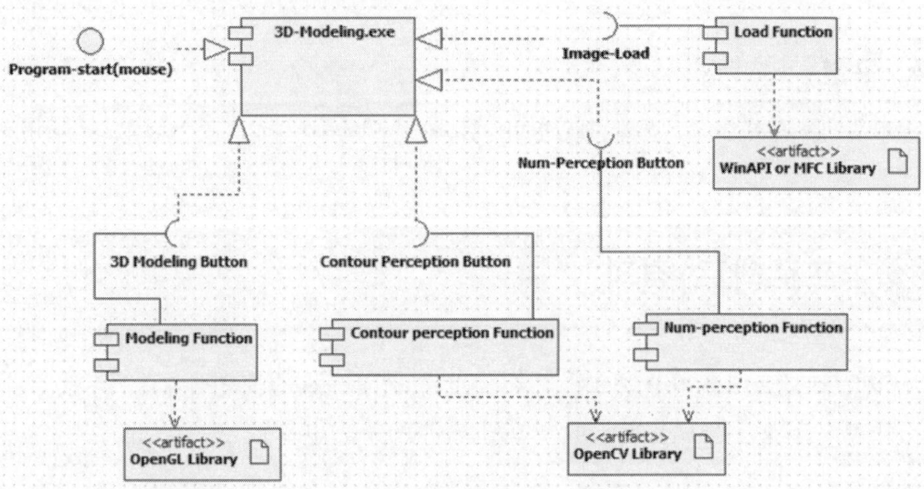

- 사용자의 컴퓨터에서만 이루어지기 때문에 기능을 중점으로 Component Diagram을 설계하였다. 현재 프로그램은 마우스의 클릭으로 실행되며, Image-Load는 Load Function에 의해서 실체화가 되고 Load Function은 WinAPI or MFC 라이브러리에 의존하여 실체화시킬 예정이다. Num-perception Button과 contour-perception Button은 각각의 함수에 의해 실체화되지만, 둘 다 이미지에서 인식하는 기능으로 OpenCV 라이브러리에 의존하여 실체화를 시킬 예정이다. Modeling 함수는 OpenGL 라이브러리를 이용하여 3D Modeling Button에 의해 동작하며 산에 대한 정보의 모델링을 실체화시켰다. 그밖에 다른 기능을 생각할 수 있지만 현재까지 생각한 다이어그램이다.

3.3.9 Entity-Relationship Diagram

- 우리가 구현하는 프로그램은 이미지에 모든 정보가 있기 때문에 따로 데이터들을 분리하여 저장하는 것이 아니라 이미지 자체로 데이터를 옮겨가는 형식으로 하였다. 등고선에는 모든 정보(높이, 거리)가 저장되어 있기 때문에 Mountain 3D 클래스에서 모든 정보를 다 추출하여 저장하고 마지막 이미지를 뿌려주는 작업을 Result에서 사용자에게 보여주는 작업을 하기 때문에 이미지 자체로 1:1 관계를 갖게 된다.

3.4 구현

클라우드를 통해 소스코드를 제공한다. 경로는 [uCloud]/Chapter.13/Source_code이다.

4 프로젝트 결과

- 이번 프로젝트에서 가장 중요한 점은 일반 지도상의 등고선을 인식하고 이러한 결과에서 부족한 부분은 보정하여 3D 모델링을 하는 부분이다.

① 등고선 추출(Edge)

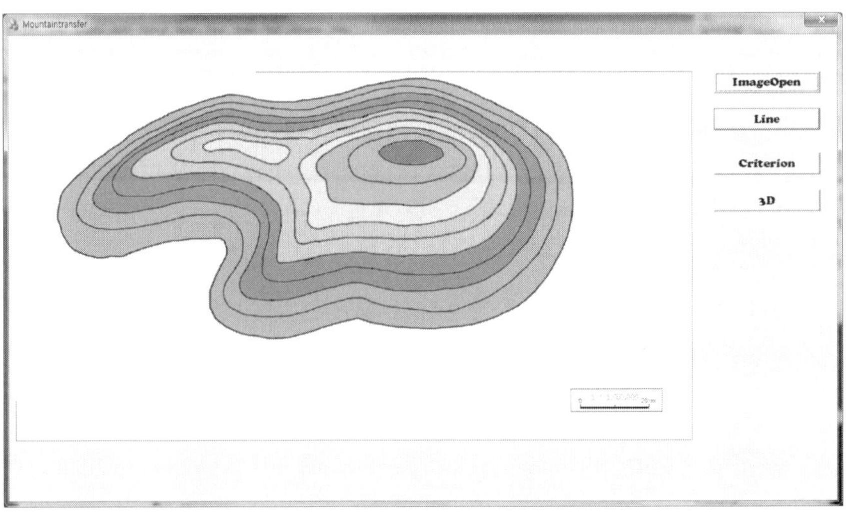

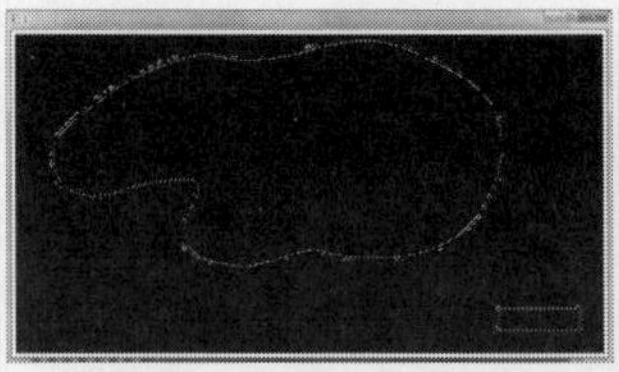 <T1>	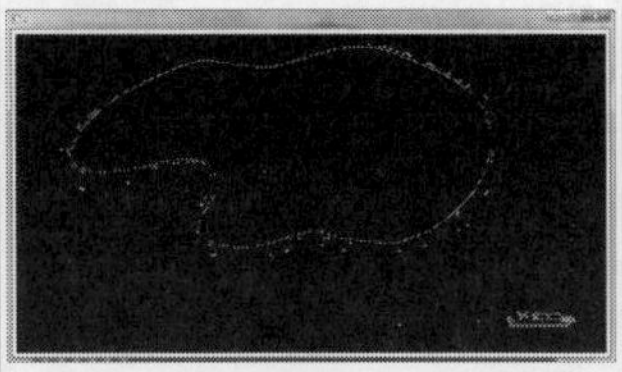 <T2>	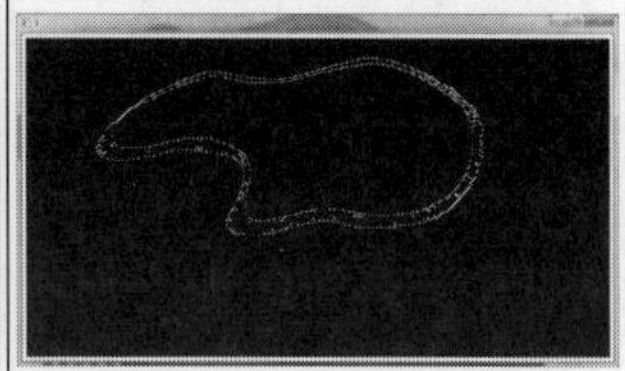 <T3>
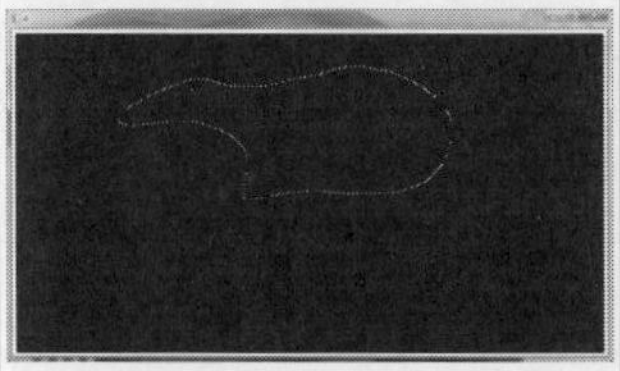 <T4>	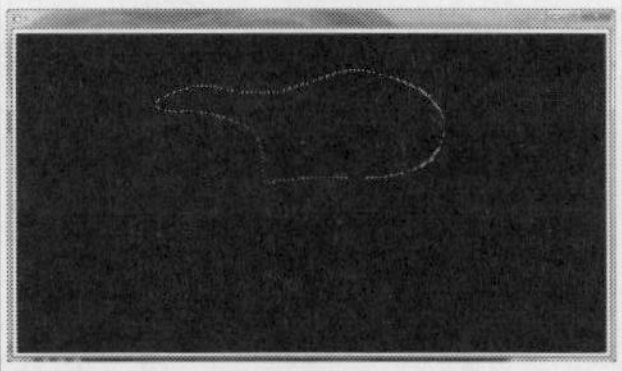 <T5>	 <T6>
 <T7>	 <T8>	 <T9>

- OpenCV를 이용한 edge 검출은 Canny를 이용하여 검출하였다. 검출하는 과정에서 Canny 연산의 특성상 등고선 하나당 2개의 edge(안쪽과 바깥쪽)가 검출되었고, 이 과정에서 우리는 바깥쪽 edge를 저장하고 안쪽 edge는 삭제하는 연산으로 등고선의 가장 바깥쪽을 저장하는 방식을 사용하였으며, 완벽한 폐곡선을 이루었을 때 정확히 추출할 수 있다. 하지만 일반 이미지에서는 많은 잡음과 사람의 육안으로 구별할 수 없는 잡음으로 인해 등고선을 추출하는데 많은 어려움이 있으며, 이 연산을 하려면 대표적인 포인트를 잡아서 연결하는 방법과 지도상의 모든 잡음을 제거하는 방법으로 하는데, 이 프로젝트를 하면서 모든 잡음을 제거한다는 것은 불가능해 보이고, 대표적인 값들로 인하여 등고선을 추출하는 방법이 좋은 것 같다. 하지만 우리가 프로젝트를 하면서 그 이미지의 연산하는 식을 구하지 못해 완벽한 폐곡선을 만들어서 구현하게 되었다.

② 템플릿 매칭(Template Matching)

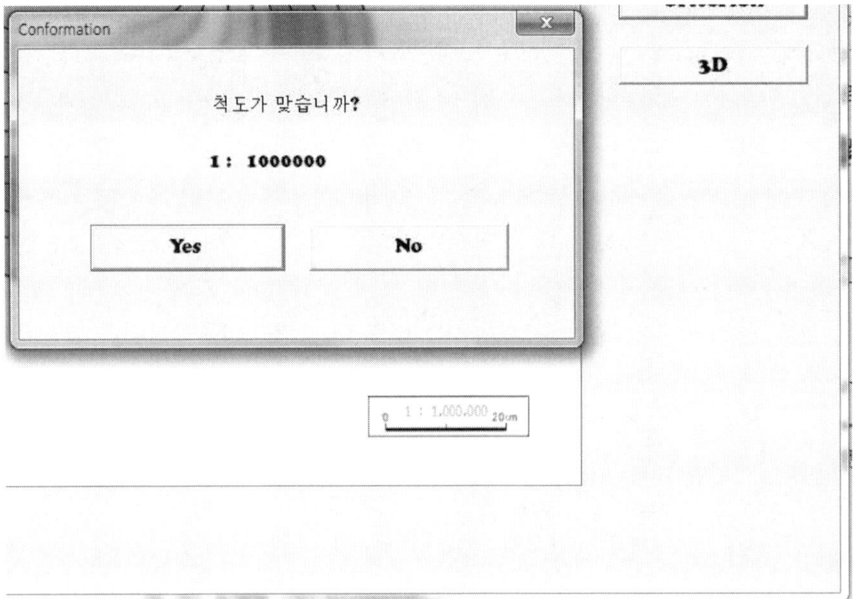

0	1	2	3	4	5	6	7	8	9

- 그림에 대해서 템플릿 매칭을 하는 방법은 다음 그림을 이용하여 이미지를 탐색하고 비슷한 픽셀을 갖는 이미지를 추출하여 그 값을 결정하는 방법으로, 이 방법은 각도가 틀리면 추출할 수 없지만, 등고선에서 축척도를 나타내는 수치를 추출하는 것은 문제가 없다. 만약 각도가 다른 수치가 있다면 다른 방법을 모색하는 방법을 추천하고 수치가 정방향으로 있을 때에는 이 템플릿 매칭을 이용하는 것이 가장 적합한 방법이며 이러한 방법을 이용하여 구현하였고, 이 방법으로 구한 방법으로 거리를 측정하려고 하였으나, 3D에서의 좌표를 2D 좌표로 변환하는 과정에서 접근방법을 잘못 잡아서 템플릿 매칭에 대한 결과만 나오게 되었다.

③ 3D 모델링(3D-Modeling)

- 일단 등고선은 일정한 간격으로 이루어져 있다. 즉, 일정한 높이의 간격마다 한 줄씩 그려져 있기 때문에 높이를 직접 입력받는 방법을 선택하였다. 등고선 사이에 있는 수치들을 인식하려면 위에 사용한 템플릿 매칭으로 0이란 숫자를 360도를 비교하면서 이미지 전체를 확인한다는 것은 매우 비효과적이며, 효율성에서 떨어진다고 판단하여 이러한 방법을 모색하게 되었다. 이러한 방법으로 3D 모델링을 하였다. 여기서도 이미지

자체의 픽셀의 위치로 올리는 방법을 사용하여 점 방식이 아닌 다른 방식으로 모델링이 할 수 없어 점 방식으로 사용하였고, 이렇게 점으로 구성되어서 3D에 공간을 형성할 수 없기에 텍스처 맵핑은 할 수가 없었다.

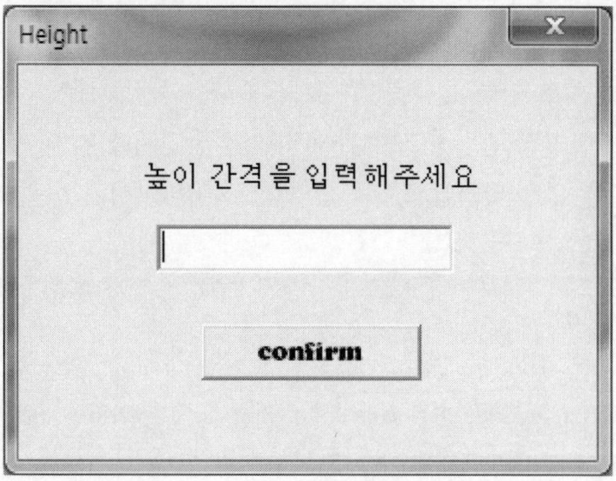

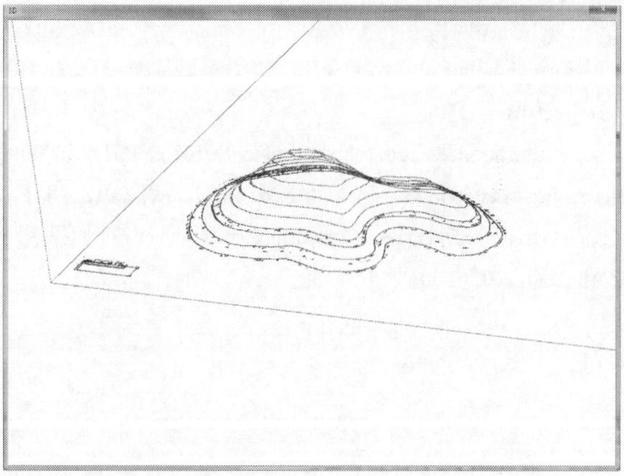

- 위의 연구를 하면서 계획한 것보다는 많은 것이 만족스럽지 못하였지만, 우리가 정한 주제에 최선을 다했고, 열심히 했던 것에 만족하며, 이미지 처리하는 방법과 3D 모델링을 처음 접하는 우리에게는 큰 디딤돌이 될 수 있었다. 아직 부족한 점이 많지만 이 프로젝트로 인해 우리가 더욱 발전할 수 있다는 것을 느꼈으며, 프로그래밍을 하면서 재미와 더 많은 방향을 접할 수 있다는 것에 매우 만족스럽다. 모델링에 관한 프로젝트를 다시 하게 된다면 이 프로젝트를 바탕으로 더욱 많은 것을 이룰 것이고, 현재는 하나의 폐곡선으로 이루어진 등고선을 이용하였지만, 다음에는 이웃된 등고선, 그리고 실제 등고선을 이용할 수 있게 할 것이며, 구상한 계획에 가까운 프로젝트를 만들 것이다.

5 결론

- 등고선이 그려진 이미지로 3D 모델링을 함으로써, 등고선을 읽을 줄 모르는 사용자 혹은 등고선을 읽을 줄 알지만 정확한 산의 모양이 상상이 가지 않을 때 산의 정확한 모양을 알 수 있고, 그로 인해 등산을 취미로 생활하는 사람들에게 조금 안전한 산은 어떤 산이며, 어떤 길이 가장 안전하고 나에게 적합한 산인지를 알 수 있게 해준다. 더 나아가 산의 지형을 눈으로 확인함으로써 산의 정보를 파악하고 산지 개발에도 도움을 줄 수 있다.

참고문헌

[1] http://blog.naver.com/dbsekfl?Redirect=Log&logNo=100153892730 - [등고선 그림 2012.4.11]
[2] http://blog.naver.com/jungblee2011?Redirect=Log&logNo=60135284607 - [3D연구 분야 2012.4.11]
[3] http://cafe.naver.com/sachanmi/71 - [N사의 게임 이미지① 2012.4.11]
[4] http://blog.naver.com/marupia7?Redirect=Log&logNo=10049287178 - [N사의 게임 이미지② 2012.4.11]
[5] http://news.naver.com/main/read.nhn?mode=LSD&mid=sec&sid1=114&oid=042&aid=0001942779 - [3D영화에 대한 그림 2012.4.11]
[6] http://blog.naver.com/cutemeon?Redirect=Log&logNo=80146393051 - [CAD에 대한 그림 2012.4.11]
[7] http://cafe.naver.com/jinyono/265858 - [3D_MAX에 대한 그림 2012.4.11]
[8] http://blog.naver.com/tiqpxm002?Redirect=Log&logNo=90035572792 - [구현 기능 및 세부 계획의 그림에서 3D 산 모형 그림 2012.4.11]

CHAPTER

14

HTML5 기반의 맞춤형 헬스 프로그램 개발

HTML5는 웹 표준규격으로서 월드 와이드 웹에서 구현되는 기존의 HTML의 문법적 오류를 바로잡고, 점차 작업환경이 웹 기반의 환경으로 넘어오는 시대에 맞추어 더 화려한 그래픽 표현을 별도의 플러그인 없이 간편하게 웹 브라우저에서 구현 가능할 수 있도록 하는 언어이다. 이를 이용한 플랫폼으로 웹 상에서 전문적인 헬스 트레이너와 양방향 커뮤니케이션이 가능한 사용자 맞춤형 헬스 프로그램을 개발하였다.

1 서론

1.1 연구배경

점차 건강과 외모에 대한 관심이 높아짐에 따라 헬스에 대한 수요가 높아졌다. 하지만 건강에 대한 관심에 비해 헬스 트레이닝을 받을 수 있는 사람들은 한정되어 있다. 많은 사람들이 건강에 대한 걱정을 하면서도 직장에 다니거나 헬스장과의 거리가 멀어 전문적인 트레이닝을 받을 수 없는 경우가 많다. 특히나 도심에서 떨어져 있는 경우 헬스장의 수는 급격히 적기 때문에 농촌 등의 지역에서는 헬스 트레이닝을 받는 인구수는 도심에 비해 매우 적다.

그동안 웹 기술은 농촌과 도심 간의 문화적 차이를 메우는 데 매우 유용한 기술로 알려져 왔다. 또한 최근에는 태블릿 PC나 스마트폰 등의 스마트기기들이 활발하게 보급되면서 장소에 관계없이 사람들이 손쉽게 웹에 접근할 수 있게 되었다. 이것은 농촌 등의 지역적인 차이뿐만이 아니라 헬스장에 갈 시간이 없는 사람들에게도 더 쉽게 헬스 트레이닝 프로그램에 접근할 수 있게 해줄 것으로 기대된다. 또한 전문 헬스 트레이너도 웹에 접근하여 사용자들에게 서비스를 제공해 주고, 각자의 건강상태에 맞는 조언을 해줄 수 있기 때문에 직접 헬스장에 오지 않아도 전문적인 관리를 받을 수 있을 것으로 본다.

HTML5 는 CSS3나 3D 효과 등 다양한 그래픽 효과를 지원하여 운동 부위별로 발달하는 근육을 표현해 줄 수 있으며, 어떤 환경에서든 사용자에게 인터액티브한 환경을 제공할 수 있을 것으로 기대된다. 무엇보다도 기존의 HTML과 마찬가지로 별도의 API의 설치나 플러그인의 설치가 없어도 이러한 환경을 제공할 수 있다는 것이 가장 큰 장점으로 본다.

따라서 이번 연구의 배경은 웹의 가장 기본적인 장점으로 알려진 접근성을 살려 다양한 지역과 시간이 없는 사람들에게 헬스 서비스를 제공해주는 것이며, HTML5에서 제공하는 다양한 기능을 이용하여 실제로 사용자에게 서비스를 하는 측면에서 HTML5의 가능성을 확인해보고자 한다.

1.2 연구목표

이번 연구의 목적은 장소, 시간, 경제적인 문제로 헬스 관리를 받지 못하는 사람들에게 체계적이고 전문적인 헬스 프로그램과 상담 시스템을 제공하는 것이다. HTML5를 이용하여 사용자에게 친숙한 인터페이스를 제공하는 것은 물론이고, 사용자가 가지고 있는 문제를 해결하기 위해 사용자가 직접 헬스 프로그램을 만들 수 있도록 한다.

사용자는 직장 또는 자신이 원하는 시간이나 장소에 알맞은 헬스 프로그램을 만들고자 한다. 따라서 이번 연구에서는 시간이 적게 걸리는 운동, 장소별 운동 등 다양한 태그를 제공하여 사용자가 자신에게 필요한 운동을 효율적으로 찾을 수 있도록 한다. 또한, 시간과 장소에만 맞춰진 서비스를 제공하는 것뿐만 아니라 자신에게 알맞은 근육을 발달시킬 수 있도록 운동별로 발달되는 근육을 표현하여 사용자가 헬스 프로그램을 더욱 효율적으로 만들 수 있게 한다.

또한 트레이너가 직접 추천 프로그램을 업로드할 수 있도록 하여 일반 사용자들이 전문성 있는 프로그램을 짤 수 있도록 한다. 일반 사용자들은 추천 받은 프로그램을 참고로 프로그램을 만들 수 있을 뿐만 아니라, 자신이 만든 프로그램을 트레이너에게 상담 받을 수 있도록 하여 부족한 부분을 보완하여 적절한 운동을 할 수 있는 프로그램을 만들 수 있다. 운동을 한 후에는 자신이 운동을 하면서 어려웠던 점과 더 상담 받고 싶은 부분을 직접 트레이너에게 묻고 답할 수 있도록 구현하였다.

이러한 점을 고려하여 개발하는 맞춤형 헬스 프로그램은 사용자에게 직접 헬스 트레이너를 만나는 것과 마찬가지 수준의 피드백을 제공할 수 있도록 한다. 이를 스마트기기 등을 이용하여 간편하게 웹에서 접근한다면 시간과 장소에 구애받지 않고 어디서나 전문적인 트레이닝을 할 수 있을 것이라 본다. 이 연구에서는 이러한 서비스를 제공할 수 있는 헬스 관리 프로그램을 개발을 목적으로 한다.

2 관련연구

국내에서 아직 상용화된 웹 사이트로 HTML5를 사용하는 예는 적다. 해외에서는 Twitter에서 보여주듯이 CSS3를 사용한 예가 있다. 또한 HTML5의 애니메이션 기능을 사용한 Torus 게임은 3D 테트리스를 제공한다(링크 첨부 : http://www.benjoffe.com/code/ games/torus/). 또한 Marquee media(http://marqueemedia.com/)도 HTML5를 사용하여 깔끔한 마크업을 보여주는 좋은 예이다. 그 외에도 모바일 앱에 HTML5를 사용한 Lanyrd.com 등 다양한 웹 환경에 구애받지 않으면서도 화려한 그래픽 환경을 제공하는 웹 사이트들이 많이 나와 있다.

Chrome Experiments(http://www.chromeexperiments.com/)에서도 HTML5 기반의 Web에서 3D를 구현하는 Web GL 등을 사용해 다양한 오픈 소스가 공개되어 있다. CSS3 또는 java script만으로도 플러그인 없이 3D나 인터액티브한 다양한 환경을 제공할 수 있는 웹 페이지가 구현되어 있다. 이처럼 HTML5의 다양한 기능에 대해서는 이미 해외에서는 많은 개발자들이 검증하고 실제로 구현되어 있다.

하지만 국내에서는 아직 HTML5가 크게 각광받고 있지 않다. 가장 커다란 이유는 국내에서는 아직 HTML5를 지원하지 않는 웹 브라우저인 익스플로러를 많이 쓰고 있기 때문으로 보인다. 아마 대부분의 은행 등 주요 사이트들이 Active X 등을 필수적으로 사용하면서 익스플로러에 대한 의존도가 높아 쉽게 다른 브라우저로 옮겨가지 못하는 것으로 생각된다. 따라서 HTML5를 지원하는 브라우저인 파이어폭스, 크롬 등의 보급률이 낮아 해외에 비해서 HTML5를 사용하여 개발된 웹 사이트가 적다.

즉, 해외에서 선보인 다양한 HTML5의 가능성에 비하면 국내에서 HTML5의 활용도는 상당히 낮은 편에 속한다. 국내에서도 안드로이드나 iOS 기반의 스마트기기들의 보급률이 높아지고, 또 Active X의 보안 취약점이 들어난 만큼, 서서히 다양한 웹 브라우저로 옮겨가고 있다. 따라서 점차 HTML5의 필요성이 대두되면서 국내에서도 HTML5를 사용한 웹 사이트의 비중이 점점 커질 것으로 본다.

이 연구에서는 이러한 경향을 반영하고 국내에서 HTML5를 이용한 웹 서비스에 대한 가능성을 살펴보고자 한다. HTML5의 3D 기능과 CSS3 등을 사용하여 플러그인 없이도 다양한 웹 환경을 구축하고 상용화된 서비스를 제공할 수 있다는 것을 선보여 국내에서도 HTML5의 도입을 촉진하는 것에 기여하기를 바란다.

3 프로젝트 내용

3.1 시나리오

a. 헬스트레이너가 자신이 직접 촬영한 헬스 콘텐츠를 관련 태그(관련 근육 부위, 권장 연령 등)와 함께 헬스 마켓에 업로드한다.

a-1. 헬스트레이너는 자신의 노하우를 담은 헬스 콘텐츠를 제작한다.

a-2. 헬스 콘텐츠와 관련된 태그들과 함께 헬스 마켓에 업로드한다.

※ 헬스 마켓은 헬스트레이너들이 자신들의 콘텐츠를 올릴 수 있는 공간

b. 사용자는 헬스 마켓에서 자신이 원하는 헬스 콘텐츠를 드래그하여 자신의 콘텐츠 바구니에 담아 자신만의 헬스 코스를 완성한다.

b-1. 헬스트레이너가 추천한 코스를 그대로 드래그해서 가져올 수 있다.

b-2. 추천 코스 외에도 자신이 원하는 콘텐츠를 드래그해서 가져올 수 있다.

b-3. 사용자가 자신의 시간과 운동할 장소에 맞게 적절히 콘텐츠를 배치하여 코스를 완성한다.

c. **사용자에게 쉽게 헬스 콘텐츠에 대한 정보를 제공한다.**

c-1. 자신 선택한 헬스 콘텐츠의 관련 근육 부위에 대해 3D로 확인 가능하다.

c-2. 태그를 통해서 자신이 원하는 콘텐츠를 검색할 수 있다.

3.2 요구사항

- 구현 기반
  HTML5 기반의 웹 콘텐츠 및 MySQL Database

- 웹 콘텐츠 디자인 및 기능에 대한 기반
  HTML5와 Javascript를 사용한 웹 콘텐츠 기능 구현 및 CSS를 사용한 디자인 구현
  HTML5를 사용하여 별도 플러그인 없이 3D를 보여줄 수 있도록 구현될 예정

- 웹 콘텐츠 관리에 대한 기반
  My SQL Database를 사용한 웹 콘텐츠 데이터 관리
  Database의 경우 콘텐츠 내용 및 관련 태그들을 관리할 수 있도록 구현될 예정

3.2.1 기능 요구사항

a. 오픈 마켓 및 사용자 콘텐츠 바구니 기능

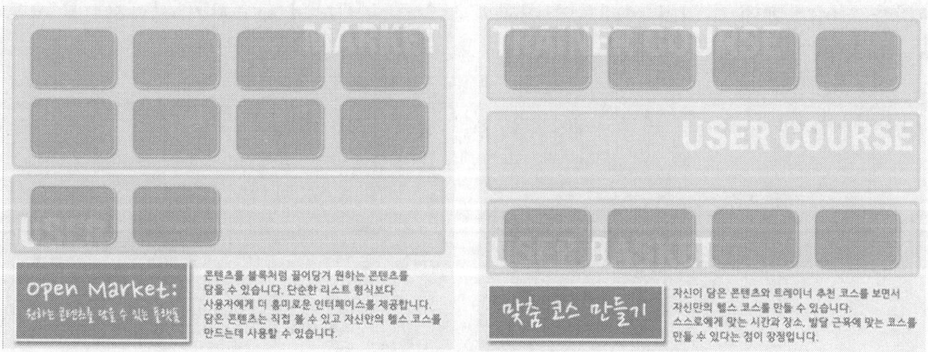

a-1. 트레이너가 올린 헬스 콘텐츠를 보여 줄 수 있는 오픈 마켓

a-2. 사용자가 드래그 방식을 이용하여 자신의 코스 구성

HTML5의 캔버스와 CSS3를 이용하여 드래그 방식으로 콘텐츠를 이동시킬 수 있도록 하여 사용자가 직관적이고 쉽게 콘텐츠 관리를 할 수 있도록 구현할 계획이며 기존의 동영상 및 텍스트 업로드하듯이 익숙한 인터페이스를 통해서 트레이너 사용자가 콘텐츠를 쉽게 업

로드할 수 있도록 할 계획이다.

b. 3D 근육 정보 제공 기능

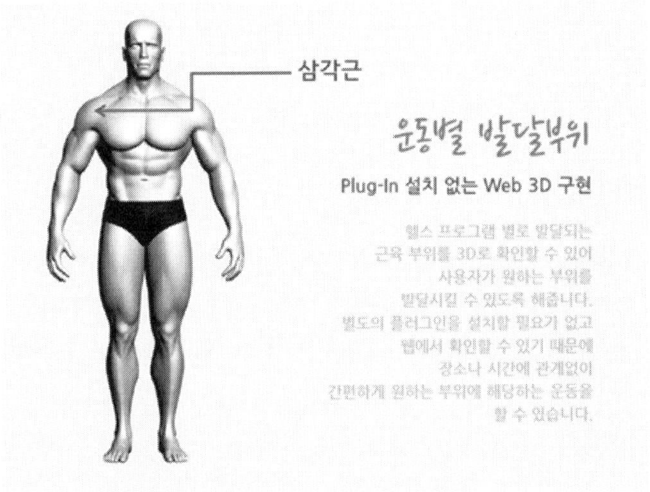

b-1. 선택한 콘텐츠와 관련된 성장 근육 정보를 제공

b-2. 3D를 통해서 정확한 근육 위치 정보 제공

HTML5의 캔버스를 이용하여 별도의 플러그인 설치없이 3D로 사람의 신체를 나타내도록 구현할 것이며 뿐만 아니라 콘텐츠와 연관된 부위를 표시하여 사용자가 직관적으로 운동부위를 확인할 수 있도록 구현할 계획이다.

c. 트레이너와 사용자의 커뮤니케이션을 통한 헬스 관리 기능

c-1. 사용자의 텍스트 및 동영상 업로드 기능
c-2. 트레이너의 피드백 게시 기능

기존의 게시판과 익숙한 인터페이스를 통해서 동영상과 텍스트를 업로드할 수 있도록 하여 사용자 및 트레이너가 상호간의 의사소통을 할 수 있도록 하는 공간을 마련하여 인터렉티브한 헬스 관리가 될 수 있도록 할 계획이다.

d. MySQL 사용한 Database 관리

- User/Trainer Table

구분	ID	이름	나이	성별	몸무게	키	체지방

- UserContents Table

ID	field1~	field20

- Course Table

ID	코스 ID	title	날짜	메모	feild1~	field10

- Contents Table

title	설명	트레이너	날짜	장소	시간	부위	운동기구

d-1. 각 테이블이 사용자의 ID와 콘텐츠의 field ID로 연결되어 관리

3.3 시스템 설계

3.3.1 UML Diagram을 통한 시스템 모델링

a. Use Case Diagram

- Use Case Diagram 표기

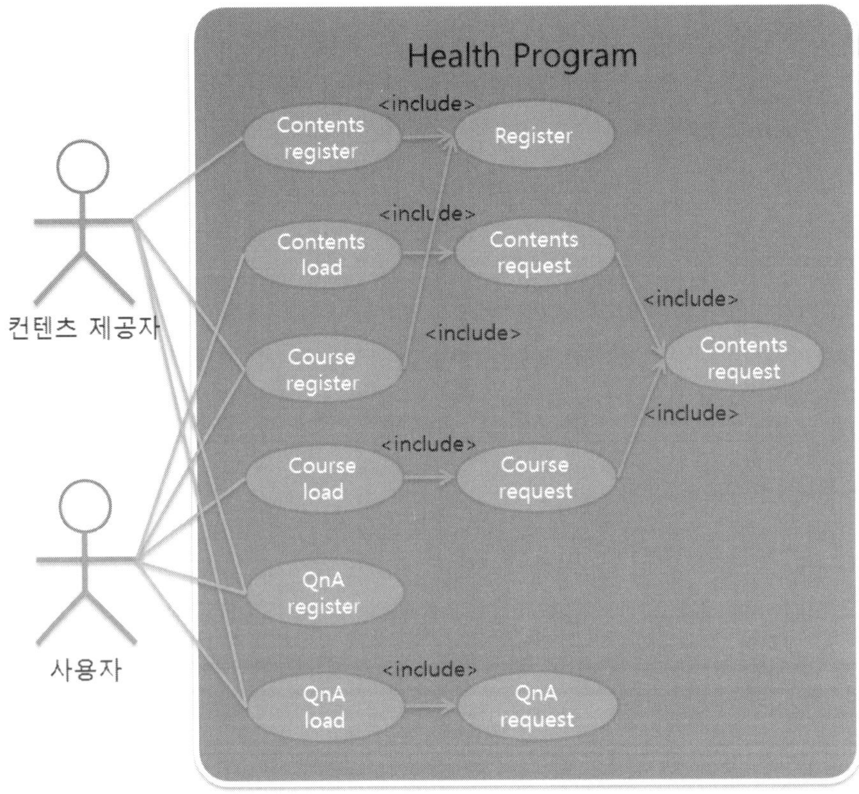

[그림 1] Health Program에 관한 세부 명세

- 이용자는 사용자와 콘텐츠 제공자 둘로 나누어져 있으며, 콘텐츠를 등록하는 목적과 사용하는 목적 두 가지로 분류되어 있다. 여기서 콘텐츠 제공자는 Contents register와 Course register에 접근할 수 있어서 콘텐츠를 등록하고 등록된 콘텐츠를 이용한 코스를 생성하여 등록할 수 있도록 하였으며, 뿐만 아니라 QnA에서 글을 등록하고 내용을 읽어 올 수 있도록 하였다. 반면에 사용자는 Contents register에 접근할 수 없어서 콘텐츠를 등록할 수는 없으나 콘텐츠 제공자가 등록한 콘텐츠를 불러올 수 있고 Course register에 접근할 수 있어서 서로 다른 콘텐츠 제공자가 올린 콘텐츠들을 이용해서 코스를

생성하여 등록할 수 있다. 콘텐츠 제공자와 마찬가지로 QnA에서 글을 등록하고 내용을 불러 올 수 있도록 하였다.

b. Class Diagram

- Class Diagram 표기

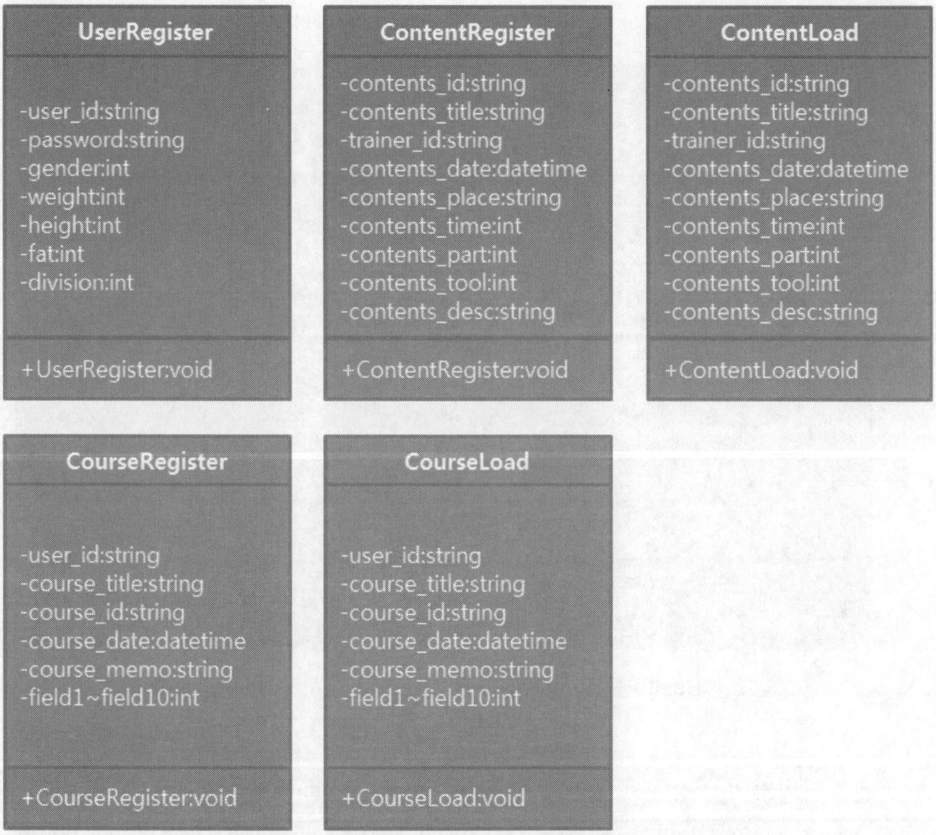

[그림 2] Health Program에 관한 Class Diagram

- 웹 기반 서비스이며 아직 구현 전이기 때문에 대략적인 Class Diagram을 표현하였다. 각 클래스의 Attribute는 DB 테이블 항목들을 기반으로 설계하였고, Operator는 php에서 행해지는 기능을 기반으로 설계하였다. 추가되는 php와 DB 테이블을 기준으로 필요한 Attribute와 Operator를 추가하였다.

Contents와 Course에 관련하여 각각 등록과 로드를 할 수 있는 클래스를 설계하였고 서비스 사용을 위한 사용자 등록 클래스(UserRegister)를 설계하였다. 여기서 사용자 등록 클래스는 마지막 Attribute인 division의 값에 따라서 콘텐츠 사용자와 콘텐츠 제공자로 구분되어 등록할 수 있도록 설계하였다. 이 밖에 웹 기능을 위한 javascript와 관련된 Operator를 추가하였다

c. Activity Diagram

- Activity Diagram 표기(콘텐츠 제공자)

콘텐츠 제공자

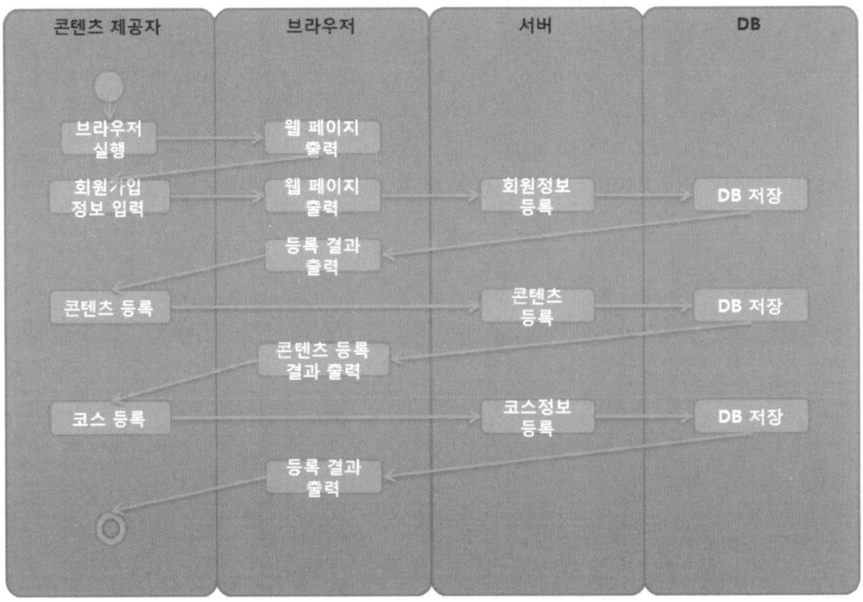

[그림 3] Health Program에 관한 콘텐츠 제공자 Activity Diagram

- 콘텐츠 제공자의 입장에서 일어날 수 있는 Activity Diagram을 설계하였다. 현 설계에서는 콘텐츠 제공자, 브라우저, 서버, DB 이렇게 4개의 Activity에서 일어나는 Action을 표현하였다. 콘텐츠 제공자는 서비스를 이용하여 우선 회원가입을 해야 하며, 이때 입력한 정보가 브라우저, 서버를 거쳐 DB에 전달되어 등록된다. 이 결과가 다시 콘텐츠 제공자에게 브라우저를 통해 보여지며 이 다음부터 콘텐츠 제공자는 자유롭게 콘텐츠 등록 및 코스 등록을 할 수 있게 된다.

- Activity Diagram 표기(사용자)

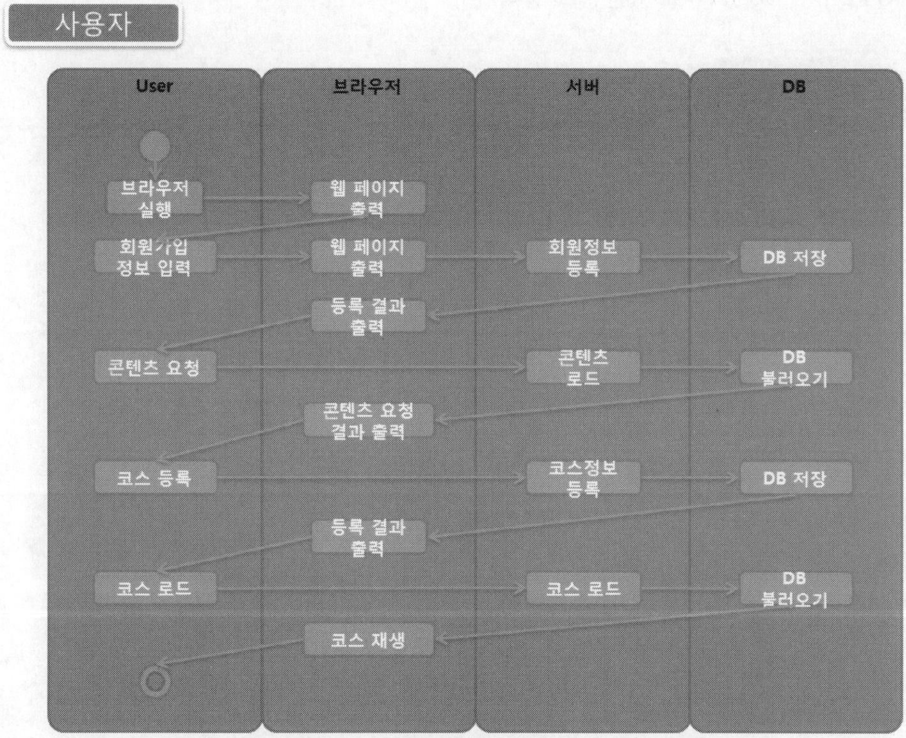

[그림 4] Health Program에 관한 사용자 Activity Diagram

- 콘텐츠 사용자의 입장에서 일어날 수 있는 Activity Diagram을 설계하였다. 현 설계에서는 콘텐츠 제공자, 브라우저, 서버, DB 이렇게 4개의 Activity에서 일어나는 Action을 표현하였다. 사용자는 콘텐츠 제공자와 마찬가지로 서비스를 이용하기 위해 회원가입을 해야 하며 브라우저를 통해 회원 정보를 입력한다. 입력된 정보는 서버를 거쳐 DB에 등록되고 그 결과는 브라우저를 통하여 사용자에게 다시 보여지게 된다. 이후 사용자는 원하는 콘텐츠를 요청하게 되고 서버는 요청된 콘텐츠를 DB에서 불러와 브라우저에 출력하게 된다. 사용자는 전달받은 콘텐츠로 코스를 생성한다. 생성된 코스는 서버를 통해 DB에 저장된다. 사용자는 필요 시 코스를 로드하고 서버에서는 DB로부터 코스를 불러와 브라우저를 통해서 코스를 재생할 수 있다.

d. Sequence Diagram

- Sequence Diagram 표기(콘텐츠 등록)

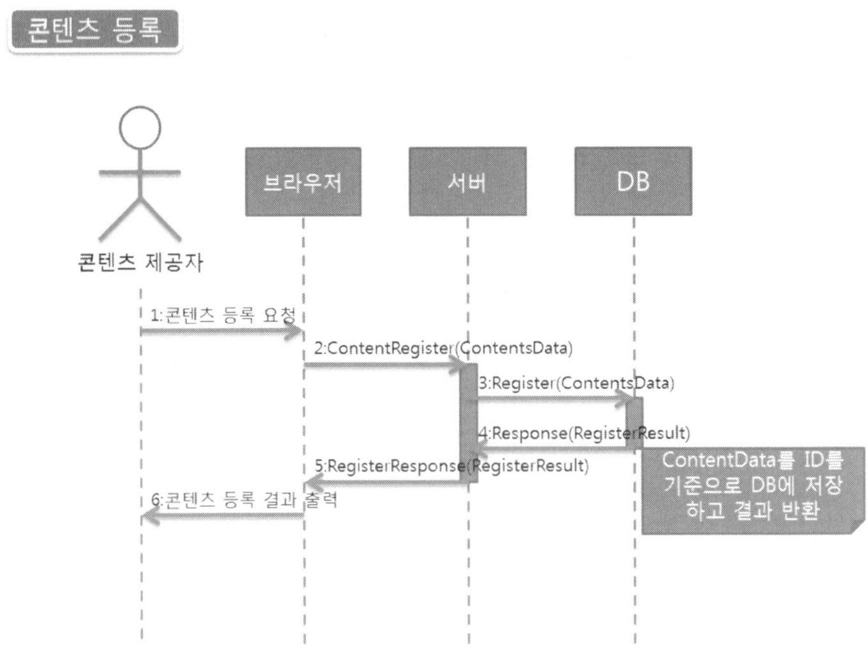

[그림 5] 콘텐츠 등록 Sequence Diagram

- 콘텐츠 등록 부분을 설계한 Sequence Diagram으로 콘텐츠 제공자, 브라우저, 서버, DB 이렇게 4가지 부분으로 나누어 설계하였다. 콘텐츠 제공자가 등록하고자 하는 콘텐츠의 ContentsData를 가지고 콘텐츠 등록요청을 하면 브라우저에서 ContentsData를 입력받고 이를 서버에서 처리하여 DB에 저장한다. 그리고 저장된 결과를 콘텐츠 제공자에게 브라우저를 통해서 결과를 출력해준다.

- Sequence Diagram 표기(콘텐츠 요청)

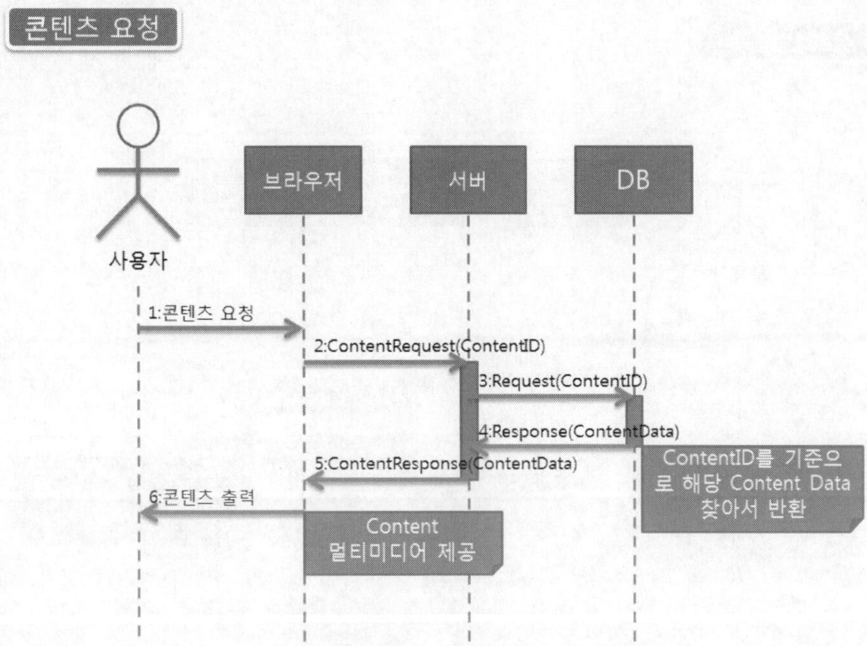

[그림 6] 콘텐츠 요청 Sequence Diagram

- 콘텐츠 요청 부분을 설계한 Sequence Diagram으로 사용자, 브라우저, 서버, DB 이렇게 4가지 부분으로 나누어 설계하였다. 사용자가 원하는 콘텐츠를 선택하여 콘텐츠를 요청하면 선택된 콘텐츠의 ContentID를 가지고 서버에서 처리하여 DB로부터 ContentID에 해당하는 ContentData를 반환하여 준다. 이를 서버에서 처리하여 브라우저를 통해 콘텐츠를 출력해주게 된다.

- Sequence Diagram 표기(코스 등록)

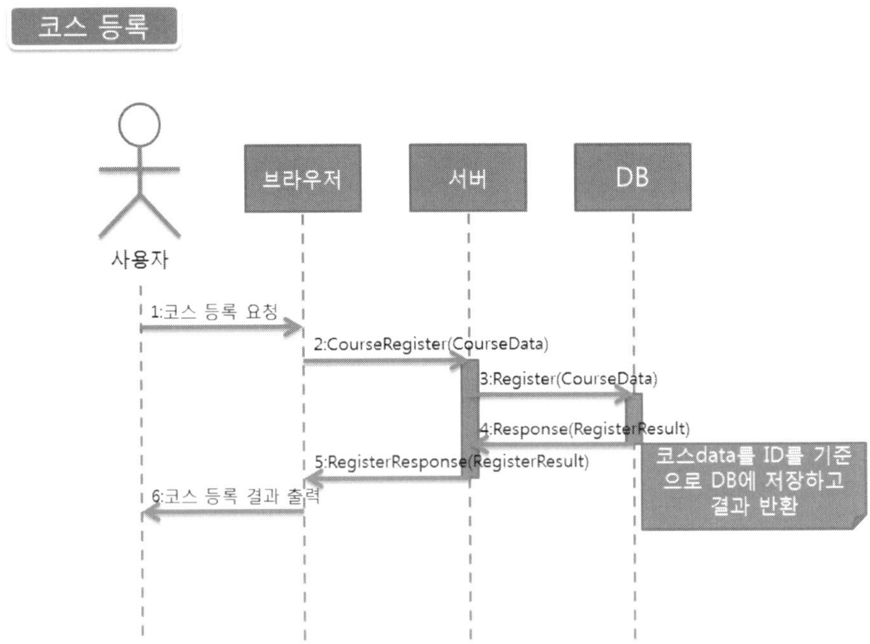

[그림 7] 코스 등록 Sequence Diagram

- 코스 등록 부분을 설계한 Sequence Diagram으로 사용자, 브라우저, 서버, DB 이렇게 4가지 부분으로 나누어 설계하였다. 사용자는 콘텐츠들로 생성한 CourseData를 브라우저를 통해 서버에 전달하고, 서버에서는 이를 처리하여 DB에 CourseData를 저장한다. 이후 처리 결과를 다시 브라우저를 통해 사용자에게 출력한다.

- Sequence Diagram 표기(코스 재생)

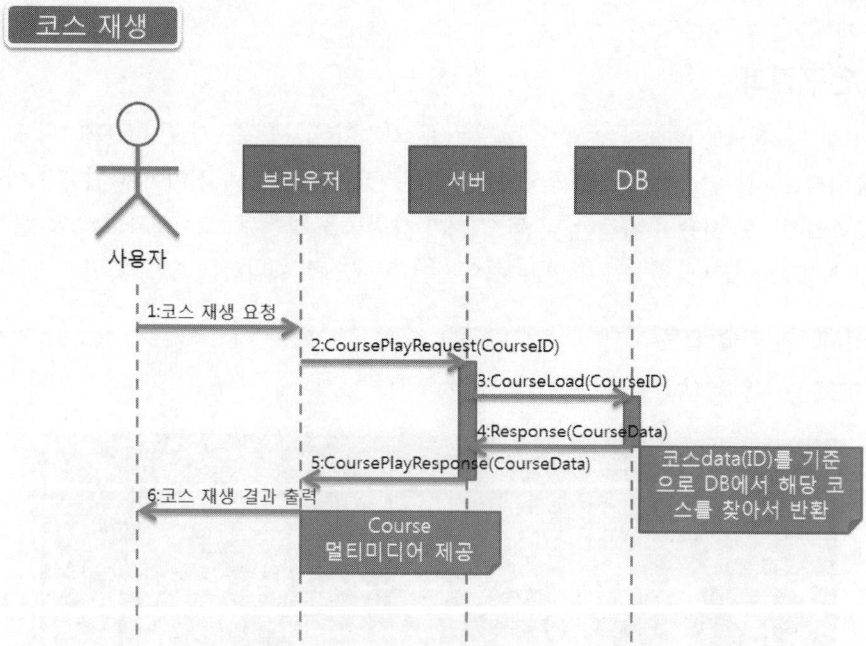

[그림 8] 코스 재생 Sequence Diagram

- 코스 재생 부분을 설계한 Sequence Diagram으로 사용자, 브라우저, 서버, DB 이렇게 4가지 부분으로 나누어 설계하였다. 사용자는 원하는 코스를 재생하기 위해 코스를 선택하고 선택되어진 코스의 CourseID가 서버로 전달된다. 서버는 이를 처리하여 DB에서 CourseID에 해당되는 CourseData를 찾아 반환하도록 한다. 반환되어진 CourseData는 서버에서 처리되어 브라우저를 통하여 멀티미디어로 재생되어 사용자에게 제공된다.

3.4 구현

클라우드를 통해 소스코드를 제공한다. 경로는 [uCloud]/Chapter.14/Source_code이다.

4 프로젝트 결과

4.1 연구결과

- 이번 프로젝트를 통해서 얻고자 한 것은 두 가지이다. 새로운 기술인 HTML5의 활용을 통해서 플러그인 없이 3D와 영상이 재생되는 것, 플랫폼 독립적이어서 웹뿐만 아니라 모바일에서도 사용이 가능한 것 등 HTML5 장점들을 경험해 보는 것과 창의적 설계 연구에 맞게 기존에 존재하지 않는 창의적인 콘텐츠를 개발하는 것이다.

- HTML5의 기술 활용

a. Drag & Drop 기능

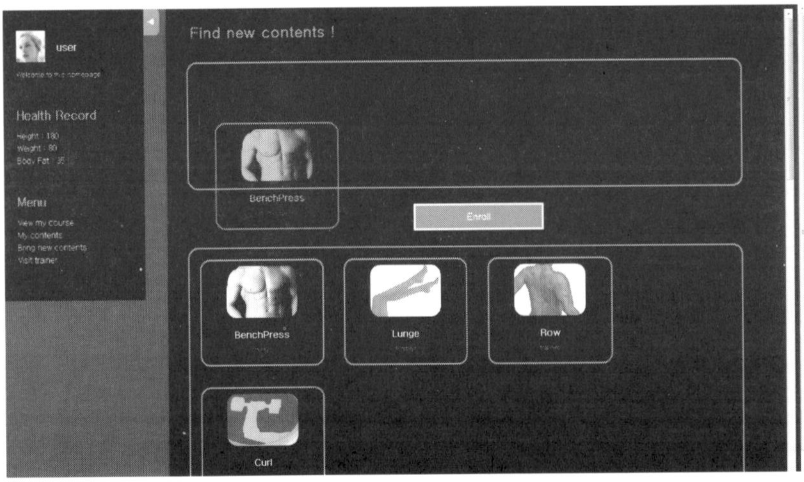

[그림 9] Drag & Drop을 이용한 콘텐츠 인터페이스

Drag & Drop 기능을 이용하여 헬스 콘텐츠를 이동할 수 있도록 인터페이스를 구현함으로써 사용자들이 편리하게 직관적인 코스 생성이 가능하도록 하였다. 겉보기에는 그냥 콘텐츠가 드래그되어서 이동되는 것으로 보이지만 내부에서는 javascript를 통하여 콘텐츠 ID도 함께 이동되어 저장될 수 있도록 구현하여 DB에 코스를 생성한 순서 그대로 유지할 수 있다. 아래는 드래그 앤 드롭을 구현한 소스코드이다.

- **Drag & Drop Code** 설명

```
var content_arr = new Array(5); //드롭된 타깃을 담을 배열
var cnt = 0; //배열의 인덱스를 관리할 카운트
for (var i = 0; i < 5; i++) {
```

```
    content_arr[i] = 0; //배열 초기화
}

function onDragStart(event) { //드래그를 위한 function
    if (event.target.tagName.toLowerCase() == "li") {  //video 태그에 대해
      드래그 & 드롭을 허용 event.dataTransfer.setData("selectContent",
      event.target.id); //현재 선택된 타깃의 ID를 selectContent에 저장
    }
    else {
        event.preventDefault(); //드롭이 가능하도록 기본 상태 취소
    }
}
function onDrop_course(event) {         //course에 드롭을 위한 function
    var id = event.dataTransfer.getData("selectContent");
        //selectContent에서 드롭된 타깃의 ID를 얻기
 event.currentTarget.appendChild(document.getElementById(id)); //현재
   타켓에 드롭된 타깃 추가 event.preventDefault();
    if (cnt < 5) {
content_arr[cnt] = id; ////course에 드롭된 경우 드롭된 타깃을 content_arr에 저장
        cnt++;
    } else {
        window.location.replace('http://html.mireene.com/user contents
            list.html');
}
}
function onDrop_basket(event) {         //bakset에 드롭을 위한 function
    var id = event.dataTransfer.getData("selectContent");
    event.currentTarget.appendChild(document.getElementById(id));
    event.preventDefault();

    for (var i = 0; i < 5; i++) {
        if (content_arr[i] == id)         //content_arr에 현재 드롭된 타깃의
                                          ID가 존재할 경우
    {
for (var j = i; j < 5; j++) {
            if (j != 4)
                content_arr[j] = content_arr[j + 1]; //배열의 뒷부분을 당겨
                    content_arr에 저장된 드롭된 타깃 ID를 제거
            else
```

```
                content_arr[j] = 0;
            }
            cnt--;
        }
    }
}
function course_submit() {      //course 저장을 위한 function
    var frm;
    frm = document.course_enroll;

    frm.field1.value = content_arr[0];
    frm.field2.value = content_arr[1];
    frm.field3.value = content_arr[2];
    frm.field4.value = content_arr[3];
    frm.field5.value = content_arr[4];
    frm.submit();

}
```

위에 작성된 코드는 드래그 앤 드롭 시 동작하는 javascript 함수로 드래그 앤 드롭을 할 때 콘텐츠들의 ID가 content_arr에 담겨져 DB에 저장될 수 있도록 하는 기능을 하는 드래그 앤 드롭에 있어서 중요한 코드이다.

b. 플러그인 없이 Video 및 3D 재생 기능

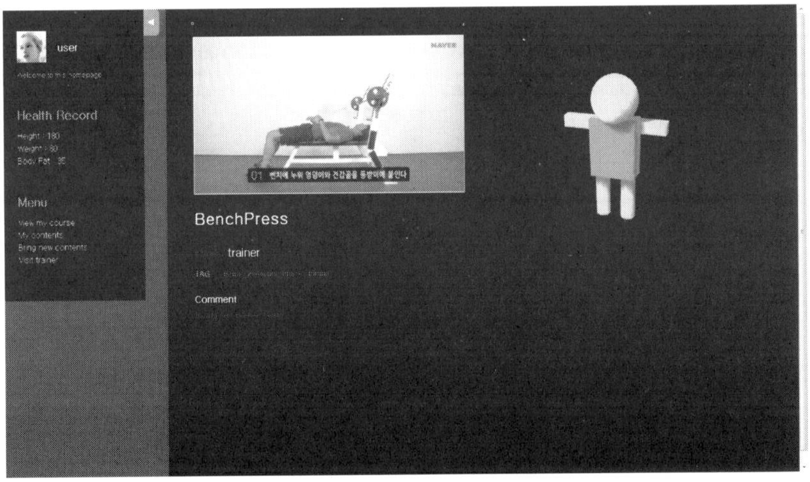

[그림 10] video 및 3D 재생

Video tag와 Canvas tag를 이용하여 별도의 플러그인 없이 mp4 파일과 3D를 재생할 수 있는 HTML5의 장점을 이용하여 사용자가 플러그인을 설치하는 번거로움 없이, 또한 플러그인 설치로 인하여 상대적으로 느리게 동작하는 문제점을 없게 헬스 서비스를 제공할 수 있도록 하였다. 뿐만 아니라 플러그인 설치없이 동작하기 때문에 웹에서 뿐만 아니라 모바일에서도 무리없이 동작할 수 있도록 하였다. 다음은 3D 구현을 위한 소스코드이다.

- Video 태그 Code 설명

```
<?
   $sql = "SELECT * FROM contents WHERE contents_id='$field1'";
   $result = mysql_query($sql);
   $e = mysql_fetch_assoc($result);
?>
      <video id="player" autoplay controls>
         <source src="/videos/<?print($e["contents_data"]);?>"
            type="video/mp4">
      </video>
      </div>
```

위에 작성된 코드는 Video 태그를 위해 작성된 코드로 php를 통해서 재생할 콘텐츠의 ID값과 동영상의 이름을 받아와 Video 태그를 통해서 재생될 수 있도록 한다. 여기서 HTML5 특성상 mp4만 재생될 수 있도록 하였기 때문에 현재 코드에서는 mp4 파일만 Video 태그를 통해서 재생이 가능하다.

- Canvas 태그 Code 설명

```
/*  three.js 라이브러리 참조  */
// canvas size 정의
var width = 300;
var height = 600;
// 필요한 color 미리 정의
var color_1 =  new THREE.MeshBasicMaterial({color:0xffddb0});
var color_2 = new THREE.MeshBasicMaterial({color:0x00eea8});
// 3D renderer와 camera, 보이는 장면을 전역변수로 미리 선언
var renderer, camera, scene;
// 3D body 그려주는 함수
```

```
function draw_canvas(tag)
{
    /*  tag :: 발달되는 근육, tag에 해당하는 부위가 다른 색으로 보인다.
        0 : 팔                          1 : 다리
        2 : 가슴                        3 : 등
    */
    // 3D 캔버스 및 renderer 객체 선언 및 초기화
    canvas = document.getElementById("draw_3D");
    renderer = new THREE.WebGLRenderer({antialias : true});
    renderer.setSize(width, height);
    canvas.appendChild(renderer.domElement);
    renderer.setClearColorHex(0x0b0b0b, 1.0);
    renderer.clear();

    // 카메라 및 장면 객체 선언 및 초기화
    camera = new THREE.PerspectiveCamera(45, width/height, 1, 10000);
    camera.position.z = 300;
    scene = new THREE.Scene();

    var light = new THREE.SpotLight();
    light.position.set(170, 330, -160);         // 조명 설정
    scene.add(light);

    // color flag
    var arm_color = color_1;
    var leg_color = color_1;
    var body_f_color = color_1;
    var body_b_color = color_1;

    // tag를 판단하여 해당 부위의 색깔을 바꿔 줌
    switch(tag)
    {
        case 0:       arm_color = color_2;
        break;

        case 1 :      leg_color = color_2;
            break;

        case 2 :      body_f_color = color_2;
            break;
```

```
    case 3 :      body_b_color = color_2;
        break;
}
// body 그려주는 부분. 도형 생성 및 위치 설정
var head = new THREE.Mesh(new THREE.SphereGeometry(20, 50, 50),
        color_1);
head.position.set(0,80,0);
scene.add(head);

var arm1 = new THREE.Mesh(new THREE.CubeGeometry(50, 10, 10),
        arm_color);
arm1.position.set(20,60,0);
scene.add(arm1);

var arm2 = new THREE.Mesh(new THREE.CubeGeometry(50, 10, 10),
        arm_color);
arm2.position.set(-20,60,0);
scene.add(arm2);

var leg1 = new THREE.Mesh(new THREE.CylinderGeometry(7, 7, 50),
        leg_color);
leg1.position.set(12,0,0);
scene.add(leg1);

var leg2 = new THREE.Mesh(new THREE.CylinderGeometry(7, 7, 50),
        leg_color);
leg2.position.set(-12,0,0);
scene.add(leg2);

var body_f = new THREE.Mesh(new THREE.CubeGeometry(40, 50, 10),
        body_f_color);
body_f.position.set(0,40,-5);
scene.add(body_f);

var body_b = new THREE.Mesh(new THREE.CubeGeometry(40, 50, 10),
        body_b_color);
body_b.position.set(0,40,5);
scene.add(body_b);

// body 끝
```

```
    // 그림자 설정
    renderer.shadowMapEnabled = true;
    light.castShadow = true;

    head.castShadow = true;
    head.receiveShadow = true;
    arm1.castShadow = true;
    arm1.receiveShadow = true;
    arm2.castShadow = true;
    arm2.receiveShadow = true;

    leg1.castShadow = true;
    leg1.receiveShadow = true;
    leg2.castShadow = true;
    leg2.receiveShadow = true;

    body_f.castShadow = true;
    body_f.receiveShadow = true;
    body_b.castShadow = true;
    body_b.receiveShadow = true;

    // 출력
    renderer.render(scene,camera);

    // 시간별 애니메이션 실행
    animate(new Date().getTime());
};

// 시간 변수를 받아 회전하는 애니메이션을 실행
function animate(t)
{
    // 시간마다 카메라 위치 재설정
    camera.position.x = Math.sin(t/1000)*300;
    camera.position.y = 150;
    camera.position.z = Math.cos(t/1000)*300;

    camera.lookAt(scene.position);

    // 애니메이션 프레임에 출력
    renderer.render(scene, camera);
    window.requestAnimationFrame(animate, renderer.domElement);
};
```

위에 작성된 코드는 canvas 태그와 javascript를 이용하여 3D를 구현함으로써 사용자가 각 신체부위가 어디에 해당하는지 정보를 확인할 수 있도록 해준다.

c. 웹 플랫폼 독립적인 특징

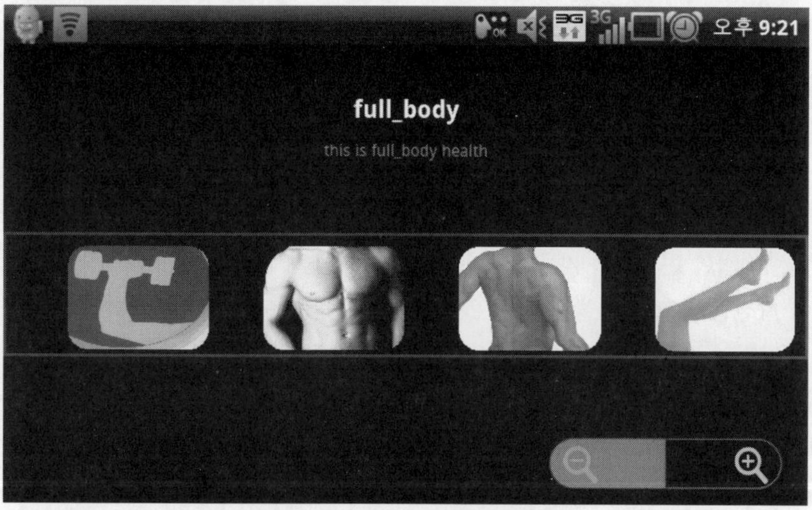

[그림 11] 모바일에서의 사용

앞서 기술한 바와 같이 웹 플랫폼 독립적인 특징으로 모바일에서도 재생될 수 있다.

- 창의적 설계

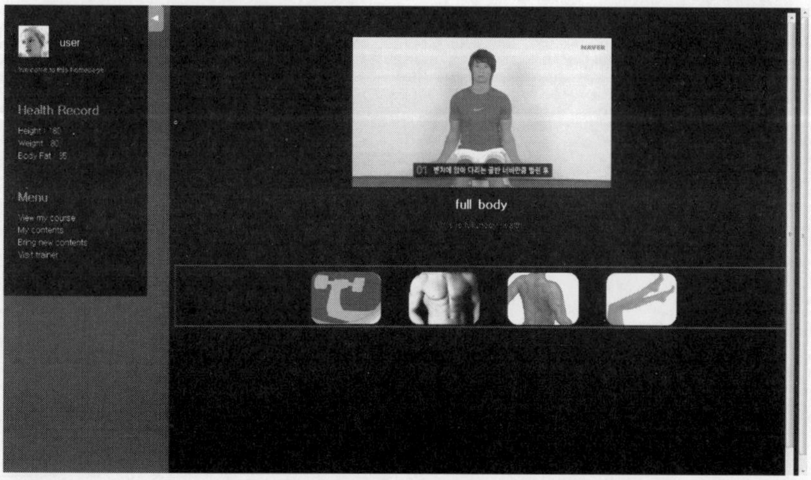

[그림 12] 사용자 맞춤형 코스 설계

기존 헬스 서비스를 제공하는 공급자의 일방적인 콘텐츠 제공 방식이라는 틀을 깨고 사용자가 자신이 원하는 콘텐츠를 이용하여 시간, 공간, 부위 맞춤형으로 코스를 설계하여 좀 더 효과적으로 육체를 관리할 수 있도록 한다. 기존에 존재하지 않는 새로운 방식의 맞춤형 헬스 프로그램으로써 창의적인 서비스가 될 수 있도록 구현하였다.

5 결론

본 프로젝트는 오픈 마켓이란 개념을 도입하여 사용자에게 주어진 상황(시간, 장소, 연령 등)에 맞는 적절한 콘텐츠를 제공하고 뿐만 아니라 사용자 스스로 자신에게 맞는 콘텐츠를 선택하여 자신만의 코스를 설계할 수 있도록 하고 트레이너가 조언을 해줄 수 있도록 하여 기존의 일방적인 제공을 하는 헬스 프로그램과 달리 쌍방향 소통을 할 수 있는 헬스 프로그램을 만드는 것이 주목표이다. 더하여 3D를 이용하여 신체 근육 정보를 보여주어 사용자가 더욱 쉽게 제공된 콘텐츠에 관한 정보를 습득할 수 있도록 하고 HTML5 기반의 웹 콘텐츠가 웹 플랫폼 독립적인 장점을 활용하여 서로 다른 플랫폼을 사용하는 다양한 사용자에게 편의를 제공할 수 있을 것으로 기대된다.

참고문헌

[1] 이상현 저, Web&Mobile web 개발자들을 위한 HTML5 API 완전정복
[2] 피터 러버스 외 1명 저, 프로 HTML5 프로그래밍
[3] HTML5 오픈 커뮤니티 : www.htmlfive.co.kr

[별첨1] 프로그램 전체 소스코드 (코드는 실제 파일로 첨부)

HTML 코드(동일한 이름의 CSS 파일은 해당 페이지의 디자인 코드이다.)

Index.html(웹에서 제공되는 로그인 페이지)

Sign_up.html(회원가입을 위한 페이지)

User_page.html(사용자로 로그인 했을 경우 제공되는 메인 페이지)

Trainer_page.html(트레이너로 로그인 했을 경우 제공되는 메인 페이지)

User_contents_list.html(사용자가 자신의 바구니에 담은 콘텐츠 리스트 페이지)

Contents_list.html(전체 트레이너가 등록한 콘텐츠 리스트 페이지)

Course_list.html(사용자가 직접 생성한 코스 리스트 페이지)

Contents_info.html(콘텐츠에 대한 동영상, 태그, 3D를 보여주는 페이지)

View_course.html(생성된 코스에 대한 동영상 및 정보를 보여주는 페이지)

Board.html(사용자마다 생성되는 Q&A 게시판)

Reg_contents.html(트레이너가 콘텐츠를 등록할 수 있는 페이지)

Trainer_contents_list.html(트레이너가 자신이 등록한 콘텐츠를 확인할 수 있는 페이지)

Trainer_board.html(질문이 올라온 내용들을 확인할 수 있는 트레이너 Q&A 게시판)

Mobile_index.html(모바일로 접속시 로그인 페이지)

Mobile_course_list.html(모바일로 접속시 코스 리스트를 보여주는 페이지)

Mobile_course_play.html(모바일에서 코스를 재생 시켜주는 페이지)

PHP

Login.php(DB와 연동하여 로그인 처리를 위한 php 파일)

Mobile_login.php(모바일에서 로그인 처리를 위한 php 파일)

Member_register(회원가입 처리를 하는 php 파일)

Contents_register(콘텐츠 등록 처리를 하는 php 파일)

Course_register(코스 등록을 처리하는 php 파일)

Basket_register(콘텐츠를 바구니에 등록 처리하는 php 파일)

Board_register(Q&A 등록을 처리하는 php 파일)

Borad_delete(Q&A 등록된 글을 삭제 처리하는 php 파일)

Javascript

Default.js(메인 페이지에서 각 서브 메뉴 변경을 위한 javascript)

Draw_body.js(3D 몸을 구현하기 위한 javascript)

Three.js(3D 라이브러리)

ucloud office 부록 CD 다운로드 안내
http://office.ucloud.com ID : pptsm@ucloud.com PW : hp2274 ⇒ My ucloud / 게스트폴더 / PW : ISBN 뒤 8자리

[저자약력]

조진성

서울대학교 컴퓨터공학과 공학사

서울대학교 컴퓨터공학과 공학석사

서울대학교 컴퓨터공학과 공학박사

삼성전자 책임연구원

현) 경희대학교 컴퓨터공학과 부교수

정가 19,000원

창의적 설계 프로젝트

2014년 2월 15일 초판 인쇄
2014년 2월 25일 초판 발행

저 자 : 조 진 성
발행자 : 우 명 찬 · 송 준
발행처 : 홍릉과학출판사
주 소 : ㊀142-885 서울시 강북구 인수봉로 50길 10
등 록 : 1976년 10월 21일 제5-66호
전 화 : 999-2274~5, 903-7037
팩 스 : 905-6729
ISBN : 979-11-5600-027-3

hongpub@hongpub.co.kr
www.hongpub.co.kr

저자와의 협의하에 인지생략